U0855093

心理学与口才技巧2

黄钟峣◎编著

打动人心的说话策略

中国纺织出版社

内 容 提 要

说话与心理紧密相关，在人际交往中，透过各种细节，了解他人的心理，可以获得最佳的沟通效果，轻松达成目的。

本书全面介绍心理学知识在交流中的运用和起效，结合人际交往中的典型案例，从各个细小的方面阐释心理效应、心理定律、心理策略等如何在沟通中巧妙施展，为己所用，教会读者通过说话影响他人心理和应用心理学的知识，更好地表达自己。

图书在版编目(CIP)数据

心理学与口才技巧 .2，打动人心的说话策略 / 黄钟峣编著. --北京：中国纺织出版社，2016.1 (2017.1重印)

ISBN 978-7-5180-1665-5

Ⅰ.①心… Ⅱ.①黄… Ⅲ.①心理交往—口才学 Ⅳ.①C912.1

中国版本图书馆CIP数据核字(2015)第112289号

责任编辑：闫 星　　　　责任印制：储志伟

中国纺织出版社出版发行

地址：北京市朝阳区百子湾东里A407号楼　邮政编码：100124

销售电话：010—67004422　传真：010—87155801

http://www.c-textilep.com

E-mail:faxing@c-textilep.com

中国纺织出版社天猫旗舰店

官方微博 http://weibo.com/2119887771

北京通天印刷有限责任公司印刷　各地新华书店经销

2017年1月第1版第4次印刷

开本：710×1000　1/16　印张：19

字数：250千字　定价：35.00元

凡购本书，如有缺页、倒页、脱页，由本社图书营销中心调换

前言

人都是生活在一定的集体之中，而人际沟通的主要方式就是语言。诗人但丁说："语言作为工具，对于我们之重要，正如骏马对骑士；最好的骏马适合于最好的骑士，最好的语言适合于最好的思想。"日本的池田大作也说："语言是我们所知道的最庞大最广博的艺术，是世世代代无意识地创造出来的无名氏的作品。"的确，会不会说话真的太重要了，古今中外，一生败于说话的人很多：如三国时被曹操斩首的杨修、被孔明骂死的王朗；一生成功会说话的人也很多：如春秋战国时期的"二桃杀三士"的晏平仲、完璧归赵的蔺相如、讽齐王纳谏的邹忌等。

一个人说话水平的高低，已成为其生活及事业取得成功的关键因素。生活中我们经常看到，人与人之间的沟通中，有时候一句话可以化干戈为玉帛，也可以让朋友之间老死不相往来；可以让一单生意就此泡汤，更可能让爱人就此离开。可见，说话与我们的生活密切相关。

每个人每天都在说话，但是能把话说好的人却不多，因为说话看似简单，但却也很难，难就难在把话说得直达心里。事实上，那些会说话、左右逢源的人总是能看透各种细节，看穿他人的微妙心思，在三言两语之间就把话真正说到对方心里，他们总是能带动交际场合的说话氛围，总是能说服他人，达到自己的目的。

要知道，在这个世界上，最难以捉摸的是一个人的心理。因此，你在训练自己口才的同时，还要掌握一定的心理学知识，学会察言观色，了解对方的心理，以此来决定什么时机该说什么话，什么时机不该说什么话，或是该说多少话。

本书就是这样一本贴合人心的读物，本书从说话过程中涉及的重要因素如观察、倾听、交心、暗示等这些方面来培养我们的心理学意识，内容涉及到职场、商场、处世、交际、婚恋、演讲、谈判等，深入浅出，注重心理技巧的应用和实际可操作性，全面而又详细地教我们在说话过程中如何运用心理学，可谓是一本完备的语言技巧指南。相信本书能让你更有技巧和更有智慧地说话，能助你获得最佳的沟通效果，进而轻松达成自己的沟通目的。

编著者

2015 年 11 月

目录
CONTENTS

上篇　透视心理巧练说话策略

第 1 章　阅读外表，说话把握他人心理 …… 3

读懂表情秘密，言语更合心意 …… 4

眼睛有神，抓住眼神说对话 …… 7

对方挑起眉毛，用真诚打消疑虑 …… 11

看懂鼻子的表情，说出称心的话 …… 13

通过嘴巴了解对方内心的状态 …… 16

手上面的小动作，促进交流顺利完成 …… 18

透过脚部动作，了解对方真实想法 …… 21

观察坐姿站姿，体态表现对方心境 …… 24

从着装打扮窥见对方的性格和心理 …… 27

第 2 章　听出真心，会听是说话的前提 …… 31

倾听是开启高效沟通的关键 …… 32

从语气判断对方心理，看时机说话 …… 34

用心听，听出话语背后的深意 …… 36

在关键时刻给予恰当反馈 …… 38

多听对方说，更易掌握谈话的主动权 …… 41
掌握引导对方说出真话的能力 …… 43

第3章　言语及心，把话说到他人心里 …… 47
王牌留在关键时刻出，让对方哑口无言 …… 48
用你的强势，表现势在必得的决心 …… 50
让对方感到你的认同，心房自然向你打开 …… 53
巧妙刺探对方"死穴"，令对方降服于你 …… 55
用真情的言语打破对方的心防 …… 58
把话说得明白透彻，让对方对你放心 …… 60
和对方聊聊回忆，出其不意攻占对方心理 …… 62

第4章　相谈甚欢，快速与陌生人谈笑风生 …… 65
丢掉胆怯自卑，与陌生人熟络交谈的技巧 …… 66
轻松交谈，让气氛不会尴尬的说话秘诀 …… 68
与对方保持舒适的交谈距离 …… 70
如何打开内向者的"话匣子" …… 72
与对方站在相同角度，迅速拉近心理距离 …… 75
打破冷场，与陌生人相谈甚欢的方法 …… 77
用同感和共鸣激起对方与你交流的欲望 …… 79

第5章　口才定律，利用心理策略让言语更具威力 …… 83
让对方把你当成自己人，自然对你不设心防 …… 84
掌握"布朗定律"，找到症结对症下药 …… 85
掌握"波什定律"，让赞美更有成效 …… 88
掌握"宣泄效应"，让对方发泄牢骚 …… 90
掌握"权威效应"，让你的言语更容易被接受 …… 93
掌握"焦点效应"，让对方感受到被关注 …… 95

第 6 章 心理暗示:和风细雨地说出你的真意 ………… 99
不经意的言辞,表达出自己的不满情绪 ………… 100
巧妙地夸赞,提醒对方应该培养的优点 ………… 102
道出同错,影射对方也具备的错误 ………… 104
抬高对方,传递拒绝对方请求的暗示 ………… 106
用客气的语气,暗示不想和对方走得过近 ………… 108
列出具体理由,表达对对方观点的赞同 ………… 110
用玩笑的方式,暗示对方你已经发现他的秘密 ………… 112

下篇 解析情景说话深入人心

第 7 章 玩转职场,会说话才能前程似锦 ………… 117
面试不怕,小技巧让你完美完成自我表达 ………… 118
先看懂领导意图,再应景说话 ………… 120
说称赞领导的话要掌握恰当分寸 ………… 122
与领导谈论薪资的问题要巧妙 ………… 124
职场之上言辞谦虚恳切,避免惹人意见 ………… 126
汇报工作言辞得体,获得领导肯定 ………… 129
言语中表露忠诚,让领导更信任你 ………… 131
领导对下属的奖励与批评,要把握好分寸 ………… 133

第 8 章 甜蜜爱恋,爱情中的动心说话策略 ………… 137
学点求爱语言的致胜之道 ………… 138
用甜言蜜语增加爱情的温度 ………… 140
男人猜透女人心,才能说对情话 ………… 142
女人懂得赞美男人,才能捧到点上 ………… 145

男人学点哄女人的技巧很有必要 …………………………………… 147
女人的撒娇言语让感情如胶似漆 …………………………………… 149
多说让对方有安全感的语言 ………………………………………… 151

第9章　纵横商场,剖析他人深意自有妙语 ………………………… 155
用寒暄言语消除双方的陌生感 ……………………………………… 156
用真诚言语让对方感知你对信誉的重视 …………………………… 158
抛出打动人的利益,让对方欣然就范 ……………………………… 161
用暖心的言语打动客户,成交轻松完成 …………………………… 163
用合理的铺垫消除对方的疑虑 ……………………………………… 166
面对推脱,不妨学点化解的语言策略 ……………………………… 168
看懂人心,适当用点以退为进的语言策略 ………………………… 171

第10章　灵巧社交,结交朋友就要说话动听 ……………………… 175
第一次见面,言语得体给对方留下好印象 ………………………… 176
说话投其所好,更易走进人心 ……………………………………… 178
多说积极和赞美的话,让对方心情愉悦 …………………………… 180
有碍人际关系的言语禁忌绝不能说 ………………………………… 182
用你的爽朗言辞获取对方好感 ……………………………………… 184
说话谦虚温和,更容易结交朋友 …………………………………… 187
针对年龄和性格,采用不同的交谈方式 …………………………… 189
与异性交往,要注意使用有技巧的语言 …………………………… 192

第11章　幸福婚姻,让家庭更和谐的说话策略 …………………… 195
孝敬父母,多说让他们欣慰的话 …………………………………… 196
婆媳相处,言语沟通要多些技巧 …………………………………… 198
你的夸奖是对孩子最大的鼓励 ……………………………………… 200
对孩子的批评要巧妙温婉 …………………………………………… 203

妻子要学会和丈夫聪明对话 …… 205
丈夫的妙语最能讨得妻子欢心 …… 207
夫妻间要沟通的妙语 …… 209
用妙言化解家庭矛盾 …… 211

第12章 灵巧处世，揣摩他人轻松交际的妙语 …… 215
社交处世一定要会说几句客套话 …… 216
恰到好处的恭维给对方留下深刻印象 …… 218
社交尴尬不必怕，幽默言语巧打圆场 …… 220
用自嘲轻松化解他人刁难 …… 223
用大家都熟悉的话题来挑热气氛 …… 225
祝酒词要说得有趣俏皮，得人欢心 …… 227
祝语贺词由心而发，深入心坎 …… 229
招待客人要会些迎来送往的寒暄话 …… 231

第13章 求人办事，悦人心的话语助事水到渠成 …… 235
言辞恳切，让对方不忍心拒绝你 …… 236
做好铺垫，让求人办事变得容易 …… 237
求人办事真诚大方，不必害羞扭捏 …… 240
求人办事也要让对方感到有利可图 …… 242
把对方抬高，让其不好意思拒绝你 …… 244
对事情的挑战性激发对方斗志 …… 246
登门槛效应，让对方逐渐认可你 …… 249
难开口的请求要在最合适的时机说出 …… 251

第14章 演讲口才，开口就能抓住听众的智语 …… 255
根据演讲类型，使用不同的言辞基调 …… 256
设计一个能够迅速吸引听众的开场白 …… 258

多点互动，让听众有强烈的代入感 …… 261
言语简单生动，让听众过耳不忘 …… 263
制造悬念，让听众心系你每一句言语 …… 265
要打动听众心就要站在听众角度说话 …… 268
巧言妙用轻松化解说话卡壳 …… 271
精彩的结尾，让听众意犹未尽 …… 272

第15章　妙语谈判，使结果有利于自己的说话策略 …… 275
先认真倾听，再做最有力的回应 …… 276
谈判言辞需谨慎，说话要滴水不漏 …… 278
欲擒故纵，让对方自动咬钩 …… 280
听出对方话里的漏洞，快速攻破关键点 …… 283
交谈陷入僵局，不如换个话题 …… 285
用有力的事实和数据增加自己的说服力 …… 287
提问巧妙，用反问抵御对方的攻势 …… 289
怀柔攻略，柔情言语让合作可持续发展 …… 290

参考文献 …… 293

上 篇

透视心理巧练说话策略

第1章

阅读外表，说话把握他人心理

在人与人的交往过程中，要想准确地把握别人的心思，就要多多练习说话的技巧。而要想让自己说的话打动别人的心，使别人与自己达成共识、产生共鸣，就需要掌握一定的心理透视技巧。假如我们能够在谈话的过程中通过观察别人的衣着打扮、言谈举止、微妙神情来了解别人的内心，那么，我们就能够准确地把握别人的心理，使彼此的交流更加顺畅。

读懂表情秘密,言语更合心意

在人与人交谈的过程中,表情起着重要的作用,而且,有时候表情还能传达某些无法用言语表达的信息。在双方的信息交流中,表情是一种不可或缺的形式,表情丰富而微妙,它是人们心理的显露、情感的外化。

情绪和情感作为一种内部的主观体验,通常伴随着某种外部表现。这种外部表现就是表情,它是与情绪、情感有关的行为表现,是可以观察到的行为特征。不同的表情有不同的功能或作用。表情分为面部表情、姿态表情、语调表情。面部表情是指通过眼部肌肉、颜面肌肉和口部肌肉的变化来表现的各种情绪状态;姿态表情可以分为身体表情和手势表情两种;语调表情包括声调的高低、语速的快慢等。这三种表情构成了人类的非语言交往形式,心理学家和语言专家称之为体语。人们之间除了使用语言进行沟通之外,还可以通过由面部、身体姿势、手势、语调等表情构成的体语来表达自己的思想、感情和态度。在很多场合里,人们甚至不需要使用语言,只要观察对方的脸色、手势、动作,听听对方的语调,就能够感知到对方的意图和情绪。在与人交往的过程中,如果能够掌握表情密码,就能使自己说话更到位。

《红楼梦》里,湘云给袭人带来绛纹戒指,黛玉笑她"是个糊涂人",在"前日"没有让人把袭人的一同带来。为此,湘云做了一番分辩。这时,宝玉、黛玉、宝钗等几个人都笑了。宝玉笑道:"还是这么会说话,从来不让人。"黛玉听了,冷笑道:"她不会说话,就佩戴'金麒麟'了!"黛玉一边说,一边起身离开了。幸好,其他人都没有听见,只有宝钗抿着嘴儿一笑。不过,宝玉听见了,因此十分后悔自己又说错了话。然而,看见宝钗笑了,宝玉也情不自禁地笑了起来。宝钗见宝玉笑了,忙起身离开,去找黛玉说笑了。

尽管每个人都在笑,但每个人心里所想的不一样,因此他们所表现出来

的“笑”的神态语言是有差别的。黛玉的笑是妒忌的笑，她担心宝玉会因为金麒麟与自己生隙，顿生妒忌之情，而且这样的心理影响了宝玉，“宝玉听见了，因此十分后悔自己又说错话了”；宝玉笑得很亲热，给人一种亲切的感觉，因为他习惯了与湘云开玩笑；宝钗的笑则是幸灾乐祸的；后来宝玉见宝钗笑了，也自我解嘲地“笑”了；但是，宝钗见宝玉笑了，却又忙着走开，去找黛玉“说笑”了，由此可见，宝钗的笑是为了掩饰自己与宝玉的相视而笑。

在现实生活中，因为性格、身份、经历不同，所以每个人的神态各不相同。即使在相同的情境之中，人们的神态也是各不相同的。在与人交往的过程中，如果能够根据对方的表情做出适当的回应，就能够使自己说出的话更加符合当时的情景、气氛，也能使听话的人感觉到妥帖和舒心。

以下，我们总结了一些常见的表情密码，并且进行了解析。如果掌握了这些表情密码，在与人交往的过程中，说话就会更加到位，从而在人际交往中如鱼得水。

1. 眼睛的解析密码

众所周知，眼睛是心灵的窗户，在交谈过程中，眼睛是仅次于语言的重要表达工具。人与人之间除了需要语言的交流，眼神的交流也是必不可少的。在交谈时，要用眼睛注视着对方，并且面带微笑，这是一种尊重。当然，注视要掌握分寸，不能直勾勾地盯着别人看。眼睛既可以表达爱慕、喜欢、欣赏、赞美等积极的表情，也可以表达生气、愤怒、厌恶、鄙夷等消极感情。例如，当男人对女人说“我爱你”时，一定要含情脉脉地望着对方；当一个人生气时，人们往往用“眼中喷出了怒火”来形容。

2. 嘴巴的解析密码

无论是谁，要想说话就需要用到嘴巴。毫无疑问，在沟通过程中，说话的一方必须用嘴巴来表达。在表达的时候，如果嘴角上翘，就表示说话人心情很好；如果嘴角下撇，则说明说话人很悲伤；如果嘴角一侧向上，一侧向下，则说明说话人带着鄙夷的态度；如果说话人嘴巴大张，半天合不拢，则说明说话人非常惊讶。当然，如果倾听者表现出这些嘴巴的表情，也代表同样的情绪。

3. 姿态的解析密码

如果听话者想表示“我对你说的话题很感兴趣”,他一般会表现出身体前倾,以头部动作和丰富的面部表情回应说话者。比如,微笑表示“赞同、认同你所说的一切”;点头表示“你说得对”;惊讶的表情表示“出乎意料”。当然,在整个倾听过程中,人们需要保持全神贯注的神态。此外,还有身体的姿态,也可以表现出人们的情绪。例如,笔直地站立表示很严肃、很庄重;松松垮垮地站立表示很放松、毫不设防;两只胳膊交叉抱在胸前则表示一种戒备、居高临下或者敌视的态度;身体倾斜、频繁看表、眼神四处游走,整个人显得心不在焉、无精打采,则表示听话者很厌烦。

4. 面部表情的解析密码

当我们的脸上出现惊慌失措的表情时,对方定会猜想“有什么事情发生了”;如果愁眉苦脸,整个人看起来无精打采的,那一定是正处于某种困境中,对方会理解为你“需要帮助”。

5. 语调的解析密码

在恋爱的过程中,青年男女经常会向对方暗示“你不能和那个女生靠得太近”、“我很在意你”、“我正在吃醋”等信息。大多数情况下,除了利用面部表情之外,他们还会利用语调的高低来表达自己的情绪,以使对方理解自己的用意。例如,当一个女孩因为男朋友与其他女孩关系太近而生气的时候,她就会提高语调,加快语速,说话像连珠炮一样喷涌而出;当她很伤心的时候,她一般会降低语调;当她觉得自己受了委屈的时候,她会用非常温柔和缓的语调表明自己的内心,使男友产生不胜爱怜的感觉。

6. 手势的解析

在所有表情语言中,手势是最富于变化的一种表情语言。表示欢迎的时候,可以热情地和别人握手;表示拒绝的时候,可以摆摆手,如果坚决拒绝,则可以连连摆手;表示肯定和赞赏的时候,可以竖起一个大拇指,或者用手拍拍对方的肩膀;表示安慰的时候,可以用手轻轻地抚摸对方的头或者肩膀;如果领导在台上致辞,台下的人总是用鼓掌表示认可和肯定。

口才心理：

如果你能够解析表情密码，就能够了解听话者的喜恶，更为重要的是，可以通过听话者的一颦一蹙的变化了解对方的内心世界，这样，就可以使自己所说的话更到位、更打动人心。

眼睛有神，抓住眼神说对话

常言道，百闻不如一见。在人类的感觉器官中，眼睛是最重要的器官之一。科学家经过研究证实，人类有 80% 的知识都是通过眼睛观察得到的。眼睛不仅可以读书认字、看图赏画、欣赏美景、观察人物，还可以辨别不同的色彩和光线，然后将这些视觉形象转变成神经信号传送给大脑，从而增强人类的记忆能力。

人们常说，眼睛是心灵的窗户。确实，在人际交往中，眼神的交流非常重要。在人们的面部表情中，眼神是最为微妙复杂的，不管是用眼神表达信息，还是准确地理解别人的眼神所传达出来的信息，都是非常困难的。很多时候，眼神是无法掩饰的，因为它往往更能真实地表达出一个人的品质、修养以及心理状态。如果能够充分地理解别人的眼神所表达的意思，那么你就能够觉察到对方真实的内心世界，从而更好地与之交流。

在职场中，很多员工因为懂得老板的眼神，因而得到老板的重用。当然，也有不少员工因为不懂得通过眼神读懂领导的心思而铸成大错，甚至导致自己失去工作。

王爱静是学中文的，毕业后应聘到一家报社当编辑。因为刚刚离开校园步入社会，所以王爱静非常单纯，为人也比较热心，很快就和同事们相处得很好了。经过一段时间的相处，美编张旭明喜欢上了她。平日里，张旭明总是约王爱静一起吃午饭，或者顺道送王爱静回家。不过，王爱静不知道张旭明是否已经“名草有主”了，因此两个人在互探心意中经常玩“捉迷藏”的游戏。

然而，王爱静却忽视了她的顶头上司艾琳的含蓄表现。每当开会的时候，艾琳总是有意无意地多看张旭明几眼；每次同事们一起出去聚餐，艾琳也总是借口张旭明在工作上表现突出，而让张旭明坐在她的身边。原来，身为领导的艾琳早就喜欢上了才华横溢的张旭明，但是，因为身份的原因，她不好意思明确地表达出来。不过，这在同事们中间早已是心照不宣的秘密了。大家都发现严肃的艾琳一对张旭明说话，就变得非常温柔，而且眼神中充满了爱意。有的时候，如果张旭明因为有事情请假，艾琳眼神中的关心之情根本掩饰不住。

在不明所以的王爱静开始和张旭明“捉迷藏”之后，亲自把王爱静招聘进报社的艾琳一反常态，不再像以前那样经常询问王爱静工作起来是否适应了。而且，以前开会的时候，艾琳总是友善地问王爱静有没有什么意见或者建议，但是现在，每次开会的时候，艾琳总是对王爱静爱理不理，眼神中的冷漠连同事们都感觉到了。而王爱静呢，因为初涉职场，不懂得读懂上司的眼神，也因为沉浸在“捉迷藏”的趣味中而对艾琳冷漠的眼神毫无觉察。就这样，三个月的试用期到了，艾琳把王爱静叫到办公室，说：“爱静，你来我们社已经有一段时间了，工作上表现挺好的。不过，我们这里是文化单位，所以，在和同事交往的时候要注意分寸，尤其是和男同事。最近，可有不少人说你和张旭明的风言风语呢。”毫不知情的王爱静，听到艾琳这么说，冲动地脱口而出：“男大当婚，女大当嫁，什么单位也不能禁止员工谈恋爱、结婚吧！”听到王爱静的反驳，艾琳铁青着脸一句话都没说，就让王爱静走了。

过了没几天，艾琳找了一个借口辞退了王爱静。可怜的王爱静，直到离开单位也不明白，为什么艾琳亲自招聘她进报社，而在她的工作进展得很顺利的时候，却又找了个牵强的理由辞退了她。

每天，单身男女的绝大多数时间都交给了公司，没有多少机会和时间去结识异性朋友。日久天长，他们在工作中会逐渐地了解对方，从而产生爱意，这种情况屡见不鲜。然而，在职场中，最忌讳的就是同事之间谈恋爱，很多公司甚至明文规定不允许开展办公室恋情。故事中的王爱静涉世不深，根本不懂得职场中的潜规则，而且心思单纯，对上司艾琳充满嫉妒的冷漠眼神无知无觉。虽然她也感觉到了艾琳对自己的态度发生了变化，但是却不明所以，最终不明不白地失去了工作。如果她能够敏感一些，看懂艾琳对待张旭明的眼神，再看懂艾琳看她的眼神，那么，她至少可以采取一定的措施，或者转入地下，或者及时收敛，使自己在职场之路上走得远一些。毕竟，对于刚刚大学毕业的她来说，解决温饱才是首要任务。

那么，如何通过对方的眼神读懂对方的心灵，从而说正确的话、做正确的事情呢？下面，让我们一起来学习。

1. 不同人的眼神

不同的眼神，反映着不同的内心世界。同样，不同的人，眼神也是不同的。自卑的人，眼神往往躲躲闪闪，很难长久地注视别人，一旦发现别人在注视他，就会将视线立即移开；性格内向的人，无法将视线集中在对方身上，即使偶然看对方一眼，也是一闪而过，这种人往往不善交际；三心二意的人，听别人讲话时一边点头，一边左顾右盼，从来不把视线集中在谈话者身上，这说明听话的人对说话的人以及说话人所说的话题不感兴趣；凝神倾听的人，总是将视线集中在对方的眼部和面部，以表示对对方的尊重和理解；心不在焉的人，注意力集中在自己正在干的事情上，非但不看对方说话，而且反应冷淡。

2. 不同表情的眼神

一个人，如果总是用充满仰视的眼神看着对方，说明对对方的尊敬和信任之意；反之，如果总是俯视他人，则是在刻意维护自己的尊严。表示认可和欢迎的时候，人们总是伴着微笑且注视对方；反之，如果紧皱眉头，用焦虑的眼神看着对方，则表示担忧和同情。当一个人鄙视对方的时候，总是保持面无悦色的斜视；当一个人想讽刺另一个人的时候，总是用冷漠的眼神看着对方，然后突然一笑；当一个人突然用眼瞪人时，是在表示一种警告或制止；当一个人从头到脚地以挑剔的目光巡察别人时，则是一种审视。

如果两个人彼此心存好感,那么说话的时候往往喜欢注视对方的眼睛,以达到眼神的沟通、心灵的交流;相反,如果两个人话不投机,就会尽量避免注视对方的目光,以消除不快。此外,漠视的眼神给人一种拒人于千里之外的感觉,还有一种轻蔑的意思在里面;眯视也是不太友好的眼神,给人一种睥睨和傲视的感觉。

3. 面对不同的交往对象,眼神也有所不同

在交往中,眼神和心理是互通的,如果能够将不同的眼神在实践中加以运用,对交往将大有好处。如果你想在和对方的争辩中获胜,那你千万不要挪开目光,以示坚定不移的决心;如果你希望给对方留下深刻的印象,就要长久地凝视他的目光,以示自信;在面对陌生人的时候,如果你不知道别人为什么凝视你,就要留意他的目光,以便从容应对;如果你面对别人的时候觉得很尴尬,那就要把目光移开,以减少不快;在和一个人交谈的时候,如果对方漫不经心而且微闭双目,你就要知趣地及时停止交谈,倘若你还想继续进行有效的沟通,那就要随机应变;和一个初次见面的人交谈时,如果你想和对方建立良好的关系,至少要有60% ~70% 的时间注视对方,需要注意的是,不要一直直视对方的眼睛,可以注视对方的两眼和嘴之间的三角区域,这样才能准确而有效地向对方传递你友善的信息;在和陌生人的交往中,如果你想尽快和对方建立信任感,那么,在对方讲话的时候,你就要面带微笑,并且以期待的目光注视对方。

口才心理:

在人际交往中,眼神的交流作用非常重要。很多时候,眼神是无法掩饰的,它往往更能真实地表达出一个人的品质、修养以及心理状态。如果能够充分地理解别人的眼神所表达的意思,那么你就能够觉察到对方真实的内心世界,从而更好地与之交流。

对方挑起眉毛，用真诚打消疑虑

在人的脸部，眉毛与眼睛离得最近、关系最密切，因而被人们称为“心灵的窗框”。心理学家经过研究，发现眉毛的动态表达功能居然高达二十多种。美国社会心理学家琳·克拉森对人们的面部器官进行了长期的、细致的研究，被人们称为“读脸专家”。在研究中，克拉森发现人们的面部表情生动传神、非常微妙。而且，人们虽然可以控制自己的情绪，但是却很难控制自己的面部表情。因此，这些表情总是毫无保留地透露一个人的所思所想。而在这些面部表情中，她认为眉毛最能表露一个人的心声。例如：当眉毛向下靠近眼睛的时候，表示一个人充满热情，非常愿意和身边的人友好相处。总而言之，从一个人的眉毛，能够看出他的心理状态。

1. 自古以来，关于眉毛的词句有很多

自古以来，我国就有很多形容眉目的词语，例如“横眉冷对”（敌意、蔑视）、“低眉顺眼”（逆来顺受）、“眉开眼笑”（喜不自禁）、“喜上眉梢”（高兴）、“柳眉倒竖”（发怒）、“挤眉弄眼”（戏谑）等。此外，还有一些著名的诗句，例如苏轼在《赠黄山人》一诗中写道：“面颊照人元自赤，眉毛覆眼见来乌。”刘克庄诗云：“贪与萧郎眉语，不知舞错伊州。”更有白居易《琵琶行》中的“低眉信手续续弹，说尽心中无限事”。

2. 眉毛的表情达意功能

在生活中，眉毛的表情达意功能非常强大，如果注意观察，就能透过眉毛传递的信息洞察别人的内心世界。通常情况下，人们处于不同的情绪之中，眉毛的形态是不一样的：当一个人心平气和时，眉毛基本呈水平状；当一个沮丧万分时，眉毛就会耷拉下来；当一个人非常生气时，眉毛就会倒立起来；当一个人高兴时，就会眉飞色舞；当一个人遇到难题时，眉毛就会紧蹙起来。

3. 挑动眉毛代表什么?应该如何应对?

在眉毛的各种状态中,最为诡异的是挑动眉毛的情形,即一边的眉毛下垂或者保持不动,另一边的眉毛高挑。这是什么意思呢?以下的案例能够很好地为我们解答这个问题。

高峰是一个装修公司的设计师,他的主要工作就是帮助客户合理地设计居室、办公场所等。有一天,高峰带着刚刚完成的设计稿来到客户的公司,以便和客户及时沟通,使方案更加完美。一进办公室,客户在宽大的办公桌后面就上下打量了一番高峰,显得不太友好。

果然,高峰刚刚把设计稿拿出来和客户谈了一会儿,客户就开始挑毛病了,大到整个办公楼的功能划分、整体布局,小到办公桌的摆放、绿植的摆放位置,客户通通不满意。而且,客户还拿出了自己的设计,看那架势,是要和高峰一较高低。

费尽口舌之后,高峰仍然无法说服客户。迫于无奈,他只好使出了杀手锏,他告诉客户自己的设计更加经济实惠,实施起来,至少会比客户亲手设计的方案节省20%的开支。听到这里,客户不置可否地笑了笑,并且不自觉地挑了挑眉毛,抽动了一下嘴巴,流露出不相信的神情。

看到客户的表情,高峰知道客户在心里是否定自己的。不过,他没有明确地让客户相信他,而是不动声色地拿出纸、笔和计算器来,开始一项一项地为客户罗列自己的预算。他一边算,一边很有耐心地把一项项开支为客户指出来,并且和客户的设计方案进行了详细的比对,告诉客户哪些钱是可以省的,哪些钱是必须花的。算到最后,高峰果真证实了自己的设计比客户的设计能省至少20%的开支。在高峰耐心而细致的计算过程中,客户的眉毛渐渐地舒展开了,之前挑起的眉毛也放了下来,不仅眼含笑意,而且频频点头。显而易见,他已经在不知不觉之中接受了高峰的设计方案。经过这次事情之后,客户非常信任高峰,把装修的事情全权交给了高峰。

在这个案例中,客户为什么要挑动眉毛呢?难道他不知道眉毛一边高一边低看起来会很怪异吗?其实,客户之所以挑动眉毛,是因为他对高峰的设计方案不屑一顾,不仅怀疑,而且产生了否定的心理。眉毛斜挑的人,通常处于怀疑状态，那条扬起的眉毛就像一个问号似的，或者希望你主动偃旗息鼓，主动终止交易，或者希望你给出合理的解释。显然，这个客户的心理更加倾向于前者，这一点从他自己已经亲自设计好了方案可以看出来。那么，面对这种情形，高峰是怎么做的呢？高峰非常聪明，他没有像大多数人那样，一旦遭到别人的否定，就赶紧据理力争。相反，他不动声色地开始一项一项地计算给客户看，最终使客户相信他的方案确实能节省20%的开支。

从高峰的身上我们可以得到一个启发：如果对方挑动眉毛，你就必须表达自己的真诚，以真诚感动对方。

口才心理：

尾毛斜挑的人，通常处于怀疑状态，那条扬起的眉毛就像一个问号似的，或者希望你主动偃旗息鼓，主动终止交易，或者希望你给出合理的解释。如果对方挑动眉毛，你就必须表达自己的真诚，以真诚感动对方。

看懂鼻子的表情，说出称心的话

在人的面部五官中，眼睛很灵活，嘴巴很灵巧，那鼻子呢？相比之下，除了耳朵之外，鼻子的表情是最少的。鼻子，长在面部的中间位置，是面部的制高点。鼻子有两个鼻孔，鼻孔中还有许多鼻毛，鼻毛能阻止灰尘的入侵，保证气管和肺部的清洁；鼻孔能对吸入的冷空气加温，以减轻冷空气对气管的刺激。此外，鼻子还是嗅觉气官，嗅觉非常灵敏。科学家经过研究发现，在鼻子内壁只有5平方厘米的地方，就分布着1000多万个嗅觉细胞，并且与人的神经紧紧相连，难怪鼻子能灵敏地辨别几千种气味。

绝大多数人都知道以上列举的这些鼻子的生理功能，不过，鼻子还能表情达意，这就鲜为人知了。大家肯定会问：鼻子既不像眼睛那样能够灵活转动，也不像嘴巴那样能言善辩，怎么可能会表情达意呢？的确，一般来说，鼻子除了一张一翕和蹙起来之外,很少能够主动地做出动作,而只能被动地被手捏来捏去,或者摸一摸。但是,虽然鼻子所传递的信息远远不如眼睛和嘴巴丰富,但鼻子也能给我们提供很多的身体语言信息,是面部表情中不可忽视的微表情。有的时候,鼻子做出的微表情也能够泄露一个人内心的真实想法。

2009 年 7 月,向敏新从某大学中文系毕业。之后,他参加了二十多场招聘会,但是都没有找到合适的工作。其实,向敏新在大学里非常优秀,他不仅连续四年都获得了一等奖学金,而且还在大四的时候入了党。每次,招聘单位只要一看到他的简历,在很短的时间内就会约他参加笔试、面试。无疑,笔试根本难不倒向敏新,但是,一到面试的阶段,他就会被无情地淘汰掉。向敏新绞尽脑汁也想不明白自己为什么总是在面试阶段被淘汰掉,他明明表现得很好啊。10 月份的时候,在一个校友的介绍下他去了一家出版社,出版社看了他的简历以后对他的条件很满意。但是,面试的结果仍然和之前一样,向敏新又被淘汰了。这次,他再也忍不住了,便找到校友问个究竟。校友也毫不知情,不过,校友答应找机会和人力资源部的人聊聊这件事情。

一个月后,校友急匆匆地来找向敏新,原来他已经从人力资源部的同事那里了解到了向敏新没有通过面试的原因。至此,困扰了向敏新大半年的问题终于要真相大白了,他们谁都没有想到向敏新居然因为这个问题而屡屡遭遇求职的瓶颈。原来,向敏新有一个很不好的习惯,他说话的时候总是爱耸鼻子,而且,一紧张还爱用手碰或者揉鼻子。就因为这个原因,面试他的考官觉得他不尊重别人,对别人流露出不屑一顾的表情,而且还有说谎的嫌疑。经过这一提醒,向敏新想起来了,考官问他在校期间有没有发表过什么文章的时候,他的确一边揉鼻子一边想了片刻,因为他一时之间想不起来自己发表文章的题目了,这却被考官理解为撒谎了。至于耸鼻子,他从小就留下了这个不好的习惯,平时还好,尤其是紧张的时候,情况往往更加严重。一向自信的他万万没有想到,这些不经意却又很频繁的小动作,居然使他与心仪的工作失之交臂。

在以上案例中，向敏新之所以失败，就是因为他的鼻子因为习惯使然，表错了情，达错了意。同时，这也是因为他不了解鼻子的表情达意功能，所以没有意识到自己的坏习惯，因而一次次与工作失之交臂。由此可见，有的时候鼻子的微表情的确能够泄露一个人内心的秘密，而有的时候，鼻子的表情未必是真实心理的流露，因为也有可能是习惯使然，诸如案例中的向敏新。那么，为了避免这种情况的发生，我们就要了解一下关于鼻子的微表情所传达的意义，这样才能使鼻子的微表情更加贴合我们的心意。为了便于大家识记，我们总结了以下几种鼻子的表情达意的功能。

(1)皱鼻子：表示厌恶；

(2)歪鼻子：表示不信任；

(3)鼻孔一张一翕：表示愤怒；

(4)抖动鼻子：表示紧张；

(5)哼鼻子：表示排斥和蔑视；

(6)抽动鼻子：表示在闻气味；

(7)捏鼻梁：当人极度疲劳或者思考难题的时候，人们习惯于用手捏鼻梁；

(8)挖鼻孔：这是一个不雅的动作，很多人在公共场合会控制自己不做出这样的举动，不过，仍然有一些人在遇到挫折或者特别无聊的时候会用手指挖鼻孔；

(9)揉鼻子：表示说话人有可能在编造谎言；

考虑难题时，有的人会情不自禁地捏鼻梁，这是因为鼻梁下的鼻窦部位因为紧张会产生轻微的痛感，用手指捏鼻梁是对疼痛的一种反应，能够有效地减轻疼痛。同样的道理，当有人故意刁难我们的时候，为了掩饰内心的慌乱，我们会很自然地把手挪到鼻子上，触摸它、揉捏它，甚至还用力地压挤它，似乎鼻子因为内心的冲突而产生了瘙痒感。在不会撒谎的人群中，这种情形尤其常见。此外，当一个人精神极度紧张或者心情比较焦急的时候，鼻头会不自觉地沁出汗珠；当一个人在非常得意、极度不满或者感情有所抑制的时候，鼻子还会略微肿胀，这是由于人们在紧张或者兴奋的情况下呼吸和心跳加速引起的。这些也属于微表情。

当然,鼻子的表情虽然能够在一定程度上泄露人的内心,但是我们却不能仅仅根据鼻子的表情来判断一个人。掌握这些鼻子的表情功能,能够帮助我们避免在与人交往的时候引起误会。如果你和以上事例中的向敏新一样,鼻子有表错情的坏习惯,那么就要赶紧改一改了。

口才心理:

鼻子能给我们提供很多的身体语言信息,是面部表情中不可忽视的微表情。有的时候,鼻子做出的微表情也能够泄露一个人的内心;而有的时候,鼻子的表情未必是真实心理的流露,因为也有可能是习惯使然。为了避免在与人交往的时候引起误会,如果你的鼻子有表错情的坏习惯,那么就要赶紧改一改了。

通过嘴巴了解对方内心的状态

泰勒和康赛维奇是美国旧金山史密斯—凯特威尔眼科研究院的研究员,他们通过研究著名的《蒙娜丽莎》画像,发现人的嘴巴能够表达喜悦和悲哀的情绪,而眼睛却不能反映真正的表情,只能反映情绪的紧张程度。首先,他们在数码化的画像上增加干扰图案,使之看上去像一幅模糊不清的电视画面。接着,为了使画面上的人物表情呈现从喜悦到悲哀的变化,他们使用了改变干扰图案的方法。每次,他们只将这种变化呈现于画像的上半部或下半部,让测试者评定每幅画面上蒙娜丽莎的表情是悲哀还是喜悦,以便确定表达人物情绪的到底是眼睛还是嘴巴。受测试者的感觉非常明显,变化的眼睛无法使他们明显感觉到情绪的不同,而变化的嘴使他们更加明显地感觉到蒙娜丽莎的情绪变化。为了验证试验的准确性,泰勒和康赛维奇还使用了其他女性的照片进行了相同的测试,结果完全一样。

通过这个试验，尽管我们无法否定眼睛的表情达意功能，但是最起码证实了嘴巴的动态也具有非常重要的表达功能。一般情况下，嘴巴相对比较灵活，能够做出不同弧度的动作。透过这些丰富的嘴部动作，我们可以掌控一个人内心的情绪波动。

1. 笑是人类最美丽的动作，通过不同的笑，可以判断一个人的性格

微笑的人嘴角微微上翘，看起来很和善，性格内敛，沉默寡言，不善于与人交流，比较关注内心世界，心思细腻，擅长分析对方的言语；眯眼笑的人嘴巴的动作幅度比较小，很少开口说话，性格比较固执，认准了的事情很难改变主意，不喜欢与人交流，有的时候，即使知道的事情也佯装不知，看起来很温和，其实性格比较刚烈，因为不愿与人合作，因此很难成功；开口大笑的人嘴巴大张，性格豪放，做事不拘小节，光明磊落，缺点是没有耐心，遇到困难容易退缩；狂笑的人嘴巴近似于圆形，擅长社交，洒脱不羁，给人一种亲切感，喜欢冒险，乐于助人，适合做与人打交道的工作，很容易获得成功。

2. 从嘴角的弧度也能判断一个人的性格

喜欢把嘴巴缩起的人，做事认真细致，但很难敞开自己的心扉，疑心病重；嘴抿成"一"字形的人是实干家，性格坚强，能够圆满地完成上司交代的任务，事业发展相对顺利；嘴角微微上翘的人活泼外向，心胸开阔，灵活机智，为人随和，很好相处；嘴角向下撇的人固执己见，很难被说服。

3. 交谈时嘴角的动态能够反映出说话人的内心世界

说话时以手掩口的人性格内向、故步自封，生怕被别人看穿心思；交谈时下嘴唇向前撇，表明不仅怀疑你所说的话，而且还想反驳你；上下嘴唇一起往前撅，表明此人处于防御状态；嘴唇的两端略微向后的人注意力比较集中，但是缺乏坚持的毅力，很容易受到他人的影响；在交谈时咬嘴唇或者双唇紧闭的人，可能是在反省自己，也可能是在用心地倾听或者分析对方所说的话；交谈时经常舔嘴唇的人正在压抑着自己紧张或者兴奋的心情。

总而言之，嘴巴的动态有很多种。在人际交往的过程中，如果能够细致地观察对方的嘴巴动态，就可以洞察对方的内心世界，使交往更加顺利。

李航大学毕业后，进了一家软件研发公司工作。转眼间，他已经在公司

工作了整整三年了。但是三年里，每次加薪与晋升都与他无缘。这一次，公司里比他来得晚的新职员都加薪了，他终于忍不住想找老板提出加薪的请求。然而，怎样才能找到合适的时机呢？作为老板，当然不会喜怒形于色，因此职员很难判断老板的心情如何。不过，李航曾经看到一本关于嘴巴动态的书籍，因此他决定通过观察老板的嘴巴动态来判断老板高兴与否。就这样，李航整整观察了十几天，突然有一天，他发现老板看起来与往日不同——嘴角微微上翘，虽然几乎不易觉察，但还是被李航捕捉到了。由此，李航断定老板的心情很好。所以，处理完手里的工作后，李航来到了老板的办公室，以父母生病为由，委婉地提出了加薪的请求。果不其然，老板的心情真的很好，他不仅痛痛快快地承诺从本月起给李航加薪20%，还称赞李航是个孝顺的好孩子。就这样，仅凭着一丝不易觉察的微笑，李航就顺利地实现了自己的心愿。

由此可见，在职场中，无论是面对上司还是面对同事，都可以通过观察对方的嘴巴动态来了解对方的内心，从而更加顺利地实现良好的沟通。

口才心理：

嘴巴的动态有很多种，在人际交往的过程中，如果能够细致地观察对方的嘴巴动态，就可以洞察对方的内心世界，使交往更加顺利。

手上面的小动作，促进交流顺利完成

在人类的各种肢体语言中，手势的动作幅度是最大的，方式也更加多样和灵活。在人类的进化过程中，双手是劳动不可或缺的关键部位，因此发挥了至关重要的作用，推动了人类的进化历程。在长期的劳作中，双手形成了一整套精细的动作，能够生动地反映人类的内心世界。通常情况下，人们习惯于把双手放在身体前面，这样一来，就很容易被别人观察到。因此，即使手部的动作非常细微，也能反映出人们内心的微妙变化。

为了使大家更加系统地了解各种手势以及它们所表达的含义，我们进行了系统的归纳和总结。

1. 手对头部的精细动作

首先，手最常做的动作就是触摸脸部。通常情况下，用手触摸脸部的动作很容易使人联想到撒谎。不过，也有一些与谎言无关的动作。例如，听别人说话时，如果人们头部保持直立，手轻轻靠在脸颊上，说明他们正在思考；如果用手抚摸下巴，则表明他们正在考虑怎样做出决定；如果用手托住脸颊，头轻轻地歪向一侧，说明听话者已经开始厌倦别人的长篇大论了。其次，手偶尔也会拍打前额或者后颈。一般情况下，如果人们忘记了答应别人的事情，就会情不自禁地拍拍自己的前额，或者抓挠自己的后颈，这是在表示懊恼和歉意。

2. 手和身体配合做出的动作

通常，在手和身体配合做出的动作中，以双臂交叉于胸前、将手背在身后、双手叉腰最为常见。交谈时，常见的动作是双臂交叉于胸前，仿佛在自己和他人之间筑起一道屏障，从而将自己厌恶的人或事物挡在外面。这是一种典型的防御性动作，明确地表达了否定、防御和拒绝的意思。如果你观察得仔细，就会发现，即使都是双臂交叉于胸前，手部动作也会有一些细微的差别。如果双臂交叉的时候伴随着抓上臂的动作，就说明这个人内心紧张和不安，希望以此来宽慰、安抚自己；如果双臂交叉的时候伴随着握拳的动作，就说明这个人带有明显的敌意。

如果你经常和领导接触，就会发现大多数领导都有一个不自觉的动作，即将手背在身后，将心脏、咽喉等易受攻击的身体部位暴露在外，这样能够显示出他们的勇气和胆量，给人一种权威、自信和居高临下的感觉。有的时候，警察面对犯人、老师面对学生，也会不自觉地摆出这种姿势。不过，需要注意的是，背在身后的双手一般都是松散地握在一起的。如果背在身后的双手是一只手紧紧抓住另一只手的手腕，就说明这个人的内心充满挫败感。

双手叉腰的动作最具攻击性，因为撇向外侧的双肘就像武器一样，能够起到威慑他人的作用。叉腰时,大拇指的指向不同,又有不同的含义:如果大拇指朝前,说明这个人充满了质疑;如果大拇指朝后,说明这个人的控制欲很强。这种动作不仅人类经常用,在搏斗或者求爱时,动物们也会摆出类似于这种姿势的动作,以使身躯显得更加伟岸。例如,在求偶时,雄孔雀会打开自己硕大的尾巴,猫在发怒的时候也会弓起身子,使身上的毛直立起来。

3. 手部的动作

紧握双手总是面带微笑地看着对方,给人一种自信的、胸有成竹的感觉。实际上,紧握双手的人有着深深的挫败感,内心拘谨而焦虑。心理学研究表明,双手紧握的位置越高,情绪越沮丧,挫败感越强。

自古以来,人们一直觉得摊开双手象征着坦率、诚实和谦恭。每当人们想坦诚待人的时候,为了表示诚意,就会情不自禁地摊开双手。喜欢看球赛的人会发现,大部分球员一旦被判犯规,就会耸耸肩表示遗憾,并且满脸无辜地摊开双手,以示清白。

在现实生活中,很多时候人们都会摩擦手掌,其实摩擦手掌代表着丰富的含义,适用于各种情境。摩擦手掌的时候,速度不同,反映的心理状态也不同。摩擦得慢,表明犹豫不决;摩擦得快,表明满怀期待。例如,在等待面试的过程中,面试者一边踱步一边搓揉手掌,说明他的内心紧张不安。

在职场中,如果能够详细了解这些手势的含义,就能帮助你更加顺利地获得成功。

张嘉译在一家民营企业工作,他不仅学历高、工作经验丰富,而且对于人的心理颇有研究。为此,公司让他全权负责对外谈判业务。最近,公司准备接手一家外企的大订单,成功与否将关系到公司全年的经济效益,因此,老板非常重视,再三叮嘱张嘉译一定要全力拿下该订单。

经过一系列的准备后,张嘉译带着项目书亲自到外企进行深入沟通,以使项目设计更加完美。在交谈的过程中,张嘉译看到对方负责人拿出了一张A4纸,上面密密麻麻地写满了对项目的意见、建议以及不满意的地方。不知不觉之间,对方负责人还把双臂交叉放在了胸前,脸上写满了质疑。见此情景，虽然对方负责人并没有明确说什么，张嘉译马上打起了十二分的精神，停止了解释，而是一项一项地开始按照客户的意见完善方案，即使觉得客户的方案不好，他也没有反驳，然后有理有据地把自己的设计方案为客户演示了一遍。在张嘉译专业、敬业、耐心、真诚地演示下，客户的双臂渐渐地放了下来，投入了与张嘉译的讨论之中。至此，张嘉译才松了一口气。最终，他顺利地为公司签下了这个大订单。

以上事例中的张嘉译，在客户把双臂抱在胸前表示质疑和否定的时候，及时调整策略，成功地打开了客户的心扉，最终顺利签约。试问，如果张嘉译看不懂客户的手势语言，而是选择一味地解释，那么，客户肯定会认为他是在强词夺理，从而更加反感他。由此可见，熟知手势语言能使我们与别人的交流更加顺畅。

口才心理：

手势语言能够生动地反映人们的内心世界。在职场中，如果能够了解这些手势的含义，就能帮助你更加顺利地获得成功。

透过脚部动作，了解对方真实想法

正如人体的其他部位有表情达意的功能一样，脚也有属于自己的语言，即“脚语”。所谓脚语，指的是在人坐立或行走的过程中脚发出的声音、做出的动作、指向的方向等。人的性格不同，走路的风采各异；人的心情不同，走路的姿势也不同。脚语是一种情绪的节奏，能够反映出一个人的脾气秉性、心理状态、情绪等。经过长期研究，英国心理学家莫里斯得出了一个非常有趣的结论——“人体中，远离大脑的部位最可信”。脚是人体中距离大脑最远的部位，因此，脚是最诚实的部位。虽然人的脚步经常因时因地而异，但是，每个人仍然有固定的脚语。因此，你即使不用眼睛看，只听那或轻或重、或急或徐的脚步声,就能判断出来者是否是自己熟悉的人。

除了脚步声之外,脚部还有很多动作。有时,如果你看不透一个人的内心,不妨观察一下他在不经意间所做出的脚的动作,这样往往能够洞察他真实的内心世界。

乔丽刚刚大学毕业就自己谈了一个男朋友,她和父母说过男朋友的情况后,父母觉得不太满意,因此以年龄尚小为理由,让乔丽与她男朋友分手。周末的时候,父母让乔丽别出去了,说在家包饺子吃。其实,父母是想阻止她出去约会。在父母的软硬兼施之下,乔丽不得不待在家里。

上午十点,与男友之前约定的见面时间到了,乔丽一边帮妈妈包饺子,一边抬头看钟表,急得就像热锅上的蚂蚁。半个小时过去了,她家的楼道里响起了脚步声,乔丽听了之后,脸涨得通红,她听出来了,那是男朋友没见到她急得跑到家里来找了,但是又不敢敲门进来,所以只好在楼道里徘徊。又坚持了十分钟,乔丽实在忍不住了,哀求妈妈说:“妈妈,让我出去一会儿吧,就一会儿。”妈妈看着女儿急成那样,非常心疼,但还是语重心长地说:“丽啊,妈妈不是不让你谈恋爱,但是你刚刚大学毕业,没有任何社会阅历,妈妈是怕你一时脑热,误了终生幸福啊!”见妈妈这么说,乔丽不得不低下头包饺子。过了一会儿,爸爸发现原本背对户门坐着的乔丽,现在却像拧麻花一样,上身仍然背对着门,但是下身却冲着门那边转了四十五度角,尤其是脚,恨不得一下子迈出门去。而且,乔丽的脚尖不时地在地上踮着,似乎内急了似的。看到女儿这样,爸爸不忍心了,找了个借口说:“闺女啊,咱家没醋了,这没醋吃饺子可不香,马上就要包完了,你赶紧以最快的速度去给爸爸买瓶醋回来吧!”听到这里,乔丽极力掩饰自己的兴奋之情,马上拿着钱包去买醋了。事后,乔丽跟爸爸的感情变得特别深,觉得爸爸比妈妈理解自己,不管有什么心里话都和爸爸说。在爸爸的引导下,她和男朋友互相鼓励,最终,工作一年后双双考上了研究生,之后又一起出国深造了。

看到这里,我们不禁纳闷,爸爸是怎么知道乔丽的男朋友在门外的呢?又是怎么知道乔丽在被妈妈拒绝之后并没有死心,仍然急不可耐地想出去和男朋友见一面的呢?其实,乔丽的确听出了男朋友固有的脚步声,但是,乔丽的爸爸根本听不出来乔丽男朋友的脚步声，他是通过观察乔丽的脚部动作知道的。乔丽上身背对着门，下身却朝着门扭成了四十五度角，而且，她的脚尖恨不得一步迈出门去。由此，爸爸知道乔丽并没有推掉约会，而且约会的对象很有可能就在门外等着呢！把握住了女儿的心思，乔丽爸爸恰到好处地让乔丽出去买醋，这样一来，不仅避免了妈妈的反对，还使乔丽有机会出去和男朋友匆忙一见！如此善解人意的爸爸，女儿怎么会不喜欢呢？

很多时候，脚部动作往往被人们所忽略，其实，脚部动作比其他肢体语言更真实、更准确。为了方便大家更好地了解脚部动作的含义，我们特意进行了归纳总结，这样一来，大家不管是在工作中还是在生活中，都可以通过观察别人的脚步动作来了解别人的内心世界，进而更好地与人相处。

1. 不同性格的人，脚步不同

性格开朗的人，走起路来大步流星，脚步声比较重；相反，性格内向的人，走路缓慢而踏实。成熟老练的人，走路很稳，步伐很有节奏；而毛头小伙子走起路来则匆匆忙忙，充满活力，当然，也就显得不够踏实。可见，不同性格的人走路也不同。例如，如果一个人看上去非常强壮，但是走路却小心翼翼，那么，他肯定是一个外粗内细的精明人，做起事情来喜欢以粗犷的外表来掩盖严密的章法；如果一个端庄秀美的女子走起路来却急急忙忙，脚步不仅沉重而且凌乱，那么，她一定是个性格开朗、心直口快的痛快人。

2. 不同的脚部动作，泄露人的内心

如果一个人脚踝相扣，或者脚踝钩住板凳腿，从某种意义上来说，这个动作和紧咬双唇所表达的意思差不多，即都说明这个人正在努力抑制某种消极的情绪，内心焦躁不安，而且保持着警惕。例如，大多数病人在进行手术之前都十分恐惧，因而经常做出脚踝相扣的动作；当犯了错误的学生坐在老师的对面时，也会因为紧张而脚踝相扣。

在所有的脚部动作中，脚尖指向是最容易被人忽视的细节。虽然脚尖指向会告诉我们很多的信息，但是却很少有人观察别人的脚尖指向。在以上事例中，乔丽的爸爸正是根据乔丽的脚尖指向洞察了女儿的内心，因而才能说出正合女儿心意的话来。一般情况下，人们会无意识地将身体转向自已喜欢的人或事,所以,只要观察脚尖指向,就可以判断对方是否愿意见到我们。例如,在谈话时,假如对方将原本对着你的脚尖移开,就说明他想尽快结束谈话离开。

在脚尖指向中,有一种比较特殊的脚部动作,类似于起跑,即身体稍稍前倾,一只脚在前,一只脚在后,双手分别放在两个膝盖上。通常,这种姿势意味着当事人对某件事情很感兴趣,已经做好了洗耳恭听的准备。此外,这个动作还可以代表完全相反的意思,即随时准备撤离。例如,大学生上完一节持续两个小时的大课之后,都会做出这种动作。

其实,脚部的动作还有很多,需要我们在现实生活中认真观察,这样才能更好地了解别人的心意,与别人更好地相处。

口才心理:

有时,如果你看不透一个人的内心,不妨观察一下他在不经意间所做出的脚步动作,这样一来,往往能够洞察他的真实的内心世界。很多时候,脚部动作往往被人们所忽略,其实,脚部动作比其他肢体语言更真实、更准确。

观察坐姿站姿,体态表现对方心境

在中国几千年的历史长河中,老祖宗给我们留下了很多精辟的言论,其中,“坐如钟,立如松”就是大家都耳熟能详的一句话。站姿和坐姿是人类最普通的姿势,在成长过程中,我们不止一次地听到长辈们教育我们要“坐有坐相,站有站相”。现实生活中,除了职业军人有整齐划一的坐姿和站姿外,普通人的坐姿和站姿各不相同。在人际交往中,不同性格和心理状态的人有不同的坐姿和站姿。从某种意义上讲,坐姿和站姿是性格的一面镜子,会泄露人们内心的秘密。在人际交往的过程中,假如你能够在说话之前先细致入微地观察一个人的坐姿和站姿,就能够很轻松地了解他的性格特征和心理状态。

为了让大家详细了解不同的坐姿和站姿透露的心理特征，下面我们来具体分析一下。

1. 不同的坐姿，体现不同的心境

（1）身体蜷缩。通常，自卑的人坐着的时候身体喜欢蜷缩起来，使自己显得比别人矮小，有一种自我封闭和自我保护的倾向。此外，焦躁不安或者极度紧张的人坐着的时候也会不自觉地蜷缩起来，从而避免引起别人的注意。

（2）跷二郎腿。一般情况下，只有心态放松或者处于优越状态中的人才会跷二郎腿。由于腿部交叉位置的不同，跷二郎腿分为脚踝和膝盖交叉以及膝盖和膝盖交叉两种。在交谈中，如果一个人脚踝和膝盖交叉，就说明他争强好胜，自信心和控制欲都很强；如果一个人膝盖和膝盖交叉，就说明他对你怀有戒心，而且注意力根本不在你们之间的谈话上。

（3）正襟危坐。正襟危坐充分体现了入座者的拘谨和严肃。一个人，如果无论在什么场合都正襟危坐，那么就说明他性格内敛，认真严谨，墨守成规；一个人，如果只在陌生环境中正襟危坐，则是为了表示对对方的重视。

不同国家的人，坐姿也不同。各个国家之间，因为文化背景的不同，所以各国人民的性格特征也有所不同。例如，德国人比较严谨，法国人比较浪漫，美国人不拘小节等。因而，他们的坐姿也有不同的风格。

2. 不同的站姿，体现不同的心境

（1）含胸驼背。性格内向、怯懦自卑的人表现出含胸驼背。

（2）手插裤兜。相比之下，男人做这个动作的频率比女人高得多。这种姿势很容易给人留下傲慢或过于自信的印象，使人心生反感。

（3）单腿直立。单腿站立的姿势使人的重心放在一条腿上，表现出当事人拘谨、自卑的心理状态。

（4）抬头挺胸。当我们觉得自己比较有信心，做事有把握时，会不自觉地抬头挺胸。

站姿就像性格的一面镜子，将一个人的性格折射得一览无余。假如你能够在开口说话之前,先观察对方的站姿,那么,在交往中就能占据主动,从而形成对自己有利的局面。反之,假如你不注意自己的站姿,就会被别人洞察你的内心。例如,有人曾经在面试的时候因为手插在裤兜里而失去了工作的机会。

章华是某大学的大四学生,学习人力资源管理专业,还有半年就要毕业了,所以他已经开始找工作了。一个偶然的机会,他听说自己向往已久的一家大型国企招聘人力资源主管,因此便抱着试试看的心态投递了简历。虽然这家公司想招聘有工作经验的人,但是,因为章华的条件比较好,所以还是网开一面给了章华面试的机会。

机会来之不易,看着黑压压的面试人群,章华十分紧张。面试分为初试和复试,因为准备充分,所以章华顺利地通过了初试。他欣喜若狂,觉得自己离心仪的工作又近了一步。复试的时候,由总监亲自当考官,不过,没有什么专门设计的问题,只是看似随意的交谈。总监很和善,章华在总监的引导下,有条不紊地回答着总监的提问,心情渐渐放松了。不知不觉之间,他把手插到了裤兜里,和总监侃侃而谈。不一会儿,谈话结束了,在章华离开之前,总监淡淡地提醒他道:"小伙子,我认为你各方面的条件都很好,虽然没有工作经验,但却是个可造之材。不过,我想提醒你,下次面试的时候千万不要把手插在裤兜里!"听完总监的话,章华的心凉了半截,他知道自己已经失去了这个千载难逢的工作机会,而唯一的原因就是不合时宜地把手插到了裤兜里。

面试的时候,无论和考官谈得多么融洽,都不能忘乎所以,一定要时刻牢记自己的身份和地位。事例中的章华,如果不是因为忽视了手插在裤兜里给人的不良印象,怎么会与心仪已久的工作失之交臂呢! 由此可见,透过一个人的站姿,的确能够洞察一个人的内心。在人际交往的过程中,如果不注意这一点,就会给自己带来损失。

口才心理：

不管是坐姿还是站姿，都会透露一个人的性格特点和心理状态。无论是听别人说话，还是说话给别人听，在说话之前，最好先观察别人的站坐姿势或者先调整自己的站坐姿势，这样才能使谈话更加顺利地进行下去！

从着装打扮窥见对方的性格和心理

在现代社会，人们越来越重视形象。的确，在一个人还没有来得及开口说话之前，往往已经被别人从上到下、从头到脚地打量了一番。因此，形象也是一种语言，无形中向人们传达着重要的信息。那么，怎样打造自己的形象呢？俗话说，人靠衣裳马靠鞍。要想打造良好的形象，当然离不开服饰装扮。随着时代的进步，潮流的发展变化非常快，只要你愿意，可以一日千变，但是，万变不离其宗。实际上，每个人的服饰装扮是有着属于自己的独特风格的。

一个人的服饰装扮，不但能够表现出他的欣赏品位和喜好，而且还能反映出他的修养和职业，甚至还会表现出他与众不同的智慧。总之，无论怎么变化，服饰装扮都会在不知不觉之中向他人传达很多信息。如果你观察得很仔细，就能够从一个人的服饰装扮中看出他的心理。那么，服饰装扮的表情达意功能究竟如何呢？

（1）在人际交往中，要想在第一时间内准确地了解对方的性格特点与心理，就一定要了解服饰装扮所折射出的不同表情。

1961年，法国总统戴高乐经历了一次右翼组织的谋杀。这件事情之后，他穿着英姿飒爽的军装在电视上发表讲话。人们很纳闷，总统为什么没有穿西服呢？但是，当知道事情的真相后，人们清楚地意识到，总统选择在这种情况下穿军装，一定是在向民众展示自己的力量和权威，并且警告政变策划者。

虽然服装的功能之一是保暖、美化,但是,在以上事例中,戴高乐总统之所以穿军装,无疑是为了表达一种信心和勇气。

(2)讲究服饰装扮的程度不同,性格也不同。现代社会极其崇尚个性,因此,服饰的款式、风格、色彩越来越丰富。如果一个人愿意,甚至可以每天都穿不同的衣服。总的来说,在服饰装扮方面有两类人,一类是不修边幅、不讲究服饰装扮的,一类是特别讲究服饰装扮的。这两类人,不仅使人一眼看上去就能发现明显的区别,而且性格也截然不同。不修边幅的人性格比较内向,喜欢独处,有自卑感,不喜欢人多热闹的场合;反之,特别讲究服饰装扮的人,自信心很强,凡事都充满好奇和热情,喜欢与人交往,朋友很多。总而言之,讲究服饰装扮的人肯定比不讲究服饰装扮的人活泼开朗。不过,凡事都有两面性,如果一个人过于讲究服饰装扮,就会走向极端,导致性格扭曲。

(3)化妆的人与不化妆的人性格不同。随着时代的发展,人们脸上的色彩越来越多,也越来越艳丽。当然,相比较男人而言,还是女人化妆更多。然而,也还是有女人坚持素面朝天。那么,化妆的人与不化妆的人性格有什么不同呢?

化妆的女人中,也有各种妆容风格的,这里不再一一细分,统一分为化淡妆的和化浓妆的。一般情况下,化淡妆的女人不喜欢表现自己,甚至不想引人注意。她们崇尚自然,更注重适度和品位,更关注心灵,做起事情来比较有节制,喜欢给自己留退路。相比之下,喜欢化浓妆的女人性格张扬,表现欲强,希望通过极端的方式使别人关注她们。此外,有一些自信心不足的女性也喜欢化浓妆,以此来保护自我,掩饰内心的不自信。

尽管大街上的色彩越来越缤纷,但还是有女人从来不化妆。这种女人的内心很充实,不在乎外表,而更重视内在的修养,认为只要整洁清爽就好,给人以“清水出芙蓉”的清新之感。对任何事物,她们都更加注重实质,而不满足于肤浅的认识。很多时候,在一张张浓妆艳抹的面孔中,她们反而能使人耳目一新。

虽然年纪轻轻，但是艾米却被一家广告公司聘为首席设计师，从而成为了整个行业中最年轻的首席设计师。其实，艾米刚刚毕业三年多，设计经验远远比不上老员工丰富，但是，她有一个特点，使她在面试首席设计师的时候脱颖而出。

众所周知，学美术的人一般都很擅长色彩搭配。在彩妆大行其道的今天，学美术的人在化妆方面无疑占据了很大的优势。因此，几乎所有学习美术设计的美女们都对彩妆情有独钟，甚至，连那些帅哥有时候也忍不住在脸上涂抹几下。

面试首席设计师的时候，来的几乎都是业内精英，因此大家各自展开本领，把自己打扮得颇具个性。在人群之中，唯独艾米一眼看上去毫无特点，因为艾米根本不化妆，而且穿衣服也是以舒适为主。然而，正是这个毫无特点的特点使她成为了人群中最具特点的人。成为首席设计师之后，有一次，艾米和当时负责面试的总监聊天，总监说面对着一张张浓妆艳抹的脸，当他看到艾米的时候，就像看到出水芙蓉那么舒服，而且，艾米的着装风格也使艾米看上去非常清新、自然。面对这样一个人，总监说，他相信艾米的作品也必然如艾米的人一样清新、自然，用天然去雕饰。

也许，乍一看，艾米纯粹是歪打正着，其实，艾米之所以被聘为首席设计师并非出于偶然。大家都知道，一个人的服饰装扮能够体现一个人的性格、风格、心理状态。其实，打动面试官的是艾米的清新、自然、淡定和大气。当然，并非要求每个人都要像艾米一样素面朝天，毕竟，有很多工作单位都是要求员工化淡妆的。

总而言之，服饰装扮是一个人心理的体现，根本模仿不来。要想提升自己服饰装扮的品位，就要首先充实自己的心灵！

口才心理：

服饰装扮是一个人心理的体现，根本模仿不来。要想提升自己服饰装扮的品位，就要首先充实自己的心灵！

第2章

听出真心，会听是说话的前提

语言是人与人交流最直接的方式，说话是表达自我、宣泄内心的一个途径，而倾听是接受对方的过程。从心理学的角度看，任何人都渴望自己的意见、观点能有倾诉的对象。可见，认真倾听他人说话，代表你对他人的尊重，同时你也赢得了别人的尊重。懂得倾听的人才会获得朋友，因为你分担了他的烦恼；同时，懂得倾听的人才能够在听的过程中摸清大意，从他人言语中了解一个人内心的意图，才能想到合适的办法应对不同的人、不同的事。因此，可以说，会听才是说话的前提。

倾听是开启高效沟通的关键

生活中,我们强调口才与语言在沟通中的重要作用,但要想达到良好的沟通效果,滔滔不绝地表明自己的观点和立场是不够的,因为真正的沟通是双向的,不仅需要我们表达,还需要我们懂得倾听。从心理学的角度看,人与人之间的语言交流,如果只是流于表面,是毫无意义的。每个人都有倾诉的心理需求,如果我们能满足对方的这一心理需求,在沟通前多倾听,那么,就掌握了高效沟通的窍门。同时,倾听这个看似小小的细节问题,却能体现我们的涵养,也能表明我们是否有诚心。

然而,交际场所,我们经常能见到有人手舞足蹈、口若悬河、滔滔不绝,他们只在乎自己的主观需求,只在意自己说什么,却从来不考虑他人是否感兴趣,能否忍受。当听众已经有了多次不耐烦之举,自己却还沉浸在表达的快感中毫无察觉,此时是多么失礼!其实,并不是我们能说,就能赢得人气指数,而且,一旦超出了正常的倾诉限度,就会适得其反了。

有一次,美国知名主持人林克莱特访问一名小朋友,问他说:“你长大后想要做什么呀?”小朋友天真地回答:“嗯,我要当飞机驾驶员!”林克莱特接着问:“如果有一天,你的飞机飞到太平洋上空,所有引擎都熄火了,你会怎么办?”小朋友想了想说:“我会先告诉坐在飞机上的人绑好安全带,然后我挂上我的降落伞先跳出去。”

当现场的观众笑得东倒西歪时,林克莱特继续注视着这孩子,想看他是不是自作聪明的。没想到,孩子的两行热泪夺眶而出,使得林克莱特发觉这孩子的悲悯之情远非笔墨所能形容。于是林克莱特问他:“为什么要这么做?”小孩的回答透露出一个孩子真挚的想法:“我要去拿燃料,我还要回来!我还要回来!!”

这个故事中,我们发现,林克莱特就是一个善于与人沟通的人,因为他懂得如何倾听。他并没有嘲笑一个孩子天真的想法，而是继续听孩子讲出自己这样做的原因。

正如没人认为自己不会说话一样，几乎没有人认为自己不会听。可事实上，大多数人并不懂得有效倾听。某种意义上，交流有效与否往往更取决于听者而非说者，反过来说，失败的交流往往源自听者的疏忽。你认为自己真的明白了倾听的艺术了吗？你不是常常打断对方的演讲？是不是又自以为是的进行反驳呢？这些都是消极倾听的表现。积极倾听可以让对话的节奏舒缓下来，这样的对话，才能为思想火花的迸发营造空间。

因此，心理学知识告诉我们，在说话前，只要你用谦和的态度懂得倾听，并以话语诱导对方，让对方产生一种被尊重感和优越感，你是能成功攻克对方的心理防线的。你要办的事情往往也会柳暗花明，甚至在你毫无思想准备的情况下骤然成功。

那么，在与他人交流的时候，我们该如何倾听呢？

1. 不要试图打断对方的谈话

有时候与人交流，难免出现意见不合的情况，此时，你可能很想打断他、纠正他，但千万不要那样做，因为此时他不仅不会听进去，还会对你产生厌恶的情绪。你要做的就是耐心倾听，鼓励他多说。当对方说完以后，你再表达自己的意见，这样，对方会明显有一种被尊重的感觉。同样，对方也会以尊重来回馈你。

2. 表示理解，以示鼓励

任何人在谈话的时候，都希望自己的意见和观点得到认同、理解。因此，如果你能表示出对对方的理解的话，那么，他是很愿意继续说下去的。对此，你可以在倾听后适当地加入一些简短的词汇，比如，“对的”、“是这样”、“你说得对”等。也可以点头微笑表示理解。当然，你还需要做到专心倾听，并与对方偶尔进行眼神交流，切不可心不在焉。

3. 适时做出反馈

没有反馈的倾听是无效的。在倾听一段时间后，对对方进行准确反馈是激励对方谈话的有效方法。比如，对于你没有听清楚的问题，你可以这样提问“你刚才的意思或理解是……”当然,反馈一定要准确,不准确的反馈则不利于谈话,因此要把握好。

口才心理:

倾诉是一种排毒,倾听才是沟通的开始。沟通是双向的,我们并不是单纯地向别人灌输自己的思想,我们还应该学会积极的倾听。在现代社交中,倾听的作用尤为重要。倾听,是人们建立和保持关系的一项最基本的沟通技巧,也是一种心理策略。英国管理学家威尔德说:“人际沟通始于聆听,终于回答。”没有积极的倾听,就没有有效的沟通。

从语气判断对方心理,看时机说话

现实生活中,我们都认识到察人、识人在人际交往中的重要性,只有具备明眸慧耳,看清你的应酬交际对象,才能做出正确的交际决策,避免很多误区。可是如何掌握它的技巧和切入点,却成为一个难题。心理学家认为:“无声语言所显示的意义,要比有声语言多得多,而且深刻得多。”语气就属于一种无声语言。曾有国外的心理学家还对此列出了一个公式:人与人之间的信息传递=7%言语+38%语气+55%表情。对于这个公式所列出的言语、语气、表情在信息传递中信息承载量的比例尚可作进一步的研究和探讨,但它确实强调了语气在帮助我们看透他人内心世界这一问题上所起的作用,这是有重大意义的。

一个人说话的语气,是承载这句话的基础,它所包含的内容会让这句话所传达的情感更加丰富。当别人笑着很亲切地说:“真是一个混蛋!”你可以把这句话当成一个玩笑,但是同样是这句话,当人们咬牙切齿地说出来时,你就要认真对待了,否则,很可能最后会酿成一个悲剧。很多时候,一句话并不是光用耳朵听就可以明白的,还需要用眼睛去看,用心去想,最终你才能理解这句话的含义。只有从对方的语气揣摩对方的心理再说话，才能在与人交流中有的放矢。

一次，齐桓公上朝与管仲商讨伐卫的事，退朝后回到后宫。卫姬一望见国君，立刻走下堂一再跪拜，替卫君请罪。桓公问她什么缘故，她说："妾看见君王进来时，步伐高迈，神气豪强，有讨伐他国的心志。看见妾后，脸色改变，一定是要讨伐卫国了。"

第二天，桓公上朝，谦让地引进管仲。管仲说："君王取消伐卫的计划了吗？"桓公说："仲公怎么知道的？"管仲说："君王上朝时，态度谦让，语气缓慢，看见微臣时面露惭愧，微臣因此知道。"

管仲是如何揣测到齐桓公要取消伐卫计划的？除了面色、表情这两个切入点之外，还有其说话语气的变化。齐桓公刚开始决定伐卫，情绪是激昂的，而后来，他开始变得态度谦让，语气缓和，这表明他放弃了伐卫的计划。的确，一个人在说话时，语气变得缓和，那么，他的内心世界也逐渐变得平静。

任何一个象棋高手都明白，在胜负角逐中，要想"一棋定乾坤"，就必须"前看三步，后看三步"。而要做到这点，就必须要看出对手走的每一步棋的用意，从而做到见招拆招，取得胜利。而同样，在与他人交谈的过程中，我们必须懂得一些"读心术"，要有看穿他人心思的本领，看人不能看表面，也不要凭三言两语无端地判定一个人。只有多方观察，从举手投足、眼神、表情等各个方面综合判断，才能真正判断对方的心思、用意。

因此，训练自己从语气中掌握对方心理，可以说是促使自己圆满处理人际关系的重要条件。那么，具体来说，我们该怎样根据对方谈话的语气做出一些心理对策呢？

1. 听出对方的情绪和意图

在各个场合都要"听话听音"。一个人即使不和你说真话，他的语气同样可能暴露出他的性格、愿望、生活状况甚至他的意图。潜藏在人内心的冲动、欲望等，总是会通过某个方面体现出来，所以要了解对方意图可借语气来读懂他的心思。只要你能准确地抓住他的心，才能更准确地分析他的心理,也才能看准他的本质。

生活中,我们能从别人的语气来看出一个人与你交谈的时候的情绪等,留意了他的语调语速变化,你就留意到了他的内心变化。有些语调变化是故意做出来的,那是他想向你传达某些信息。而某些语调变化是无意识的,你则可以发现他的情绪变化,以便随时调整你的说话内容。

2.看准他人的意图再说话

我们在说话前,必须要先了解对方谈话的意图,并做出相应的语言回应,才能让交谈有利于我们。比如,如果你是个求职者,在回答问题时,应当适时正视面试者。通常,面试者对急于想要了解的问题,谈话会以较不太关心的话题为重。如果对方对你凝视倾听,你就需要对回答的问题作较为详尽的描述;如对方只是随声附和或眼神出现游离,则应立即简短结束此话题,求职者不可认为自己对这方面较为了解而夸夸其谈。

口才心理:

大多数观察人的高手,他们通常都能在对方说话的字里行间找到线索,巧妙地掌握对方的心理,从而了解他人对自己的态度、对事物的看法,进而诱导、确认或控制对方的想法。

用心听,听出话语背后的深意

现代社会,是否会说话,能否掌握语言的艺术,无论是对于个人发展还是在日常交际中,都显示出了无可替代的重要性。正如戴尔·卡耐基所说:“一个人的成功约有15%取决于技术知识,85%取决于口才艺术。”我们同样知道,听话和说话同样重要,但真正的听,并不是傻听,会“听”话的人既能很好地领会、理解别人说话的意思,又能仔细地欣赏、揣摸别人说话的技巧,更能从别人的言谈中听出言下之意和弦外之音,然后才能“以牙还牙”,做出相应的应酬对策。

有一个年轻人去拜访苏格拉底，向他求教演讲的艺术。苏格拉底刚开口没说几句话，这位年轻人不但不认真听，反而打断老师的话，自己滔滔不绝地讲了许多话，以显示自己的才能。苏格拉底说："我可以教你演讲，但必须收双倍的学费。"年轻人问："为什么要双倍呢？"苏格拉底说："要教你两门课，除演讲外，还要上一门课——怎样闭住嘴听别人说话。"

从苏格拉底这段话里，我们能看出两层意思，在诉说之前一定要倾听，倾听是诉说的前提。同时，苏格拉底在表达自己观点的时候，并没有直接指出，而是采取委婉暗示的方法。这样，既指出了青年人应该改正的缺点，又不至于让青年人失了面子。在此，作为这名青年人，应当能正确会意，了解苏格拉底的"苦心"。

清朝的乾隆皇帝是一个善于听出别人话外音的人：

一天，乾隆皇帝在新任宰相和坤与三朝元老刘通训的陪同下游山赏景。乾隆随口问了一句："什么高、什么低？什么东、什么西？"饱有学识的刘通训随口即应："君子高、臣子低，文在东来武在西！"和坤见刘通训抢在自己的前面，十分不快，随即相讥："天最高、地最低，河（和）在东来流（刘）在西！"因为当时的皇家礼仪中，上首为东、下首为西，此话暗示：你刘通训再老，再有能耐，还在我和坤的下首。

刘通训知道和坤的用心，心里也极不满。当三人来到桥上，乾隆要他们各人以水为题，拆一个字，说一句俗语，做成一首诗。刘通训张口即来："有水念溪，无水也念奚，单奚落鸟变为鸡（繁体为'鷄'）。得食的狐狸欢如虎，落魄的凤凰不如鸡。"和坤一听，好呀！老家伙骂我是鸡！岂能饶过他："有水念湘，无水还念相，雨露相上使为霜，各人自扫门前雪，休管他人瓦上霜！"告诫刘通训，给我当心点儿！

而乾隆听出了新老不和的弦外之音，二相不和，有损大清基业！于是，他一手拉一人，面对湖水中映出的三个人倒影说道："二位爱卿听着，孤家也对上一道：'有水念清，无水也念青，爱卿共协力，心中便有清。不看僧面看佛面，不看孤情看水情。'"二人听罢，心中为之一震，深为乾隆的如此循循善诱而不降罪的龙恩所感动。和坤和刘通训立刻拜谢乾隆，当着皇上的面握手言和，结为忘年交。

乾隆皇帝的一段话，让我们看出他是个明智的皇帝。他深知，臣子间的不团结必有损大清基业，而二位臣子表面上看是在吟诗作对，实际上则是相互贬低。如果他直接责备，一定会伤害一方的面子，致使双方的矛盾加深。因此，乾隆故意吟诗一首，通过诗歌来隐晦地传达自己希望二人和好的愿望，避免了对双方面子的伤害，收到了良好的效果。

生活中，我们与人交谈的时候，也应该善于听出别人的话外音。语言的精妙之处就在于影射，此言可以达彼意，我们只有提高警惕，仔细琢磨对方的语言，才能适时地听出。而我们如若希望能有效地听出说话人的言外之意，需要记住以下几点：

(1)思考问题时要经常站在别人的角度；

(2)从别人的角度来思考问题；

(3)结合当时的情景，做出必要的判断；

(4)根据平时对对方的了解和与对方的关系来判断。

口才心理：

听是说的前提，你要想更好地表达观点，就要建立在听清别人内心真实意图的基础上。但真正的倾听应该是有效的。相反，如果你没能听出别人的言外之意，就会做出错误的对策，甚至造成无法挽回的恶果。

在关键时刻给予恰当反馈

我们都知道，沟通有三要素——倾听、反馈、表达。科学研究证明，耳朵所收集到的信息比眼睛要多得多。“万言万当，不如一默”，意思是人说一万句话，哪怕全部是正确的，也不如沉默不说一句。可见，倾听的重要性。但我们要明白一点，无论什么情况下的沟通，都是有一定的沟通目的的。因此，要做到高效的沟通，就必须在倾听中抓住问题的关键点，并适时做出反馈。

利特尔公司是世界最著名的科技咨询公司之一。然而其前身只不过是其创始人利特尔建立的一个小小的化学实验室，并不为人知晓，但后来一件事却让这个小小的实验室名声大振。事情原来是这样的：

1921年的一天，许多企业家在一次集会上谈论科学和生产的关系。一位大亨高谈阔论，否定科学对企业生产的重要作用。这位大亨挑战性地对利特尔说："我的钱太多了，所有的钱袋已经不够用了，想找猪耳朵做的丝线袋来装钱，或许你的科学能帮这个忙。如果能做成这样的钱袋，大家都会把你当科学家的。"说完，他哈哈大笑起来。

聪明的利特尔怎么能听不出大亨的弦外之音呢？

他感到非常气愤，恨不得给这种无聊的人几个耳光，可是他忍住了，表面上非常谦虚地说："谢谢你的指点。"

此后不久，市场上的猪耳朵被利特尔公司暗中收购一空。购回的猪耳朵被利特尔公司的化学家分解成胶质和纤维组织，然后又把这些物质制成可纺织纤维，再纺成丝线，并染上各种不同的颜色，最后编织成五光十色的丝线袋。

这就是猪耳朵丝线袋，这种钱袋投放市场后，顿时被一抢而空。

"用猪耳朵制丝线袋"，这看来荒诞不经的恶毒挑战被粉碎了。那些不相信科学是企业的翅膀，同时也看不起利特尔的人，不得不对利特尔刮目相看。

利特尔公司从此名声大振。

利特尔听出了大亨的弦外之音，不露声色，暗地里却收购猪耳朵，并通过科学的方法将猪耳朵制成丝线袋，不仅为自己带来了经济利益，还粉碎了大亨的恶毒挑战，一举成名。

这个故事同样给了我们一个心理启示：倾听不能"傻听"，要听出关键点，听出问题的实质，才能在反馈时做到对症下药，否则就会本末倒置。而且,倾听是有效沟通的重要基础。善于倾听的人总是注意分析哪些内容是主要的,哪些内容是次要的,以便抓住事实背后的主要意思。我们倾听客户说话,也要抓住有利于销售的关键点,不要被个别枝节所吸引。

相反,不给予反馈是沟通中常见的问题。许多人误认为沟通就是我听他说或者他听我说,常常忽视沟通中的反馈环节,不反馈往往会直接导致两种结果。

(1)信息发送方(表达者)不了解信息接收方(倾听方)是否准确接收到了信息。

(2)信息接收方无法证明和确认是否准确地接受了信息。

那么,具体来说,在沟通过程中,我们应该如何反馈呢?

第一步,倾听。

不管是自己的朋友、同事、领导、客户,在沟通的时候,倾听对方表达的内容和目的都非常重要。

这里,有几个关键点:

①对方的问题点。这也是倾听的重要任务。有时候,对方的某些问题是不会真正向你坦白的。

②情绪字眼。当人们感觉到痛苦或兴奋时,通常会通过一些对话中的字眼来体现,比如“太好了”、“真棒”、“怎么可能”、“非常不满意”等。这些字眼都表现了他们的潜意识导向,表明了他们的深层次看法,我们在倾听时要格外注意。

第二步,反馈。

对方表达完后,要在适当的时候去给予回应,也就是反馈。要及时、明朗、不含糊地给予认同或肯定。“是的、对、嗯、是啊 ”等,都是必不可少的。

第三步,表达自己的观点。

对方的观点跟自己的观点如有冲突或者自己认为有异议,也要先给予肯定,再说出自己的想法、观点,但是也要有度,恰如其分,这点很重要!

口才心理：

反馈是沟通过程中的一部分，指在沟通过程中信息的接收者向信息的发送者做出回应的行为。一个完整的沟通过程既包括信息发送者的表达和信息接收者的倾听，也包括信息接收者对信息发送者的反馈。

多听对方说，更易掌握谈话的主动权

生活中，在与人沟通这一问题上，很多人存在这一心理误区：他们认为，说得多就是有口才的表现，同时，为了使他人接受自己的观点，他们总爱侃侃而谈，甚至口若悬河。殊不知，无休止的话只会让别人反感。真正要做的是尽可能多地让对方说，给对方创造说话的机会，把自己变成以听为主的听众，给说话者以呼应，或赞成，助其深入；或反对，让他告诉你他认为什么是正确的，这样才是真正地把握了话语主动权。因此，让对方多说话，并不会让我们丧失交流的机会，反而会有助于我们达到沟通的目的。

曾经有一名法官，他是个善于倾听他人说话的人，在他调节的纠纷中，人们总是愿意听取他的意见。

一次，一个老作家和一个出版社因为报酬问题出现了纠纷，闹上了法庭。根据案情，法官认为调解对双方，特别是对老作家有利。因为打官司费钱又费力，个人不能与单位比。但他多次建议双方调解，都没有效果。老作家对出版社怨气很大，但很明显，他是个法盲，开庭时只是反复就一两个问题进行阐述。尽管他遣词造句与他的职业很匹配——颇具诗歌或散文的味道，可车轱辘话谁听着都烦。旁听席上渐渐有人打起瞌睡，有人起身离去。可法官一直静静听着，不打断老作家的话。

庭审进行了三个多小时，直到双方再无话可说，法官才向双方解释了出版合同的法律规定，指出双方在合同履行中的不当之处，并再次提出调解的建议和基本方案。

老作家听完法官的话,半晌没说话。最后,他突然表示愿意接受调解。

“法官大人,矛盾发生以后,你是第一个完完整整听完我讲话的人。”老作家诚恳地说,“你对我的尊重让我信任你,你说怎么办就怎么办。”

这则故事中,这名法官就是个善于通过倾听解决问题的人。表面上看,一直是老作家在侃侃而谈,法官一直静静地听着,但最终,老作家却因为感受到了来自法官的尊重而接受了调解,这就是法官所要达到的沟通结果。

事实上,并不是所有人都能做到和法官一样,多给他人说的机会。你只要留意一些非正式的聚会,或是聚餐,或是聊天,那些在旁边听别人讲话的人,多么迫不及待地想开口;而且一个讲完以后,旁边立刻有人急着接下去,甚至出现多人抢着说话的现象,你就可以知道人们是多么爱说话了。关于如何更好地倾听,鼓励对方多说,以把握沟通的主动权,有以下一些技巧。

1. 集中注意力,用心地听

听人说话是一门大学问,有的人经常被别人说成“左耳朵进右耳朵出”,形容他听话总是记不住。其实,一般人在听别人说话的时候,基本上能记住一半的内容已经不错了。

造成效果这么差的原因有两点:一是因为听者的思考速度比说者的讲话速度快,因此有许多空闲的时间胡思乱想;二是当说者的论点与听者的观点不同时,后者就很难再听下去了。为避免倾听效果不良,除了集中注意力用心听之外,最好的方法是:备妥纸与笔,记笔记。把谈话重点一一记下来之后,就不会忘记了。

2. 发问

对方说话时,原则上不要去打断,可是适时的发问,比一味的点头称是更为有效。一个好的听者既不怕承认自己的无知,也不怕向说者发问,这样不但会帮说者理出头绪,而且会使谈话更具体生动。可以提些诸如“你认为这就是问题所在”、“你的意思是……”、“你能说得明白一些吗”等问题。这些提问有助于你获得更多信息,并理解问题的各个方面。

3. 中立

像“嗯”和“真有意思”等中性评价性语言能表示你对谈话感兴趣，并鼓励对方继续说下去。这是最难的技巧之一，因为这要求你真正跟上对方谈话的主题。

4. 重复

可用“按我的理解，你的计划是……”、“你是说……”及“所以你认为……”等句式，这些说法表明你在倾听，并明白对方的意思。重复的重要性在于让你尽早发现有无曲解对方。

5. 总结

试着用“你的主要意思是……”和“如果我的理解没错的话，你认为……”等说法。不要第一个下结论，先听他人的结论可能更有价值。

有了上述技巧，你就会发现倾听别人谈话也是其乐无穷的。

口才心理：

谈话不是演讲，不是个人表演的独角戏，而是双方交流的活动。在谈话中，只以自己为中心，好像他人都不存在似的，长久下去，必然会令人生厌。所以在与他人交谈时，给对方创造说话的机会，要比我们自己说好得多。

掌握引导对方说出真话的能力

与人谈话，不光要有说的技巧，还要有听的技巧，不可能光说不听，要达到说与听的和谐、彼此愉悦。当然，让对方多说，并不是指我们一句话也不说。因为从心理学的角度看，谈话一方过分的沉默也会使对方难以继续说下去。我们的目的在于让对方痛痛快快地把话说出来，从而了解对方的真心。因此，必要时应想办法诱导对方多说，不要使对方因为你过分沉默而不能接着说下去。

有这样一则故事:法庭上正在审理一桩杀人案,犯罪嫌疑人王某因为女方父母不同意他们交往,而狠心将女友一家三口人杀害。以下是法庭审理实录:

法官:王某,你把你的犯罪经过再说一遍。

王某:我已经说了很多遍了,是我女朋友的父母先动手伤我,我是迫于无奈才失手杀了他们的。

法官:迫于无奈?好,既然这样,我问问题,你来回答。案发现场是在你和你女朋友租住的房子,是不是?

王某:是。

法官:出事之前你女友的父母是不是经常去你们的出租屋?

王某:不是,他们从没去过,我也不想让他们去。

法官:不想让他们去?为什么?

听到法官的这句话,王某说话突然结巴起来,但他又迅速恢复了镇定。

王某:因为……因为他们的身体不好,我们住的地方也比较偏僻,不好找。

法官:他们去你那里的那天,是拿着刀或者其他凶器去的,是不是?

王某:当然不是。

法官:他们进入房间后是直奔厨房去的是不是?

王某:不是,是直奔客厅去的。

法官:即使他们是第一次到你那儿,进门后也是直奔客厅去的,但他们还是比你熟悉厨房的位置以及里面都有什么东西,是不是?

说到这里,王某的脸上已经渗出了冷汗。凶杀现场就发生在王某出租屋的厨房里,凶器是菜板上的菜刀。之前,王某一直被法官的问话问得不知所以然,没想到对方是想问厨房的事情。

王某:法官,我认罪,我熟悉厨房的路,我知道菜刀放在哪里,是我先动的手,我后悔啊……

面对犯罪嫌疑人,想知道他们真实的作案动机并不是件容易的事。因为一旦承认自己有罪，就即将面临着法律的惩罚。故事中的王某就是这样的人。最开始，他歪曲事实，说是对方先动手，自己是被迫反击的。此时，如果法官正面追问："为什么不说实话？"那么，王某还会加以反驳，这对案件的审理没有丝毫帮助。因此，法官采取了另外一种方法——心理诱导法。他故意歪曲事实，反着问话。于是在法官的继续诱导下，最后让王某自己说出了"我比对方更熟悉厨房的位置，知道菜刀放在哪里。"问出了这些，案子不就一清二楚了吗？

的确，无论出于什么目的的沟通，对方如果隐瞒真心，那么，是起不到任何沟通目的的。因此，鼓励每个人说真心话，应当是我们沟通过程中需要首要考虑的问题。最好的方法是本着你自身的谈话原则来进行，以下列举了一些原则性的条目：

(1)要有自己的主见和见解；

(2)认真倾听；

(3)要知道自己对什么事情感兴趣。

然而，在做好以上几点工作后，要想探出对方的真心，还可以采取一些主动的措施，诸如故意激怒对方，或故意引出对方反感的话题等，这样可更进一步故意带出对方所讨厌的话题。也就是说，只要能扰乱对方的心，让其主动透露自己即可。

具体来说，你可以：

(1)事先收集资料，了解对方；

(2)找出对方的优点进行赞美；

(3)谈及一些细小的问题，让对方觉得你做足了工作；

(4)尝试说出自己的意见与感想；

(5)表现出真的想听的热切期盼；

(6)谦虚的回应；

(7)谈谈自己的缺点、失败经验；

(8)尝试故意说出反对的意见；

(9)故意带出对方讨厌的话题。

借鉴上面的这些规则,会很容易引出对方的真心话。只是,不要采取过于激进的手段,这样会使矛盾激化,你自身也寻找不到好的理由说服他们。

口才心理:

当今社会,说话的技巧已经影响到我们的人际关系、事业和前途等方面,所以我们要学会的就是找机会诱导别人说话、说真心话,这样才有利于沟通目的的实现。

第3章

言语及心，把话说到他人心里

语言是人与人之间交流的桥梁，没有语言就没有相互交流的平台。然而，现实生活中，一些“能说会道”的人误认为，真正的口才就是在语言上胜出，以此来让对方接受自己的想法和观点，而实际情况往往不尽如人意。究其原因，是因为他们没有了解真正打入人心的沟通是要从心理的角度入手的。也就是说，生活中，如果你懂得从抓住对方的心理开始，用一番别具特色的语言，相信是能把话说到对方心坎儿里的!

王牌留在关键时刻出,让对方哑口无言

生活中,可能你遇到过这样一些情况:在你明知道事情真相的情况下,与你沟通的对方却矢口否认,此时,你是否有束手无策的感觉?其实,如果你能隐藏好自己,然后逐步引导,关键时刻亮出王牌,那么,即便对方再狡辩,也无济于事了。

我们可能经常看到法官这样审查嫌疑人:刚开始嫌疑人总是否认自己的犯罪事实,但他没想到的是,正当自己为自己的罪行辩护的时候,法官却突然指出他言语间的漏洞或者拿出关键性证据。此时,他只好对自己的罪行供认不讳,和盘托出自己的罪行。同样,你也可以将这一道理运用到生活中的沟通场景:如果对方否认某些事实,你不妨在关键时刻一语中的,让对方无言以对。

中国人常说:“最后的赢家才是真正的赢家,要笑就要笑到最后。”这句话一点也不假。任何情况下,只有手握底牌,才能出奇制胜。

我们来看这样一个职场故事:

小吴是某公司的经理秘书,她在这个岗位上已经工作了五年。五年来,公司大大小小的事都逃不过她的法眼。很多老员工说,公司可以没有经理,但绝对不能没有小吴。小吴是个能说会道、机智的女孩。

最近,公司新来了一个员工小王,他似乎有点小偷小摸的坏毛病。

这天,大家都已经下班回家了,但小王还想在公司继续上会儿网。他看见经理办公室的门还开着,好奇心使他悄悄地进去看了一下。巧的是,办公桌的抽屉也没有上锁,里面放着厚厚的一叠钱。面对金钱的诱惑,小王心动了,于是,他就做了件顺手牵羊的事——拿走了几张百元大钞,并且,他很自信地认为没有人会发现。

但实际情况并不是如此。第二天一大早,经理就在办公室嚷嚷起来了:

“你们谁偷了我办公室的钱？办公室怎么还有这样偷偷摸摸的人啊……”但没有一个人承认。

这时候，小吴想出了一个招儿。

她把大家叫到会议室，然后说：“今天早上，清洁工周大姐来找过我，说昨天有人进了经理的办公室……”后面的话，小吴并没有说，然后她接着说：“经理已经答应我，这件事不会追究，但希望这位同事能主动给经理发个邮件，经理不会公开这件事。”

会后，小王主动给经理发了邮件，并将钱汇到了经理的账上。经理一直夸小吴是个“军师”的料子。

故事中的小吴是个擅长打心理战的人，她让偷钱人小王不打自招的秘诀在于，她编造出了周大姐曾经看到这个嫌疑人的“作案过程”的虚假事实，然后假装一语中的，从而让小王乱了方寸，不打自招。并且，她采取了软硬兼施的措施，她给了对方“不再追究”的保证，在权衡利弊得失后，小王也只好承认偷钱的事实。

可见，在不知对手虚实的情况下，我们可以“使用”证人这张王牌投石问路。而在知晓事实的情况下，“证人”更能让对方心服口服。另外，当他人对我们产生质疑时，我们也可以采用这一心理策略。我们再来看下面故事中的销售员是怎么说服客户的：

莉莉在一家婚纱店工作，最近，她接待了一个客户。这天，客户给她打电话问：“请问我定做的婚纱，什么时候能做好？”

莉莉：“一般情况下，应该能在一个星期内赶完吧。”

客户：“要这么长时间呀，后天去拿行不行？”

莉莉：“如果要求两天的话，那么，裁缝师傅就要赶工，您都知道慢工出细活，赶工的时候，容易忙中出错，最后影响您婚纱的质量，那就划不来了。”

客户：“噢，是这样呀。那就按正常时间吧。”

案例中的销售员莉莉运用的计策就是让客户晓以利害，给对方施加了心理压力，在权衡之下，客户接受莉莉提出的“不”，同意按时提货。

当然，在使用这一心理策略说话的时候，我们还需要注意以下几点。

1. 把握时机,到顺风顺水的时候再说话

比如,在生意场上,在谈判中,有些时候你能清楚地感觉到事情正在越变越糟。你应该采取守势,退后一步,现在的情势不适合马上反击。很多人在自己处于劣势的时候拼命地试图证明自己,其实不妨退守一步。记住,当你处在劣势的时候,不要急着马上反击,等一等机会总会到来,那时你才能出奇制胜。

2. 胜者总是笑到最后,最后表态

你还应该在最后说话的时候尽力最大化你的优势。先观察对手的动作,尽量让对手先表态,然后根据对方的心理变化适时地调整自己的策略。到最后的时候,一语中的,让对方心服口服。

口才心理:

“不到黄河心不死。”人际交流中,由于某些原因,我们的交流对象可能会一直否认一些事实。此时,我们要想让自己的想法影响到对方,首先要隐藏好我们的意图,然后引导对方多暴露自己,最终把握好时机,在关键时刻亮出底牌,成功说服对方!

用你的强势,表现势在必得的决心

与人交往中,你是否发现,那些说话温文尔雅的人在某些时候似乎并不吃香,尤其在说服他人时,他们的话似乎并不能让对方真的听进去。而相反,那些善于运用心理策略和语言艺术的人都深知。在说服他人的过程中一定要学会巧说强势语,让自己的话变得有分量,最终引起对方的重视,实现自己的目的。

李林在某市担任某种独特原料的销售员。他的货很畅销,因为在该市乃至该省,他们是这种原料的唯一供应商。如果客户选择其他公司的产品,则要花费很大的人力物力去相隔甚远的邻省购买。尽管李林所在的公司拥有这种优势，但李林还是以良好的态度从事这种原料的销售。因此，长时间，他和他的那些客户关系甚好。但有一次，李林却在催款的问题上遇到了一些障碍。

客户方是该市的一个有影响力的公司。双方已经签约很长一段时间了，但客户的第二笔货款始终未付。为此，公司派李林前去催款。

见到对方公司的经理后，见对方丝毫没有要还款的意向，李林说了这么一段话："王总，您看，我们合作似乎已经有四五年了，一直很愉快。我们公司是贵公司唯一的原料供应商，贵公司的产品之所以能得到市场的认可，可能也和我们公司的信誉有很大的关系，因为我们的原料一直是得到业界认可的。但如果您长期这么拖欠尾款、不按合同办事的话，这事一旦传到消费者耳朵里，恐怕不好听。另外，如果您拒绝和我们合作，那么，如何进到价格最合理、质量又有保障的原料，恐怕是贵公司最大的问题。到邻省去购买，光运费，可能比现在的这笔尾款还要多很多吧……"

这一番话令客户经理很诧异，但句句在理，他只好点头答应，将剩下的一笔尾款准时还上。

从案例中可以看出，这位拖欠货款的客户就是块"难啃的骨头"，但聪明的销售员李林并没有因为害怕失去客户而唯唯诺诺，而是说出了一番强势的语言正中客户的要害。因为和这剩下的一笔尾款相比，客户更关心自己的信誉，关心自己在消费者心目中的形象与口碑，关心自己原料供应的成本等。权衡之下，客户自然会做出明智的决定。

与人交往中，巧说强势语说服他人，就要求你说话言之有物、言之成理，能充分地表情达意，侃侃而谈。当然，如何用自己的语言来赢得足够的威信也是一个语言艺术的问题，这里，在说话时你需要做到以下几点。

1. 语言干脆，当机立断

比如，如果你是位领导，遇到车间工人上班经常迟到早退、不听调配的情况，你要明白这是违反纪律的行为，就应果断决定"停止工作，等岗留用"。如果下属向你请示某动员会议的布置及议程，你认为没有问题，就可以用鼓励的委婉语调表达："知道了，你看着办就行了。"这种表述既给了下属支持与鼓励,也给了下属行动的权力。

2. 注意表达

说服他人,你除了要注意自己的态度和说话的方式外,也需要注意表达方法。

①说话时候尽量不要啰唆,要做到言简意赅、长话短说。句子说得短一些,不仅说起来轻松,听起来省力,吸引力也强。

②说话前先理清自己的思路,只有这样,才能做到说话有条理,吐字清晰,语速适当。

③在说话时要坚定而自信,力度要适中,注视着对方的眼睛,这样才显示出自己是充满自信和颇有能力的。如果讲话时眼睛不敢正视,会使对方觉得你意志薄弱,容易支配。

3. 尽量最后表态

其实,中国人是最具有“重点置之于后”的心理因素的。所以你不能抢着说话,越是最后说话越有权威。

比如,在与他人谈话时,应该先把说话的机会给对方,当对方一次性把话说完,一次性表明自己的态度后,自己再说话。让对方先说话,那么,主动权就在你这一边。根据对方的观点,你可以先找到一些突破口,然后追问下去,以帮助对方认识问题,再谈自己的看法,这样易于让对方接受。在对方讲话时自己思考问题,最后决断,后发制人,更能让对方认可你的说话能力从而信任你。

4. 注意态度,不可目中无人

要想让对方心服口服,你就要做到言谈举止中要有个人魅力,处处起表率作用。而且还要根据不同对象和不同环境发挥自己的讲话技巧,切忌态度高傲,目中无人。

口才心理:

社会生活中,与人交谈,很多时候,你都要让自己变得强势起来,尤其是在语言上,只有这样,才有权威和说服力,才能势在必得。

让对方感到你的认同，心房自然向你打开

生活中，有这样一些人，他们对于别人所提出的方式、方法或是大大小小的解决方案，还没有弄懂人家的真实想法，就这也批评那也指责，甚至进行人身攻击式的全面否定。而很明显，这些人是被排除在“人际关系良好者”之列的，甚至招人厌恶。因为人人都有渴望被认同的心理，否定他人，无疑也就是否定了自己，因为不得人心的人际关系就是失败的。

事实上，在这个强竞争、高压力的社会中，很多人认为自己不被他人理解，最重要的一点就是找不到属于自己的听众，也就不愿意倾诉。如果你希望对方向你敞开心扉，那么，与人沟通中，你就要做个贴心的人，多给予对方认同，使对方心情愉快，就会换来对方的理解和信任。

小李和小张都在一家软件公司工作，她们的实力一直旗鼓相当。

一次，在公司召开的销售大会上，小李谈了一些自己对当前软件销售前景的看法，并提了一些具体的建议，而这些建议与小张一贯采取的销售策略和主张都是截然不同的，小张自然很生气。心直口快的小张丝毫不隐瞒自己的观点，在会上慷慨激昂地进行反驳，以她对市场调查得来的第一手资料，说得小李面红耳赤，哑口无言。

事后，小李一直怀恨在心，慢慢地，她把小张由以前的好朋友变成了敌人。奇怪的是，小李也真神通广大。后来领导一纸调令，小张被“流放”到仓库去当管理员了。

这次会上，小张为逞一时之快，实话实说，否定了小李的观点，让小李丢了颜面，导致的结果是小李经常在领导面前说她心高气傲，目中无人，小张被流放的“命运”也就不足为奇。

的确，人们都有这样的感觉：与志趣相投的人谈话其乐无穷，与志趣相异的人谈话，会感到“话不投机半句多”。也就是说，人们都喜欢交谈对方能

认同自己。掌握人们的这一心理,生活中,在交谈时,你就要多肯定对方,让对方感到你与他志趣相投,对方一定乐意向你倾诉。

可见,巧妙地处理人际关系,最重要的一点就是掌握“认同别人”这一说话艺术。事实上,这也是我们这一时代智慧的结晶之一。也许,在你的生活中再也找不出像“赞同别人”这样一个简单技巧了。

那么,在与他人谈话中,我们怎样运用“认同别人”这一心理策略呢?

1. 要有认同的态度

如果你根本不认同对方的观点,那么,切不可虚伪作态。因为这样,你的一言一行都是假惺惺的,你自己都无法说服自己,又怎么能说服别人呢?

2. 当你认同别人时,一定要表达出来

不要指望你对对方的暗示能让他感受得到,要让他们知道你赞同他们的意见,不妨直接说出来,“我同意您的说法”或“您说得很对,我完全赞同”,“我认为您的看法很好”。

3. 不认同也不要直接表示反对

直接反对只会导致双方的争执,这样你会很快与人产生矛盾,你会失去很多。所以,请不要轻易否定别人,除非不得不这样做。

4. 避免与人争论

人际关系中最忌讳的就是与人争论。因为没有人能从争论中获胜,也没有人会从争论中赢得朋友。即使你是对的,也不要争论,这不是解决问题的最好办法。请务必记住这一点。

5. 用点头来表达肯定对方

交流的双方都希望对方能倾听自己,肯定自己。即使在对方表达的同时,也希望能获得你的认可和肯定。尽管对于你来说,可能并不赞同他的一些想法和看法。但是对于他来说,因为你没有反驳和辩解而认定你是支持和肯定他的,因而将你认同为自己人。因此,要想获得他人的好感,就要通过不断地点头来肯定对方的说法有一定的合理性。

6. 发现对方见解的独到性

盲目地否定别人的意见,许多时候只是因为对别人的排斥。如果能够做到理解别人、体贴别人，那么就能少一分盲目。

为此，我们要善于发现别人的见解的独到性，只有这样，才能多角度地看问题。因此，无论何时都要注意，不要听到不同的观点就怒不可遏。

当然，认同他人并不是毫无原则的，一味地逢迎，反倒会引起别人的反感。因此，你要把握好说话的分寸，管住自己的舌头，知道什么该说，什么不该说，该说的时候说得恰到好处，这样才不会惹恼他人，你才会有良好的人际关系！

口才心理：

认同艺术的根据在于——人们喜欢肯定他们的人；人们不喜欢反对他们的人；人们不喜欢被反对。从今以后，请积极地认同别人吧！只要你懂得并善于运用认同的艺术，你就会成为一个受欢迎的人。

巧妙刺探对方“死穴”，令对方降服于你

我们的生活中，总是存在形形色色的人，但无论什么人，都有他们的弱点。在与他们交涉的过程中，在沟通无效的情况下，我们不妨使出这最后一招——用言语触碰都对方的“死穴”，对方必定束手就擒。

姜先生完全有能力购买家庭保险，而且他也很关心自己的家人。可是当销售员小李劝他投保时，他总是提出异议，并且进行了一些琐碎且毫无意义的反驳。小李意识到，如果不用点什么好对策的话，这次谈判大概不会成功了。

小李凝视着姜先生说：“姜先生，实际上您对自己购买家庭保险的要求已经十分明确了，而且您也有足够的能力支付相关的保险费用，更重要的是，您比任何人都关爱家人的安全和健康。不过，您仍然不能下定决心购买保险。”稍微停顿了一下之后，小李转开话题继续说道：“对了，您平时是如何

支配您的休息时间呢?为了更安全,您可能会选择待在家里。其实据有关统计数据表明,家庭这个地方是最容易发生危险的地方。”说着,小李将一些统计资料交到姜先生手中。

刚才还出现在姜先生脸上的喜悦表情这时已经荡然无存了。小李此时将声调提高了一点,他说:“姜先生,如果您现在马上让我从您家出去的话,我会认为那是情理之中的事情。但我担心您会想:‘如果我正是在这个时间里发生意外伤害怎么办?’”

姜先生很诚恳地点了点头,表示认同小李的说法。

小李直视着姜先生说:“而有了这种保险,您一周7天之内的任何一天都有足够的安全保障,在一天24小时里的每一小时都不会被忽略。不管在什么地方,不管您是在工作、出差还是休闲,您都会享受到安全的保障,您的家人也会得到这样的保障。这一定正是您所希望的吧?”

此时姜先生还有什么可说的呢?他高高兴兴地购买了费用最高的那种保险,因为他要保证自己和家人时刻都处于一种足够安全的保险体系当中。

案例中的小李在劝服不成后及时转化说话方式,直击客户最害怕的问题——安全问题,让原本犹豫不决、总是提出异议的客户迅速做出了购买决定。可见,劝服客户购买,是要懂得一定的冷读术的。聪明的销售员通常能在三言两语间抓住客户的心理,完成推销任务,其中一条重要的策略就是出其不意点到客户的“死穴”。

其实,这种冷读术可以应用到与人交往的各个方面。我们所处的社会是个大舞台,每个人所饰演的角色都各不相似,杂乱而又多变。我们只有善于与不同性格的人交友,从而在人际联系中游刃有余,在社会中占有一席之地。而每个人都有其软肋和死穴,抓着这一点说话,能帮助我们迅速直指人心。

小唐今年刚毕业,毫无工作经验的他,很幸运地被一家小公司录用,到现在已经工作两个多月了。但最近他才发现,与自己共事的一个男同事实在不好相处。

“刚来公司上班感觉还可以,加上公司只有我们两个男性,我们的共同语言很多。他是我的搭档，比我小一岁，是独生子，性格还挺活泼，但慢慢地就感觉他很不好相处。刚来的时候他很热情，但是第一印象就是很能吹，而且刚一来就背着我说老板的坏话，还一本正经地以为自己说的都是经验之谈，说自己经历过很多，什么都懂，给我讲了很多社会上的大道理。更让人不能容忍的是，他很骄傲自大，说他们家乡人多有钱。有一次，我请他吃饭，等我把钱付了，他把钱包露出来给我看，说你就剩那点儿钱了，我这零头都比你的多。工作中，大家也不怎么喜欢和他接触，而我们是搭档，真不知道如何和他相处……后来，我发现他有一个弱点，那就是他比较怕办公室的杨主任，只要杨主任在，他都老老实实的。后来，为了能制服他，我向杨主任申请和他换了个座位。这下，在杨主任眼皮子底下的他老实多了，工作起来也踏实多了。”

小唐的这位同事就是典型的骄傲自大者。在没有成就的情况下，他们喜欢自吹自擂；一旦小有成就，就沾沾自喜；他们总希望自己能成为交际的“中心人物”，因此，他们总是想方设法让大家都崇拜他、尊敬他，常摆出一副咄咄逼人、唯我独尊的架势，缺少自知之明。和这种人交际或共事，一定要把握他的软肋。案例中的小唐就找到了制服他的办法，否则，你将永远被他“骑在头上”。为此，你千万不要低声下气，也不要以傲抗傲，而应该在对方不知不觉中直击他的弱点。

具体来说，在运用这一心理策略的时候，我们需要注意：

(1)点对方死穴要在不经意间，杀对方一个措手不及；

(2)不要点到对方一些无关痛痒的地方，反倒打草惊蛇。

注意以上两点，我们便能掌握这一冷读术的精髓了。

口才心理：

人际交流中，一个人，即使隐瞒得再深，也会有破绽，只要我们善于观察，找出对方的软肋，并用语言巧妙指出来，一定能令其就范。

用真情的言语打破对方的心防

在与人相处的过程中,情是最能触动人心的,正所谓"欲晓之以理,必先动之以情"。一般情况下,当人们与他人展开交谈的时候,彼此都会产生一种防范心理,双方都不为所动。这时候,你要想说服对方,就需要消除对方的防范心理。从一定程度上说,防范是一种潜意识里的自卫心理,也就是当我们把对方当做假想敌时产生的一种自我保护。而消除对方这种防范心理最有效的方法就是以情动人,通过那些充满真情的话语使对方感到你是朋友而不是敌人,用真情去瓦解对方筑起来的"防范墙",继而有效地影响其心理。

真情,可以是嘘寒问暖,可以是予以关心,可以是予以帮助等。事实上,女人天生是感性的动物,比男性更善于通过真情来"感化"他人。所以,日常交际中,女人们,你若想消除人际心理隔阂,展现自己的口才,就要善于用情说话,使对方无法抗拒。

"的姐"把一男青年送到指定地点时,对方掏出尖刀逼她把钱都交出来,她装作害怕交给歹徒200元钱并说:"今天就挣这么点儿,要嫌少就把零钱也给你吧。"说完又拿出30元零钱。见"的姐"如此爽快,歹徒有些发愣。"的姐"趁机说:"你家在哪儿住?我送你回家吧。这么晚了,家人该等着急了。"见"的姐"是个女子又不反抗,歹徒便把刀收了起来,让"的姐"把他送到火车站去。见气氛缓和,"的姐"不失时机地启发歹徒:"我家里原来也非常困难,咱又没啥技术,后来就跟人家学开车,干起这一行来。虽然挣钱不算多,可日子过得也不错。何况自食其力,穷点儿谁还能笑话我呀!"见歹徒沉默不语,"的姐"继续说:"唉,男子汉四肢健全,干点儿啥都差不了,走上这条路一辈子就毁了。"火车站到了,见歹徒要下车,"的姐"又说:"我的钱就算帮助你的,用它干点正事,以后别再干这种见不得人的事了。"一直不说话的歹徒听罢突然哭了,把200多元钱往"的姐"手里一塞说:"大姐,我以后饿死也不干这事了。”说完，低着头走了。

在上面这个案例中，“的姐”的口才确实令人钦佩，而她之所以能感动穷凶极恶的歹毒，就是因为她的话语里充满了真情。

心理学家指出：“情感如同肥沃的土地，道理好比种子。没有情感的沃土，道理的种子再好，也发不了芽”。我们在与人沟通的时候，更需要以情动人，否则，即使你说再多的道理，对方还是会不为所动。

生活中，要想使你的话以情动人，你需要做到以下几点。

1. 话语中注满真诚

谚语说：“真诚贵于珠宝，信实乃人民之珍。”要想自己的话语能够打动对方，就需要在话语里注满真诚，只有真诚才能打动人。如果你仅仅是几句花言巧语或者虚情假意地表达，反而令对方厌恶。

2. 把话说到对方的心里

人都是有感情的，说话能做到动之以情，晓之以理，就是最完美的沟通。我们在说话时要注意对方的反应，学会从对方的反应中修正自己的话语，尽可能把话说到对方心里。把话说到对方心里，才能真正地打动人。

3. 站在对方的立场说话

如果你在说话时总是想着自己，光顾着自己，这样说出来的话是不会有感情的。因此，我们应该处处为他人着想，让自己站在对方的立场说话，这样说出的话才有感情，才能打动对方。

的确，感情是沟通的桥梁，要想打动别人，必须跨越这一座桥，才能到达对方的心理堡垒，进而征服别人。与人沟通，应推心置腹，动之以情，使对方感到你的劝告并不带有任何个人目的，没有丝毫不良企图，而是真心实意地帮助他，为他的切身利益着想。这时，对方是愿意相信你的。

口才心理：

消除人际心理隔阂，实质上是一场从精神上征服人心的战斗，但又不能使对方有丝毫被迫接受的感觉。因此，动之以情，打感情牌，才能真正达到这一目的。

把话说得明白透彻,让对方对你放心

不得不承认,每一个人都有不少的缺点和毛病,在和别人接触的时候,我们会尽量地掩饰这些不足,呈现一个完美的自己给对方,因此,我们总是小心翼翼地和他人保持着距离。我们是这样的,别人也是这样的。因此,为了能迅速和他人拉近心理距离,要适当地把你的缺点和不足暴露给对方,让他人感受到你也是有缺点的,从而打消因为自己的缺点被人发现、受人嘲笑的担忧,这样,对方的戒备心就会松懈。那么,对方也会对你坦白内心。

因此,生活中,与人交往时,你不要再苛求完美了,要想了解他人,你先要主动暴露自己。

在新的工作环境里上班的第一天,黄小美感觉到非常不习惯,不仅仅是因为新的环境不适应,更主要的是和新的同事不熟悉。尽管随着时间的推移,她终究会和他们打成一片,但是黄小美可不想把主动权交给时间。

于是,这天中午,她利用午休的时间,和同事玉环聊起了天。由于刚刚认识,玉环对她抱有很强的戒备心。双方聊了聊天气,聊了聊拥堵的路况,就没了话题。而且玉环表现得非常矜持,没有多发表意见。

这时候,黄小美说:“我这人方向感特别不好,今天早上来的时候走错了地方,我还一个劲儿敲门呢,没想到走到了隔壁楼。幸亏一位大姐的热心帮助,我才找到了这边来。你说我是不是太笨了点啊?”

玉环笑着说:“这不算什么,我当时直接坐反了车,还一直纳闷呢,怎么没有当时说的那个公交站点啊? 直到车到了终点,不再走了,我还疑惑呢,后来问了乘务员才知道原来自己坐反方向了,当时好丢人啊。”

……

就这样,黄小美和玉环之间的话慢慢地多了起来,玉环也不再表现得那么矜持了,而是畅所欲言,再加上两人年龄相仿,聊的话越来越多。黄小美

嗓门很大，玉环也不再装淑女了，没心没肺地开怀大笑起来。她们很快由陌路成为了无话不谈的朋友。

黄小美再也不觉得难受了，她在这个新环境里有了朋友，再也不孤独了。

故事中的黄小美和玉环由于刚认识，所以彼此之间都很有戒心，后来在暴露了彼此的不少缺点之后，双方的心理距离迅速地拉近了。由此可见，暴露缺点，让他人感觉到你的真实，进而跟真实的自己进行比较，觉得安全，彼此的心理距离会迅速地拉近。

那么，向对方暴露自己的缺点时，要注意哪些方面的影响因素呢？

1. 袒露自己无伤大雅的往事

比如，闲暇时候，你可以和同事闲聊自己曾经失败的事，这比谈自己成功的事更易拉近彼此间的距离。因为老是炫耀自己成功的光荣事情，容易让人产生反感，而留下不好的印象。这样，我们就避免了故意犯错，因为首先在态度上我们已经示弱并表示了友好，对方没有不接受的道理。

2. 把握好暴露自己的度

犯一些小错，要在不伤及大局的情况下进行，对于这个度，我们要把握好。因为，“过多地暴露”或者“和盘托出”都会存在风险。过度地暴露自己，很可能会让对方顺着你的思路去思考和评价你，最终导致的结果是让对方远离你，因为和人们不喜欢“完美”的人一样，他们也不喜欢全身满是缺点的人。

因此，提倡“自我暴露”，并不是让你把自己的“老底”都揭给对方看，不分场合和对象地将自己“暴露无遗”。比如，在职场，我们不能因小失大，不能因为讨好同事或者领导，而让自己犯一些原则上的错误，比如账目问题、工作态度问题。我们不妨选择暴露那些不会影响到整体形象的“小事件”或者“小缺点”、“小毛病”等，正因为这些小瑕疵的存在，我们会显得更真实，更可爱。

3. 暴露缺点忌埋怨人

很多人在向别人暴露缺点的时候，不是在说自己的毛病，而是在抱怨别人。这样会让别人感觉到你不会良好地处理人际关系，而是在怨天尤人。和你接近，如果出了问题，你也会抱怨他，因此，对你有了成见和看法。实际上,你的坦诚并没有换来别人的亲近,反而导致别人的心理戒备加强,和你拉远了关系。

总之,人际交往,要想消除彼此的戒备心,最好的办法莫过于先暴露自己,尤其是自己的一些无伤大雅的小缺点,会让他人产生如“这个人有点小缺点,但是其他方面挑不出毛病来,是个相当不错的人!”这一想法,那么,对方自然也会对你敞开心扉。

口才心理:

我们在与人交往之初,都希望双方能进一步了解,但出于防备心,人们都不愿意坦诚内心。此时,如果我们“坦白交代”,先暴露点自己的小缺点,似乎更显真诚与可爱,更有助于打消对方的心理防线,从而有利于你进一步了解别人。

和对方聊聊回忆,出其不意攻占对方心理

我们知道,人的一生是由众多的回忆构成的,有美好的、有痛苦的,越是难忘的回忆,越是能勾起人们心灵深处的情感。因此,回忆也是人们的弱点之一。在与人交谈的时候,我们也可以用对方的回忆来攻其不备,以此来收服对方。

山东某企业家张先生原是吉林人。张先生虽已成家立业,但时时刻刻都想着家乡, 却因为工作繁忙,一直没时间回去。

在张先生的家乡——吉林的某个小县城里,有个姓王的政府工作联络员,他最近遇到了一些工作上的麻烦:当地发改委为了拉动经济发展,决定办几家加工厂,但这对于一个经济落后的县城来说并不是一件简单的事,首先需要考虑的就是资金问题。怎么办呢?有人给王某出了个招——找张先生帮忙。

随后,王某研究了一下张先生的资料,他发现,张先生果然对家乡的投

资建设很感兴趣。因此，他决定前往山东去拜访一下这位张先生。

这天，王某趁周末时间来到张先生的家里，在听到老家有客人来时，张先生很高兴，也有些惊讶。因为久不闻家乡的信息，他心想，这人不会是打着老乡的幌子来骗钱的吧！

王某是个聪明的人，他知道张先生肯定不相信自己，于是，他决定先不提投资的事。接下来，他主动提到很多家乡的话题，将家乡在改革前后的很多变化都绘声绘色地表达出来，然后又讲到了家乡的风景、美食，甚至还提到一些小街小巷的奇闻趣事。张先生随着王某的讲解逐渐想到了自己的亲人、自己的童年，甚至从前的小伙伴等。很显然，张先生已经被王某感动了，他对家乡的思念也一下子涌了上来。

就这样，三个小时很快过去了，张先生依然意犹未尽，但他也知道时间不早了，但即使到谈话结束，王某也未提及投资的事。最后，张先生自己表态，要为家乡的建设贡献一份力量。

俗话说："老乡见老乡，两眼泪汪汪。"案例中的王某就是通过展现乡情，然后触动对方的回忆来打动张先生的。

的确，生活中，真正成大事者，往往懂得借助他人的力量，而善借外力，必懂利用心理策略来说话，善攻心者，必能用言语感动人。因为人都是感情的动物，世间之事也逃不过一个"情"字，求人办事时更是如此。情真方能动人，只因无论再铁石心肠的人也难免不为真情所动，而回忆就是勾起对方情感的重要方法。每个人都有成长，有成长就有回忆。那么，沟通中，我们该怎样用对方的回忆来攻其不备呢？

通常来说，我们可以从以下几个方面努力。

1. 多做了解，了解能牵动对方感情的"回忆"

与人沟通中，我们虽然强调要多观察，但有些问题无法通过表面的观察发现，比如，对方内心的情感，也包括他们的往事等。因此，沟通前，我们最好能先做一番工作，了解一下对方在成长、奋斗过程中所经历的坎坷、磨难或者一些感人事迹等。这些回忆，我们了解得越细致，越能起到牵动对方的作用。

2. 从对方最深的情缘说起

人的经历中,不是所有事件都能成为回忆,也不是所有回忆都能让对方为之动容。因此,我们在勾起对方回忆的时候,一定要从对方最深的情缘说起,比如,创业过程中那些艰辛、与困难作斗争等。

3. 融汇自己的感情

当然,我们在陈述对方回忆时不能冷冰冰的毫无感情,用回忆牵动别人,需要我们把事件融入动情的叙述中。在表达过程中融入自己的情感,更有渲染力。通常来说,一句富有人情味的感慨,往往比那些大道理更具有说服力。

口才心理:

只有先了解了对方的心里所思,才能在语言、行为上知其客套。同样,要想了解对方的弱点,我们也必须对其进行深入了解,挖掘最能牵动对方情感的回忆,才能真正做到"一招制敌"。

第4章

相谈甚欢，快速与陌生人谈笑风生

生活中，相信很多人都有这样的体验：来到一个陌生的环境，或是与一个不熟悉的人碰面时，发现自己脸红心跳，不知道如何开口。的确，在各种不同的交谈对象中，使人们最感困惑、最感气闷、最感局促的是对其一无所知的陌生人。都说一回生、两回熟。“两回”不难，难就难在头“一回”。难在哪儿呢？难在面对的是陌生人，不知该从什么话说起，不知该说什么话，不知该说的话会不会让人听了感觉不悦……而如果我们懂得从抓住对方的心理开始，用一番别具特色的语言，定是能打动对方并成功展开交谈！

丢掉胆怯自卑，与陌生人熟络交谈的技巧

中国人常说："一回生两回熟。"这句话的意思是说，人与人之间，总有个从相遇到相识、相知的过程，即使是陌生人，经过一番了解，也会成为你的朋友。的确，在家靠父母，出门靠朋友，人生路上，关键时刻朋友的帮助能让我们脱离险境，能让我们飞黄腾达，这也已经是无数成功者的切身体验和宝贵心得。一个善于交朋友的人，一般都能做到处处受欢迎，事事得到他人帮助。毫无疑问，这样的人，在竞争激烈的现代社会一定会多几分必胜的把握。那么，朋友从何处来？很简单，从陌生人而来。然而，并不是所有人都有与陌生人说话的勇气。但如果你想与陌生人成功结交，就必须克服胆怯这一交际障碍。

凌霄是个生性羞怯的姑娘，参加工作以来，她一直在找机会让自己变得大胆起来。周末这天，她来到商场，准备为自己添置一双鞋。来到某品牌专柜，她左看右看，也没看到合适的。正准备离去时，她发现迎面走来的一位女士好面熟，仔细想了想，原来大家都在同一座大楼上班。出于好奇心，凌霄决定看看这位女士会挑什么样的鞋。于是，她假装继续看鞋。

"小姐，你这双高跟鞋打不打折，啷个那么贵？"这位女士一口重庆腔。凌霄一听，原来是老乡，禁不住想过去和她说几句话，但此时，她内心又害怕起来，万一对方根本不愿意与我交谈怎么办？这样一想，搭讪的想法只好作罢。

"不好意思，我们这里的鞋子全部正价。"

"可是一般的专卖店也会打个八折，一双鞋子八九百，实在是有点贵撒。"凌霄最终还是开口了，她觉得这是个切入话题的好机会，并且，她是用重庆口音说话的。听到凌霄的回答，对方似乎很吃惊，但立即表现出很高兴的样子，对凌霄说："你是重庆哪里的？在北京做什么工作啊？"

感到对方似乎已经产生了交谈的兴趣，凌霄变得开朗多了，“江津的，做化妆品销售工作。对了，您是不是在××大楼上班？我以前好像见过你，还不是一次两次呢？”

“是撒，我自己开了个保健品公司。”

“相比之下，我就自愧不如了，同样是重庆来的，我还是个销售员呢！”

“没啥子，我当初也是这样一步步走过来的，你还年轻。对了，我们交换一下电话吧，以后有事要找我啊。”

“你不说我差点忘了……”

就这样，凌霄和这位老乡认识了。后来，她们成了很要好的朋友，她还帮凌霄介绍了很多客户，因为关注保健的那些女士通常也很在意自己的皮肤。

这里，我们看到了一个羞怯的姑娘在遇到陌生人时逐步让自己健谈起来的过程。此时，如果她没有主动搭讪，那么，她很可能就失去一个朋友。其实，我们每个人都有陌生人情结，只要我们克服心理的那道关卡，主动走出第一步，很多时候，对方是愿意与我们交谈的。

生活中，我们若希望扩大自己的人脉圈子，就不要放过与陌生人说话的机会。的确，有时候在看报纸或与别人闲谈时，或者与别人吃饭时，甚至是他人不经意间的一句话，可能就会让我们有所收获，发现目标。对于每天遇到的路人，只要我们勇敢一点，并懂一点搭讪的技巧，也有可能与之结交，甚至成为朋友。在餐厅、等公共汽车或者散步时，您有没有尝试着和您身边的人交谈过？您会发现和走近您身边的人进行交谈是一件非常有趣的事情。当然，你必须要克服胆怯的心理。一般来说，怯于表现的人面对众多目光只是觉得不安，并非讨厌赞美和掌声。

因此，为了克服自己胆小的性格弱点，你需要做到以下几点。

(1)首先，你需要树立自信心。

树立自信心是战胜胆怯退缩的重要法宝。胆怯退缩的人往往是缺乏自信的人，对自己是否有能力完成某些事情表示怀疑，结果可能会由于心理紧张、拘谨，使得原本可以做好的事情弄糟了。

因此,你在做一些事情之前就应该为自己打气,相信自己是有趣的、吸引人的,然后按照想法去努力就可以了。

(2)你还应该有意识地扩大自己的接触面,经常面对陌生的人与环境,逐渐减轻不安心理。

闲暇时,你也可以和周围的人多聊聊;多参加他人组织的一些活动;经常到亲戚家串门;节假日背上行囊去旅游,让自己置身于川流不息的游客潮中……随着见识的增长,你面对别人的目光时,便会多几分坦然。

总之,想要和陌生人加深关系,还必须在人际关系的实践中去寻找。逃避人际关系而想得到别人的友谊只能是缘木求鱼,不可能达到理想的目的。

口才心理:

生活中,广结善缘,可以使你开阔眼界,增长才干,丰富人生阅历,增添成就感,提高耐挫力,激发和巩固自信心,而最重要的是能帮助你克服胆怯心理。这样,即使是陌生人,也许他就是你的下一个朋友!

轻松交谈,让气氛不会尴尬的说话秘诀

生活中,我们与人初次交往,都希望双方的交谈能在轻松愉快的氛围中进行,使每个人都身心愉悦,从而希望随着交谈的深入,双方的关系能进一步加深。可能很多人认为,初次与人交往,说话应当严肃认真。实际上,这种想法是不必要的。越是生疏,越需要轻松的交谈环境,有时一句情真意切或是风趣的话也能够打消陌生的尴尬心理,从而拉近人与人之间的距离。

美国作家马克·吐温出名之前,很不善于沟通。一次,有人把他介绍给后来成为美国第十八届总统的格兰特将军。当时马克·吐温竟想不出一句可讲的话,而格兰特将军保持着平时的庄重、严肃,同样选择了沉默。

最后,马克·吐温说:“将军,我感到尴尬,您呢?”

马克·吐温的这句主动表示友好的话，估计没有人可以拒绝，这句话既显真诚，又表达了他想打破沉寂的交谈氛围的欲望。

在交际过程中，我们常会遇到这样一些“闷葫芦”：在面对陌生人的时候，他们总是习惯于沉默，因为和陌生人说话对他们来说实在“太难了”。而实质上，沟通是一种主动性交际行为，如果你总是选择沉默，定然使交际受阻。而只要我们有沟通的欲望，并打破陌生人这一思维定势，才能打开交谈僵局。

我们在与人交谈的时候，要想和陌生人一见如故，关键要在初次见面的交谈上下工夫。那么，我们该怎样制造轻松的谈话氛围呢？

1. 思想放松，没有顾虑

心理学家詹姆士说过：“与人交谈时，若能做到思想放松，没有顾虑，想到什么就说什么，那么谈话就能进行得相当热烈，气氛就会显得相当活跃。”抱着“说得不好也不要紧”的态度，按自己的实际水平去说，是有可能说出有趣、机智的话语来的。

2. 冷静交谈

一个善于聆听的人，总能控制自己的感情。过于激动，无论对讲话或听话的人来说，都会影响表达或听取的效果。

3. 要使思考的速度与谈话相适应

思考的速度通常要比讲话的速度快若干倍，因此在聆听对方谈话时，大脑要抓紧工作，勤于思考分析。如果对方在讲话时，你心不在焉，不动脑筋，对方讲话的内容又记不住，不得不让对方重复，那么就会引起对方的反感，不利于双方继续交谈。

4. 不必介意对方谈话时的语言和动作特点

有些人谈话时常常带口头语或做一些习惯动作。对此，应不必太在意，更不要分散自己的注意力，应将注意力放在对方谈话的内容上。

5. 要抓住对方的主要思想，适时做出回应

这就要求你不被个别枝节分散注意力。善于聆听的人，总是会注意分析哪些内容是主要的，哪些内容是次要的，以便抓住问题的实质，避免造成

误解。必要的时候,可以简单地复述一下对方讲话的内容,并请他纠正,这样将有助于对对方谈话内容的准确理解。

6. 面对尴尬,大方面对

当遇上一些尴尬的事情时,要大度一些,不要一本正经。此时,一句不伤大雅的玩笑,就能活跃气氛,消除他人的防卫心理,否则会让别人感到压抑。

口才心理:

与陌生人交谈时,氛围是很重要的。良好的氛围容易让人心理放松,交谈起来也就更加坦诚。如果谈话氛围紧张,人人都很严肃,那交谈效果也会大打折扣。

与对方保持舒适的交谈距离

人们在与人交谈时,总想给对方留下热情、大方的印象,常常会寸步不离地与对方聊天,但对方似乎并不领情。多半情况下,他们要么说“你让我自己想想”,要么就是不情愿地敷衍。其实,这种“贴身膏药式”的热情会让对方产生一种无形的压力,透不过气来。

实际上,“距离产生美”,这是一个美学命题,但确有一定的道理。人与人之间需要沟通和交流,但也需要一定的个人空间。如彼此连一点点个人空间都没有的话,那时间久了也会生厌,所以这时就需要营造一个距离。

所以,人际交往中,我们一定要把握好和对方交谈的距离和分寸,不可怠慢,但也不可过于热情。

琳琳是一名日用品公司的直销员,她性格开朗活泼,很会说话。照理说,她的业绩应该不错。可是她发现,那些和自己一起进公司的同事们都能将商品成功地推销给客户,而她每次都以失败告终。比如,有一次,她和同

事一起来到某小区，将产品摆成一排。她发现，她没向客户推销和介绍，客户在那里自己选择。每次她向客户推销的时候，客户见着她就像见了瘟神一样迅速地离开了。而自己的同事，并没有说几句话，客户居然很爽快地购买了。

看着同事们一次一次将商品成功地推销给顾客，再看看自己，半个多月了一件商品都没有推销出去。她对自己的能力产生了怀疑。事实上她比任何一个同事都热情周到，可是为什么客户见了她就逃跑呢？

当她带着疑问去向销售主管诉苦的时候，主管告诉她，以后一定要和客户保持一定的距离，不要一见到客户就贴上去。琳琳按照主管的提示，站在一定的距离上向顾客介绍和推销，果然顾客不再逃跑了，琳琳也成功地推销出了很多商品。

事实上，不仅是客户，与我们打交道的任何一个人都是需要一定的距离的。与交际对象保持一定的社交距离，会给对方绝对的安全感。

所谓的“保持距离”，说到底就是不要过于亲密，不要让对方觉得没有了私人空间。当然，这种距离，不仅仅是心理距离，还包括形体和空间距离。最好的处理效果是要达到形体疏远而心灵愈加贴近。因为“保持距离”能使双方产生一种“礼”，有了这种“礼”，就会相互尊重，避免碰撞而产生伤害。

那么，交谈时，我们该如何与他人保持距离呢？

1. 社交距离分为四种

(1)亲密距离：0～0.5米。这是恋人、夫妻之间、父母与子女之间以及至爱亲朋之间的交往距离。

(2)礼仪距离：0.5～1.5米。这个距离有较大开放性，亲密朋友、熟人可随意进入这一区域。

(3)社交距离：1.5～3米。人们在这一距离可以打招呼，这是商务活动、国事活动等正式社交场合所采用的距离。采用这个距离主要在于体现交往的正式性和庄重性。

(4)公共距离：3米之外。这个距离往往采用点头致意即可。

2. 最好与交谈对象保持两手宽的空间距离

这里的空间距离一般是指你举起自己的双手，与对象保持两手之宽的距离。这样的距离不但能够使你与交际对象面对面地看到对方,而且还可以从头看到脚。这样一来,你可以清晰地观察到对方的性格、脾气,以及说话办事的特点,从而能正确地把握好对方的心理,而且还能从对方的眼神和脸色中洞察到他对你的印象好坏,这有助于你做出下一步沟通和交流的准备。

3. 认知上也应该保持一定的差距

我们常常犯的一个错误,就是把自己的想法强加给他人,以为对方的想法与自己一致,实际情况并不如此。每个人都是单独的个体,所接受的教育和所处的生活环境都是不同的。因此,与朋友交往时一定不要自以为是,以为自己所想就是朋友所想,这样做只能适得其反。

的确,距离是一种美,也是一种保护。感情容易滋养人心,也会轻易伤害人心,不管是血浓于水的亲情,还是海誓山盟的爱情,都可能在不经意间刺痛对方。

口才心理:

所谓"保持距离",简单地说,就是不能太过亲密,不要干涉他人的私密生活,不要形影不离。因此,朋友间交谈,需要有一些空间和距离,太过亲近,不小心忘了分寸,口无遮拦,会造成彼此间关系的紧张。

如何打开内向者的"话匣子"

语言是人们沟通的主要方式,但与人交往的过程中,总是有些人,他们性格内向,沉默寡言,甚至面无表情,在他们的语言词典里,似乎就只有"是"与"不是",或者"行"与"不行",让人觉得无法与其攀谈,让交际场合显得尴尬。其实,只要我们掌握了心理策略和一些说话技巧,就能够在无形之中慢慢增添几分说话的自信心,找到打开话匣子的钥匙,从而赢得别人的尊重与友谊。

那么，我们该如何打开内向者的“话匣子”呢？

1. 摆脱陌生人情结

如果与你交谈的对象是不爱说话的内向者，那么，你不需要特意装模作样，不过也要表现出你的诚意。其实每个人跟陌生人交谈时内心都会不安，一定要自己先放下陌生人情结。这样，与之交谈的时候，才会显得随意轻松。在谈话时要关注对方的表现，如果对方不感兴趣，就得停住你谈的话题了。

2. 亲近关系，更易打开话匣

1984年5月，在复旦大学发生了一件让学生们难忘的事，那就是美国总统里根的访问。

当时，里根总统与一百多位中国学生坐在同一间教室里，他说了这样一句开场白：“其实，我和你们学校有着密切的关系。你们的谢希德校长同我的夫人南希是美国史密斯学院的校友呢！这么看来，我和各位自然也都是朋友了！”话毕，他赢得了全场的热烈掌声，成功拉近了与一百多位异国学生的心理距离，接下来的谈话更是轻松、融洽。

里根总统这番话，表现出了自己愿意与学生们亲近的愿望，让人感觉亲切、自然，营造了一种轻松、和谐的交际氛围。可以说，他一开始就抓住了人与人成功交往的钥匙。其实，人与人之间，都有个从不相识到相识的过程，只要我们有交往的愿望，怀着友好、亲近的态度，就可以换来对方的友好和亲近。

我们在与那些内向者交谈的时候，不妨也像里根总统那样“拉一拉”亲，这样你们之间就有可能真的变亲近。我们不妨事先寻找一下与对方之间的“亲近”关系，可以是朋友的朋友，可以是同一个出生地，可以是都曾去过某个地方……总之，只要是可能拉近与对方关系的内容都可以。但是，有一点需要注意，这个内容不能是对方不希望提起的，或者是不感兴趣的话题。

记住：即使这个话题与你们之间要交往的话题没有多少关系，但是只要打开了话匣子，有了交往下去的可能，有了亲近的感觉，才能够更好地进行以后的交谈。

3. 要回答别人的问题,而且要有响应

这类沉默寡言的人,一般是“金口难开”的。因此,如果他们主动开口或者询问问题,你一定要有响应,不要简单回答“是”或“不是”,也要回问对方,让话题能够继续下去。

4. 解读现场的气氛与对方的心态

要避免谈论会让人讨厌的话题,不要你一个人一直发表高见,也要学习倾听别人说话。解读现场的气氛,看准时机再发言。

5. 绝对还有挽回的余地

就算对方的反应不是很热情,也不必感到沮丧。我们本来就不可能讨每个人欢心,不过一定还有挽回的机会,你的态度要乐观起来。

6. 赞美对方,巧化心防

人与人交往,谁都有一定的防备心理,尤其是对这类内向、不善言谈的人,更是为自己筑起了自我保护的心理防线。我们若想在初次见面就成功化解他人的戒备心,并且成功赢得他人的欢迎,可以尝试一下打开人际交往局面的通行证——赞美他人,赞美越是贴切、自然,越是能说到对方心坎里,就越能消除几分与对方的陌生感。

但是,赞美对方也应该有度,肆意的赞美只适用于没有头脑的人。只有恰到好处的赞美才能够让对方感到你的真诚,而且也更有利于赢得别人的认同和信任;赞美对方的时候还应该注意赞美到关键点上,比如说赞美商店老板,就应该赞美他的店面、经验等他最在意别人评价的内容。

口才心理:

“万事开头难”,和内向的人说话,更要巧妙地说话,这样才能增强对方对自己的好感,为日后良好交往打下基础。所以,我们一定要懂得察言观色、扬长避短、推己及人,尽量将话说得巧妙、完满。

与对方站在相同角度，迅速拉近心理距离

我们都有这样的经历，在走进一间陌生的房间，或是与一个不熟悉的人碰面时，都会在心里对自己说："这个人是什么样的人，我可以和他交往吗？"的确，面对陌生人，人们总是本能地带有警惕和戒备的心理，这是人类在进化中形成的自我保护的方法之一。因此，如果你想迅速地拉近和陌生人的距离，就应该和对方站在同一战线上。

从心理学的角度看，人们在心理上，都会有一个"安全距离"，并以此为直径，为自己划定一个安全的"自我保护圈"。在这个"保护圈"内，人们会觉得很安全，只有最亲近的人才可以踏入这个安全的"保护圈"。因此，他们对亲近的人是不设防的。但如果一旦有人走进了他的"保护圈"，就可以证明他们是非常亲密的人。而对于陌生人来讲，当你处于他的"保护圈"之外时，对方就不会产生警惕和戒备心理；如果你走进他的"保护圈"之内，对方就会感觉到不安，并试图拉开你们之间的距离。但当你已成功地进入了对方的"保护圈"之内，则往往就会产生对方是自己亲密者的错觉。我们来看下面的事例。

迈克在单位是个人缘关系极好的小伙子，在不到半年的时间里，就从业务员做到了业务主管的职位。有朋友问他升职的秘诀，他笑了笑说："无论是上司还是同事，都是有情感的，无论他们遇到什么，多去体会一下他们的心情，理解他们，自然就和他们站在了同一战线上，还有什么关系搞不好呢？"

有一次，迈克准备给经理送文件，却在经理办公室外听见经理的怒吼声，原来是秘书小徐忘了及时给经理办公室购买饮品。"我要你这秘书干什么吃的？这点小事都忘了？"

迈克敲门进去后，立刻为秘书解围："张总，您一天这么多事要处理，别

为这点小事气坏了身体啊。对了，昨天我一个朋友从外地给我带了今年新出的碧螺春，我一会儿给你送过来尝尝？”听到迈克这样说，张经理脸上紧皱着的眉头才稍微舒缓一点。

而这件事后，秘书小徐也就记下了迈克的“恩情”。在业务上，一旦有什么新消息，都第一时间通知迈克。

迈克在事业和人际关系上一帆风顺，得益于他深知这样一个道理：人际交往中，和对方站在同一战线上，会拉近彼此间的心理距离，产生积极的交际效果。

当然，与他人建立情感共鸣不一定要经过精心策划，也不一定要谈吐深刻，其目的甚至不一定是为了形成长久的人际关系。实际上，和街头巷尾的一个陌生人随便闲聊几句的快速情感交际，也能使我们一整天都感到轻松愉快。

那么，生活中的我们，该怎么做呢？

1. 制造“自己人”效应

人们在交际中，往往会因为彼此间存在着某种共同之处或近似之处，从而感到相互之间更加容易接近。而这种相互接近，通常又会使交往对象之间萌生亲切感，并且更加愿意相互接近，相互体谅。这就是“自己人”效应。

所谓“自己人”，就是与自己存在着某些共同之处的人。人们对“自己人”所说的话更信赖，更容易接受。

所以，我们要拉近与他人之间的距离，与他人“打成一片”，首先就需要在心理上让他人感觉到你是“自己人”。

2. 寻找共同话题

无论是对一个陌生人还是陌生的群体而言，沉默不语均被视做对这个群体的拒绝；说话太多也难以让陌生人所接受，而且还会让人感到害怕。而人们对那些与自己有共同话题的人，也总是更容易产生好感。第一印象是带有根本性的。如果你能找到双方都感兴趣的话题，就能轻松操作陌生人的心，从而轻而易举地跨过与别人之间的栅栏！

口才心理：

无论我们使用什么方法，一旦和对方产生了心理共鸣，人与人之间的摩擦事件与心理冲突会大大减少，就更容易建立良好的人际关系。所以，为了使自己的热情获得他人的正面评价，有必要在交谈过程中积极创造条件，和对方站在同一战线上！

打破冷场，与陌生人相谈甚欢的方法

每个人在与陌生人交往的时候，都希望对方能主动打破尴尬。因此，我们要想攻破陌生人的心理防线，就要懂得应该与陌生人聊什么。

杰克是一家外企公司的人力资源经理，他招聘过一批新员工。但让他感到不解的是：这些员工们在应聘时一个个都是侃侃而谈，对考官的各种提问都应答如流，可是进入公司后，很多人不善言谈的弱点“原形毕露”，即便让他们说些迎言送语式的话，也是面红耳赤，羞涩得不得了。后来，杰克就主动找他们谈话，问他们是不是对新环境感到不适应。他们大多低着头，小声嗫嚅：“不习惯和陌生人说话。”倒是其中有一个人反问杰克：“我也不知道该怎样做才能把自己融入集体？”

杰克笑了笑，随后问另一个把嘴管得死死的新员工：“你是不是每次跟人说话都像赶考？”他点头表示“是”。杰克说：“你这是患了语言怯生忧郁综合征了。”

恐怕很多人在陌生的集体和陌生人面前都出现过这样的情况。在陌生人面前，因为怯生，所以就会出现舌头打滚、语无伦次，越想把话说得尽善尽美，越是说得言不达意。这就像一个初次登台的演唱者准备得越充分，演唱效果越是打折扣一样。戴尔·卡耐基在他的《人性的弱点》中提到了人际关系的抑郁症。是什么导致抑郁？是怯生。而怯生的原因反过来归结于我们不懂得如何说出打破尴尬的话。

那么，我们该怎样说话，才能将话说到对方心中，从而消除这种心理尴尬呢？为此，我们需要掌握以下几招“巧言秘籍”。

1. 问话探路法

把对方假设成一般过路人，然后像问路一样，找一些自己心里有数却佯装不知的问题请对方来回答，这样你就取得了语机上的主动。无论对方的回答对与错，你均需认真地洗耳恭听，即使对方说错了，你也应该“将错就错”地表示谢意。因为，这种问话探路的目的并不是要找到什么答案，而是为了打开你和对方语言交流的闸门。

一旦双方对话的闸门被打开，顺流而下，原先那种陌生感就会自然消失。

因为通常情况下，没有人会恶意地拒绝一个虚心请教者。相反，只要对方愿意搭你的话，你所预期的社交方案便已经成功了一半。

问话探路法只适用于和一个陌生者搭话，若和一个团队接触，则不适用。

2. 轻松探微法

和一个陌生人初识，有时只需抓住对方工作或生活的某个细节，就会很顺利地叩开对方的心门，激发彼此交流的欲望。

仔细观察一下你身边的陌生人，看看他们是否有比较特别的地方，比如对方使用的手机款式让你非常青睐，比如对方的耳环是不是很特别……谈论这些细节很可能立刻吸引对方的兴趣。聊天的话题最好选择节奏感比较轻松明快的、无需费尽思量的，这样就不会让人对你的搭话产生反感。有时候，即使无语，只需向对方抱以会心的一笑，也会拉近彼此的距离。

当对方有意和你沟通时，无论对方的话是对是错，切忌否定对方。因为毕竟你们还不熟，一旦被否定，余下的沟通就很难继续，前面你所做的一切细节探微的努力也会因此而徒劳。

3. 开门见山法

如果你经人介绍和一个陌生人或者一个群体认识，你不知道他们，他们也不了解你，你的心跳会不会突然加快，不知道如何是好？

逢此情况，心里不要有顾虑，更不要回避大家的提问。俗话说：“一回生，两回熟。”第一回你就怯生而不语，何来第二回的相熟？要想尽快和陌生人相熟，不说话是不行的，但说话也要看怎么说。如果面对的是群体，你就不能急于回答他们的问题，以防捡了芝麻丢了西瓜。那么怎样才能把握好与陌生群体对话的语机呢？有几种开门见山的“开场白”，比如“初来乍到，请大家多关照”；比如“今后我们要一起共事了，我有什么不妥之处，还请各位包涵”；比如“作为新人，能得到大家的如此热情，真让我感动不已”；比如“认识大家很高兴”……这样在群体面前说话，会让众人觉得你热情有加，心理距离也就一下子拉近了。

口才心理：

面对陌生人，我们可能都有交谈的愿望，但如何打破开口前的冷场，是交谈的一大难题。只要我们掌握几点说话的秘籍，就能把话说到对方心里，就能消除尴尬、轻松交谈！

用同感和共鸣激起对方与你交流的欲望

与陌生人谈话是口语交际中的一大难关，处理得好，可以一见如故，相见恨晚；处理得不好，又能导致四目相对，局促无言。

人与人之间在性情和志趣上不仅存在着差异，而且也有相同之处。从心理学角度看，相同则相通，共同的兴趣和爱好能将人拧在一起，共同的目标和志向能使人走到一块。所以，我们在与陌生人交谈的时候，能不能让对方产生一见如故的感觉，关键就在于双方是否能在相同之处产生“共鸣”。只有这样，才能操纵陌生人的心理，与陌生人迅速熟络并建立友谊。

在一个旅店中就发生过这样一幕：

旅客甲放下旅行包，稍拭风尘，冲了一杯浓茶，边品边研究起旁边的旅客乙：“师傅来了好久？”

“比这位客人先来一刻。”旅客乙指着正在看书的另一位旅客。

“听口音不是苏北人啊?”

“噢,山东枣庄人!”

“啊,枣庄是个好地方啊!我在读小学时就在《铁道游击队》连环画上知道了。三年前去了一趟枣庄,还颇有兴致地玩了一遭呢。”听了这话,那位枣庄客人马上来了兴趣,二人从枣庄和铁道游击队谈开了,那亲热劲,不知底细的人恐怕要以为他们是一道来的呢。

接着就是互赠名片,一起进餐,睡觉前双方居然还在各自身边带来的合同上签了字:枣庄客人订了苏南某人造革厂的一批风桶;苏南客人从枣庄客人那里弄到一批价格比较合理的议价煤。

在这场交谈中,旅客甲与旅客乙的相识、交谈与成功,就在于他们找到了对“枣庄”、“铁道游击队”都熟悉这个共同点。而正是因为这个共同点,让这一对陌生人产生了心理共鸣,产生一见如故的感觉。

从这一事例中我们发现,要想打动陌生人的心,就必须抓住双方的相似点说话,让对方从心里把你当自己人。为此,我们可以从以下几个方面寻找共同点,针对不同的共同点,采取不同的表达方式。

1. 以话试探,侦察共同点

为了打破陌生人交谈沉默的局面,开口讲话是首要的,有人以招呼开场,询问对方籍贯、身份,从中获取信息;有人通过听说话口音、言辞,侦察对方情况;有的以动作开场,边帮对方做某些急需帮助的事,边以话试探;有的甚至借火吸烟,也可以发现对方特点,打开口语交际的局面。这种试探的方式,都能迅速找出与对方的共同点,然后围绕此共同点迅速和陌生人展开话题。

2. 听人介绍,猜度共同点

你去朋友家串门,遇到有生人在座,作为对于二者都很熟悉的主人,会马上出面为双方介绍,说明双方与主人的关系,各自的身份、工作单位,甚至个性特点、爱好等,细心的人从介绍中马上就可发现对方与自己有什么共同之处。

而这个共同处，就是打开陌生人心扉的突破口。你要迅速抓住这个突破口，展开交谈。这当中重要的是在听介绍时要仔细地分析、认识对方，发现共同点后再在交谈中延伸，不断地发现新的共同关心的话题。

3. 揣摩谈话，探索共同点

为了发现陌生人与自己的共同点，可以在需要交际的人同别人谈话时留心分析、揣摩，也可以在对方和自己交谈时揣摩对方的话语，从中发现共同点。比如，假如你发现有人和你讲共同的家乡话，你可以以此为突破口，以乡音带动对方的谈话兴趣，使陌生的路人变为熟人，甚至发展成为朋友。

4. 察言观色，寻找共同点

一个人的心理状态、精神追求、生活爱好等，都或多或少地要在他们的表情、服饰、谈吐、举止等方面有所表现。只要你善于观察，就会发现你们的共同点。当然，察言观色发现的东西，还要同自己的情趣爱好相结合，自己对此也有兴趣，打破沉寂的气氛才有可能。否则，即使发现了共同点，也还会无话可讲，或讲一两句就“卡壳”，打动交谈对方更是无从谈起。

另外，我们在与陌生人说话的时候，还要懂得求大同存小异，把相互间相左的性格特点放在交谈的次要位置。譬如，交际的双方都有文学爱好，喜欢写文章，但双方却存在着较大的个性差异。这种情况，就要选择前者作为交际的出发点，以共同的爱好来产生“共鸣”。若丢弃了共同的爱好而在不同的个性上去互相指责或计较，就会使本该合得来的双方变得“合不来”。

口才心理：

与陌生人交谈，我们应该多看到别人与自己的共同点，而不应该去计较与自己不同的方面。只有这样，才能跟人“合群”，才能叩开对方心灵的大门！

第5章

口才定律，利用心理策略让言语更具威力

生活中，我们常听到“心理效应”一词，它指的是由于某种人物或事物的行为或作用，引起其他人物或事物产生相应变化的因果反应或连锁反应，是在社会生活当中较为常见的心理现象和规律。心理效应常常同时具有积极和消极两个方面的意义。因此，我们应该正确地认识、掌握并利用心理效应。不同的人际互动情境，有各种独特有效的心理策略，只要你能巧妙地运用各种神奇的心理效应，就能聚拢人心、化解冲突，从而让你的个人魅力与影响力得到最好的发挥。

让对方把你当成自己人,自然对你不设心防

生活中,我们常常发现,同样一个观点,如果是自己喜欢的人说的,接受起来就比较快和容易。如果是自己讨厌的人说的,就可能本能地加以抵制。有道是:“是自己人,什么都好说;不是自己人,一切按规矩来。”这在心理学上叫做“自己人效应”。

因此,社交生活中的人们,要与他人搞好人际关系,就不能不强化“自己人效应”。强化“自己人效应”,从你这个角度而言,就是要使他人确认你是他们的“自己人”。

的确,通常来说,人们在接触陌生人的时候,通常都是抱有防备心态的。如果我们在正式交往之前先做个“热身运动”,向对方表达与之共同的爱好、兴趣或者价值观等,那么,便能更容易获得他的好感,接下来的交流也就容易得多。

与人交往之初,如果你能主动表明你和对方在价值观、态度、兴趣以及其他某些方面相近或者相同的话,那么,就会让对方感觉到你们是同一类人,进而能拉近彼此间的心理距离,最终形成良好的人际关系。

为此,与人交谈中,你可以这样制造“自己人效应”。

首先,善于观察,捕捉对方的信息,把握真实的态度,寻找其积极的、你可以接受的观点。

其次,寻找时机,恰到好处地向对方表示你们是自己人。

1. 多强调你们之间的共同爱好和兴趣

若与对方有共同点,就算再细微的也要强调。人与人之间一旦有了共同点,就可以很快地消除彼此间的陌生感,产生亲近的感觉。这样不但可以使对方感到轻松,同时也具有使对方说出真心话的作用。

如果对方喜欢集邮,那么你可以对他说:“我对邮票也非常有兴趣,可是

一直不知道如何收集和分类，您能给我一些好的建议么?”如果对方也是个时尚女性，那么，她对服饰和妆容也应该会感兴趣。如此一来，当你在跟对方沟通时就不怕没有话题，也比较容易拉近关系。

2. 多说“我”，少说“你”

为了能让对方觉得你和他是站在统一战线，是为了他好，你在说话的时候，不要总说“你应该……”，而应常说“我会很担心的，如果你……”。

3. 分享对方的感受

无论对方是向你报喜还是诉苦，你最好暂停手边的工作，静心倾听。若边工作边听，也要及时做出反应，表示出自己的想法或感受。倘若只是敷衍了事，对方得不到积极的回应，他也就懒得与你交谈了。

4. 多关心对方，从细节入手

懂得关心他人的人最容易获得好感。从另一个方面看，认同感的产生，表明你已经赢得了对方的好感。通常情况下，如果你将这种好感搁浅，你们会返回到陌生人的状态，因此，你不妨多关心对方，这种关系自然会深化。

口才心理：

即使是刚认识的陌生人，彼此也会有许多相同的地方，或者是共同的兴趣爱好，或者是在籍贯、经历方面有相似的地方。总之，共同的话题可以有很多很多，只要你多花些心思，肯定能够找得到。只要找到共同话题，你们的交往就会变得顺畅。

掌握“布朗定律”，找到症结对症下药

我们都听过这样一个故事：

一把坚实的大锁挂在铁门上，一根铁杆费了九牛二虎之力，还是无法将它撬开。钥匙来了，它瘦小的身子钻进锁孔，只轻轻一转，那大锁就“啪”的一声打开了。铁杆奇怪地问:“为什么我费了那么大力气也打不开,而你却轻而易举地就把它打开了呢?”钥匙说:“因为我最了解他的心。”

是的,只有深入内心的了解、有效的沟通,才是赢得对方信任的金钥匙。这就是著名的布朗定律,它是指找到心锁就是沟通的良好开端,知道别人最在意什么,别人的意愿就会在你的把握之中。它是美国职业培训专家史蒂文·布朗提出的。

我们再来看下面这样一个故事:

很久以前,有个虔诚的修女,为了拯救受难的人们,她只身来到印度。而在印度本土她发现,当地有很多人们因为贫穷而衣衫褴褛甚至光脚走路,为此,她觉得自己也有必要和这些受苦受难的人们一起感受生活。于是,她决定自己也不穿鞋子。

后来,戴安娜王妃听说此事后,也来印度拜访,当她看到了这位光脚的修女之后,却因为自己穿了一双洁白的高跟鞋而无比惭愧……

再后来,中东发生了战争,这位修女孤身一人来到战场上,当作战的双方都发现这位修女来到的时候,竟然不约而同地停止了攻击,等她把战区里面的妇女和儿童都救了出来……在这位德高望重的修女去世的时候,印度举国上下的人民都为她而悲痛,在她的灵柩经过的地方,没有人会站在楼上,因为不愿意自己站的比她还高,而她遗体的双脚仍然是裸露的,向世人宣告她是与那些贫苦的人们平起平坐。这位高尚的修女就是特里莎。

这个修女的真实故事也告诉了我们:找到心锁就是沟通的良好开端。知道别人最在意什么,别人的意愿就会在你的把握之中。

现实生活中,人们早已认识到沟通对人际交往的重要性,他们也想多听听他人的意见和建议。然而,他们似乎并没有找到沟通中的这把钥匙,于是,他们的交流多半走过场、是无效用的。而“布朗定律”对沟通技巧的破解和定义是相当深刻的:“一旦找到了打开某人心锁的钥匙,往往可以反复用这把钥匙去打开他的某些心锁。”——这就是“布朗定律”的高明之处,它不仅说找到钥匙可以打开某人的心锁,而且说往往可以反复用这把钥匙去打开他的某些心锁。这句话意味着要找到那把钥匙,不是打开一次心锁就扔掉的那种,而是可以继续用这把钥匙去第二次、第三次打开他其他的心锁……

我们每个人都应该从这一定律中获得启示，每个人心中也有那把非同寻常的钥匙，找到这把钥匙，就要看它的主要特征和本质，不能只看到表象、毛皮，更不能被一些枝节而迷惑。

那么，具体来说，我们该如何才能找到这把沟通的心锁呢？

1. 细心观察，善于发现

这是一个需要细心洞察、耐心寻找的发现过程，需要“由表及里”，即根据一些现象逐步深入分析，最后找到问题的关键所在，也需要“因小见大”，即通过此人的一些细微的言谈举止去顺藤摸瓜，最后发现隐藏的那把“心锁”。

比如，如果你是一名领导，最近发现某个员工总是闷闷不乐，不爱与人接触，那么，导致这一问题的原因可能有很多种：他本身可能是个不爱说话的人；也可能遇到了爱情、亲情、友情的挫伤，也可能遇到了生活中的难题，甚至有可能是工作本身引起的，比如，这个月的工资被扣了、奖金少拿了等。这都需要具体分析，这也同样要深入去观察和分析才能做出正确的判断和处理。总之，对于不同的人，我们要善于根据实际情况找到他具体的那块心病，从而才可以配上适合的钥匙，最后去打开他的心锁。

2. 从对方感兴趣的话题入手

可能你已经习惯了担任说教者的角色，但事实上，你必须牢记一点，那就是你是说给对方听的，不是说给你自己听的。因此，说话不在于仅图自己痛快，而必须顾全到对方的兴趣，你要为听者想。要探出对方的兴趣，一般用几个回合的对答就可以探出来，然后择其感兴趣的话题谈下去。

当然，任何一个懂得运用心理效应说话的人，都能做到在与人沟通的过程中有的放矢和“具体问题，具体分析”，并能掌握对方的意愿，找到打开对方心锁的那把钥匙，而且可以反复用“这把钥匙”去打开他的某些心锁！

口才心理：

与人交流的过程中，我们只有找到对方的那把心锁，才能在交流中做到有的放矢，针对性地解决交流中的问题。

掌握“波什定律”,让赞美更有成效

我们知道,人人都长着一双爱听赞美之言的耳朵,任何人都无法拒绝赞美,即使是那些仁人志士与君子。正如卢梭说:“贤人哲士是绝对不追求运气的,然而对赞誉和激励却不能无动于衷。”在日常交往中,人人需要赞美,人人也喜欢被赞美。真诚的赞美不但会使被赞美者产生心理上的愉悦,还可以促进人际关系的和谐。

关于这点,法国学者罗瑟琳·波什提出著名的波什定律,这条定律的含义是,表扬愈具体,愈能达到鼓励的目的。它旨在告诉生活中的人们,一旦知道了什么地方做得很好,人们就会去努力把这一地方做得更好。

生活中,在与人交流的过程中,你也应从具体的事件入手,善于发现别人哪怕是最微小的长处,并不失时机地予以赞美。因为赞美用语愈翔实具体,说明你对对方愈了解,你的赞美愈显得真实可信,愈是能让对方感到你的真挚、亲切,你们之间的人际距离就会越来越近。

某服装店内,一位导购员发现新上架的一件衣服做工有问题。于是,她及时把它转移到顾客看不见的角落里。这一举动被店面经理看到了,就夸她为公司着想,维护公司的荣誉,还决定给她加奖金。这位导购员简直有些受宠若惊,到处赞扬那位经理,说她眼快心细,自己的一点小成绩也逃不过她的眼睛,在这样的公司工作才有价值感。

这位导购员不仅仅是因为被奖励而快乐,而是被经理的关心所感动,使她感到自己生活、工作在一个温暖的集体之中,从而激发了她的工作热情,增强了责任心。

那么,我们该怎样用心赞美别人呢?

1. 态度要真诚

赞扬的目的是激励,是褒扬真善美。抱有某种不可告人的目的,以溢美不实之词，极尽吹捧逢迎，只会引起别人的反感。比如，当对方恰逢情绪特别低落，或者有其他不顺心的事情，过分地赞美往往让对方觉得不真实，此时一定要注重对方的感受。

2. 要留心观察，细心思考

从现在起，你要做一位有心人，善于发现赞美的体裁，这就要留心观察，细心思考。比如，你是否发现办公室有位同事，总是为其他人冲咖啡？对此，你可以赞美道："你为我们每个人省了五分钟的时间……"再比如，当你发现你的女同事今天戴了新耳环后，就可以适度赞扬一番："这对耳环是不是今年××杂志上重点推荐的那款？"

3. 用专业知识赞美他人的长处

在某次书法展上，某青年偶遇某著名书法家，他对该著名书法家说："这字写得真好！"书法家问他究竟好在哪里？他只好回答："这手字真乃绝活！我一个认不出来！"

该青年如此赞扬，真是自露浅薄。

发现对方的长处，这是赞美对方长处的前提。对此，你可以从对方的爱好入手。一般来说，人们只有先对什么感兴趣，才会擅长什么。几乎每个人都有自己的爱好，有自己擅长的事物，如琴、棋、书、画等。这需要我们细心观察，在发现对方的长处后，也不要贸然赞美，而应该先加以了解。

做一个赞美者，要懂专业知识。"隔行如隔山。"如果知识面狭窄，无疑就成了"门外汉，"空怀一颗善良的心，却找不到赞美的话题。人们除了对自己专长的东西比较了解以外，对很多事情都很陌生，而在自己陌生领域内对别人表现出的才能和长处就不能理解。为此，我们在发现了对方的长处后，应尽量用专业术语赞美。比如，当你想赞美一位研究历史的教授，你可以谈及对方曾经发表的论文和专著，并对其中的某些内容加以正面评点。

4. "广而告之"，让更多的人知道

人们都希望得到更多人的认同，如果你满足了对方的这种心理。那么，对方必将予以回报。比如，你还可以选个某时机，当众感谢这位冲咖啡的同事，放大其这一助人为乐的品质并大加赞扬，该同事一定会对你心存感激。

5. 破除固定思维，赞美之言尽量"对事不对人"

例如，当你见到一位其貌不扬的男士，却偏要对他说："你真是帅极了。"对方立刻就会认定你所说的是虚伪之至的违心之言。但如果你着眼于他的服饰、谈吐、举止，发现他这些方面的出众之处并真诚地赞美，他一定会高兴地接受。

不得不说，生活中，一些人在赞美他人时常犯一个错误，就是见了什么都说好，见了谁都说好。这样泛泛的赞扬会让人觉得赞扬者漫不经心，它不会让受赞扬的人感觉到真正的快乐。从细节上赞美会显得更真实，也会更有力、有效。

6. 别一味地赞美

适量的赞美，会让对方听着很舒服，也会很受用。可是，过量的赞美，则会显得做作和虚伪。所以，抓住重点赞美，避免赞美之言泛滥，也是我们在赞美他人时应该注意的。

总之，在学习赞美这门学问时，你要明白的是，"赞美"的实质是能把赞美的话说到对方心里去。而这，首先需要你具备一双慧眼，要找到赞美的细微处，善于发现对方的长处，并赞美他人的长处。

口才心理：

赞美他人需要用心，不是简单地夸赞他人几句就能起到良好的效果，只有真诚、适度的赞扬才会使人心情舒畅，否则就会使人感到难堪、反感或觉得你在拍马屁。

掌握"宣泄效应"，让对方发泄牢骚

在心理学上有个著名的名词——"霍桑效应"，也就是社会心理学家常说的"宣泄效应"。

在 20 世纪 20 年代中期，有一家名为霍桑的工厂，它是美国西部电器公司的一家分厂。为了提高工作效率，这个厂请来包括心理学家在内的各种专家，在约两年的时间内找工人谈话两万余人次，耐心听取工人对管理的意见和抱怨，让他们尽情地宣泄出来。

令人惊讶的是，“谈话试验”真的起作用了，那些接受谈话的工人们，他们不再抱怨，干活也很起劲，工厂的产量自然大幅度提高了。那么，为什么会有这样的结果呢？

原来，这些工人们在长期的工作中，逐渐认识到工厂的规章制度、福利待遇的不合理性，并心生不满，但这些不满情绪又得不到倾诉和宣泄，经过长年累月的积累后演变为抱怨、抵触等负面情绪。他们将这种情绪带到工作中，自然影响了工作的效率。而“谈话试验”使他们将这些不满都尽情地宣泄出来，从而感到心情舒畅、干劲倍增。

于是，社会心理学家将这种奇妙的现象称为“宣泄效应”。这一效应告诉现实生活中的人们，不良的情绪会影响到我们的生活和工作，只有及时的宣泄，保持良好的心情，才能以最佳的精神状态投入到工作和学习中。

宣泄效应还被广泛运用于现代企业管理中：

松下电器的一个下属企业中设有“精神健康室”，也称“出气室”。室内摆满了各种哈哈镜，还有几个象征老板和管理者的真人橡皮塑像，旁边备有棍子。员工如果心情不好，或是对某位管理者心存不满，便可以拿起棍子，狠揍塑像进行发泄。这样，员工的不满情绪得到宣泄后，就能够避免把对管理者的不满，转移到工作和人际关系中。

美国麦道公司为了理顺员工的情绪，专门成立了一个“谈心部”。他们说：“调动人的积极性的方法应多种多样，不能仅靠金钱。人总有不愉快的时候，总会遇到一些不顺心的事情，只要谈出来，得到理解，人就会变得愉快，工作积极性也会提高。”

事实上，任何一个凝聚力、向心力强的企业，都能做到上下齐心，领导干部能做到体恤民心，而员工便能情绪稳定，为企业努力奋斗。而也有一些管理者，他们总是以质问和责怪的语气与员工对话：我能做到的，你为什么不能？而这种“粗鲁”的管理方法只能让员工产生不满情绪。对于员工的不满,企业管理者采取的是打压政策。长此以往,便带来了员工的牢骚满腹,敢怒不敢言,于是就当面一套,背后一套,工作效率随之降低,企业竞争力也会随之下降。

宣泄效应同样给生活中的我们一个启示:我们每天要面临很多繁琐的事物,也要与周围的人打交道。与人沟通中,我们应该做到密切关注,一旦发现交谈的对象有不良的情绪,就要适时采取措施,让他们把不良情绪宣泄出来。这样既能缓解对方的心理压力,又能了解对方的真实心理,以达到增进感情的目的。

美国《读者文摘》中记载了这样一个故事:

一天深夜,一个医生刚值班回来,累的倒头就睡,谁知道,刚入睡,就接到一个电话,还没等医生问对方的姓名,这位妇女就开始骂骂咧咧起来了:“我恨透他了!”

“他是谁?”医生问。

“他是我的丈夫!”医生心想,女士肯定拨错电话了,于是善意地提醒她:“你打错电话了。”

然而,这位女士好像压根儿没听见医生的话,还是继续说个不停:“我一天到晚照顾四个小孩,他还以为我在家里享受,太累的时候我也想出去散散心,但是他却不允许,而他自己天天晚上出去,说是有应酬,谁会相信……”

尽管这位医生一再打断她的话,告诉她,他并不认识她,但是她还是坚持把自己的话说完。最后,她对这位素不相识的医生说:“您当然不认识我,可是这些话已被我压了很久,现在我终于说出来了,我舒服多了,谢谢您,对不起,打搅您了。”

这里,我们可以再次发现,宣泄对于一个人的情绪调节有很大的作用,而一味压抑自己的情绪,不良情绪长期得不到宣泄,会使人们在心理上形成强大的潜压力,导致精神忧郁、孤独、苦闷等心理疾病。一旦这种心理压力超越了人们的承受能力,甚至会导致精神失常。

那么,我们该怎样帮助对方将不良情绪宣泄出来呢？这要视对方的具体性格而定：如果他性格内向、孤僻、不善言谈，那么，你应该选择一个对方熟悉的环境进行心理开导，比如家中、其工作地点等，这样做的好处在于让对方放松，从而能无拘无束地说出心里话。而如果对方性格外向、易冲动、暴躁等，那么，你最好选择自己熟悉的环境，这既能使自己产生一定的优势心理效应，又能有效地抑制对方的情绪冲动，从而为谈心能取得好效果创造条件。

口才心理：

负面情绪不利于人际沟通，为此，我们在与对方交谈之前，最好能先用语言帮对方进行心理疏导，使其将不良情绪宣泄出来。

掌握“权威效应”，让你的言语更容易被接受

生活中，我们往往对那些有权威机构保证的产品更放心。这就是权威效应。古人云“人微言轻、人贵言重”，这句话是有道理的。人们有这一心理，首先是由于人们有“安全心理”，即人们总认为权威人物往往是正确的楷模，服从他们会使自己具备安全感，增加不会出错的“保险系数”；其次是由于人们有“赞许心理”，即人们总认为权威人物的要求往往和社会规范相一致，按照权威人物的要求去做，会得到各方面的赞许和奖励。我们在说服别人的时候，也可以运用人们的这一心理，这样，他人接受起来也更容易。

美国心理学家们曾经做过一个实验：在给某大学心理学系的学生们讲课时，向学生介绍了一位从外校请来的德语教师，说这位德语教师是从德国来的著名化学家。这位“化学家”煞有其事地拿出了一个装有蒸馏水的瓶子，说这是他新发现的一种化学物质，有些气味，请在座的学生闻到气味时就举手，结果多数学生都举起了手。

对于本来没有气味的蒸馏水，由于这位“权威”的心理学家的语言暗示

而让多数学生都认为它有气味。可见,“权威效应”的普遍存在。

权威效应,又被称为权威暗示效应,是指如果一个人地位高、有威信,就会受人敬重,而他所说的话以及所做的事情就很容易引起别人重视,并让他们相信其正确性,即“人微言轻、人贵言重”。“权威效应”的普遍存在,一方面在于满足了人们的崇拜心理,威信、权势对于每个人来说都是一种强大的吸引力,崇拜心理的作用使得他们对那些权威人士所说的话深信不疑;另一方面由于人们都有“安全心理”,人们总是认为权威人物才是正确的楷模,听信他们的言论会使自己更具安全感,增加不会出错的“保险系数”。

在现实生活中,利用“权威效应”的实例很多,比如在广告中请权威人物赞赏某种产品,在辩论说理时引用权威人士的话作为论据,等等。相传,南朝的刘勰写出《文心雕龙》后由于无人重视,他想请当时的大文学家沈约审阅,但沈约却不予理睬。后来他装扮成卖书人,将作品送给沈约。没想到沈约阅后评价极高,于是《文心雕龙》成为中国文学评论的经典名著了。

那么,我们如何利用权威效应来说服别人呢?

1. 用事实说话,制造“权威”

“百闻不如一见”,事实胜于雄辩。如果从心理学的角度来分析,人们的心理趋向是求真、求实,只有真的东西,才是人们最可信的。如果我们不是“权威”,就要善于制造“权威”。要使别人心服口服地接受你的观点、意见,就要让事实说话。在说服中,要善于运用事实充分交流法。这种说服方法根本的一点就是唯实、唯事,尊重客观事实,用事实说话。运用事实交流法进行说服最能打动人心,最能使人信服。

2. “引经据典”,使你的语言更具说服力

我们在说服别人的时候,如果能适时地引用某些权威人士的语言,将会增强说服力。比如,为了证明你产品的效果,你可以这样对客户说:“XX说过……”

3. 借用专家的话,比如“某专家认为”

很多健康专家认为,晚上身体往右侧睡才是最健康的睡姿。于是,当你在向朋友或家人证实这言论的真实性的时候,不妨这样说“健康专家都这么

说，难道还有假?”比如，在每一只牙刷上面都会标明“牙医建议，三个月更换一只牙刷”。

4. 借用位高权重人士的话，比如“市场认为”

最近几年国家经济飞速发展，但物价也猛涨，对此，国家相关权威人士表示会抑制部分的经济泡沫。于是，在平日闲聊中，邻居大妈可能更愿意相信物价不跌反涨，你就可以搬出权威人士的话:“央行行长都发话了，要出台一系列措施，抑制物价……”

5. 用各行业权威人士的话

在每个行业都有相应的权威人士，比如文学领域里的矛盾、鲁迅，艺术领域里的梵高、贝多芬，等等。当我们再强调语言是多么重要的时候，不妨搬出语言大师林语堂的言论“语言不是一般的工具，使用起来不同于其他工具”。

6. 借用上司的言论婉拒对方

很多时候我们不知道该如何拒绝，可以借助上司的言论进行拒绝，比如“前几天经理刚宣布过，不准任何顾客进仓库，我怎么能带你去呢”，或者说“这件事我做不了主，我会把你的要求向领导反映一下，好吗”。

总之，巧妙地运用权威效应，我们在说服的时候，对方会更易接受。

口才心理：

日常交流中，我们利用“权威效应”，这能够达到引导或改变对方态度和行为的目的，通过“权威言论”来影响其心理，操控其言行。

掌握“焦点效应”，让对方感受到被关注

心理学家基洛维奇在康奈尔大学做了一个实验，他让某个大学生事先穿上一件名牌衣服，然后让这个学生走进教室。在进入教室前，这名学生认

为班上肯定有过半的学生会注意他,但实际上,令他意想不到的是,结果只有23%的人注意到了这一点。

这个实验说明,我们总认为别人对我们会倍加注意,但实际上并非如此。由此可见,我们对自我的感觉的确占据了我们世界的重要位置。我们往往会不自觉地放大了别人对我们的关注程度,而且通过自我的专注,我们会高估自己的突出程度。

也就是说,我们每个人都有同样一种心理:我们习惯把自己看作一切的中心,希望得到他人的关注,这就是焦点效应。与人沟通的过程中,我们也可以利用这一效应,一定要给对方以足够的重视,甚至在某些时候还要试着让对方多做做"焦点",这样才会拉近交际双方的心理距离,才会提高我们的沟通效果。

生活中的,你每次出门前是否会精心打扮一下,这是因为你想成为他人眼中的焦点。用餐时,你不小心将餐巾纸弄掉了,你很尴尬,实际上,并没有人注意到这一点,这也是焦点心理在作怪。其实,我们完全没必要这么紧张。有实验表明,其实我们(不是公众人物的情况下)并不是那么受人关注。但从人们的这一心理中,我们可以得出一个获得他人好感的秘诀——满足他人成为焦点的心理。

社交生活中,无论出于什么目的的沟通,我们都要懂得做足"预热"工作。特别是陌生人,如果我们一味地说自己的事,对方必然觉得乏味;而如果说对方的事,对方则更愿意听,交谈也必然更顺利。

一位女助理奉上司之命,要和另一公司谈合作之事。这天,她敲开门,走进对方公司王总的办公室。王总当时正在处理另外一件事,就让她暂时坐在沙发上稍等一下。她静静地坐了下来,观察了一下王总的办公室:在王总的办公桌后是一个很大的书柜。隐约地,她看见,书柜里好像摆放了很多书,然而最显眼的还是那那幅博士服的照片。实际上,她已经听说了,这个王总和一般的博士不一样,他是通过自学考上大学,然后一步步走到今天的。这时,她心中的敬意涌上心头。

当王总忙完以后,她对王总说:"王总,您是博士毕业啊?您的事迹我听过一些，很让人敬佩。您是博士又掌管着这么大的一个公司，国内像您这样的董事长可不多啊！”王总一听，立刻哈哈大笑：“哪里，哪里，过奖了……”于是，王总开始讲起了自己以前的辛酸故事。

不一会儿，她就带着王总进入商业正题，她今天来的目的就是将公司积压的那批货卖给王总的公司，这样，才能解决财务危机。但是，当她如实报出了上司订的价格后，王总的脸色马上就变了。这时，她看出了不对劲，于是，她又说：“王总，照片上的字是您写的吧，真有气势，你对书法肯定也很有研究吧？”

王总一听，说道：“过奖了……我以前……”

最后，这笔生意很快就谈成了，而她也成了王总的朋友。王总经常会主动找她一起打球、喝茶，畅谈人生理想。

这名女助理是聪明机智的。刚开始，她利用的就是通过满足对方的心理需求，肯定对方的能力和充满心酸的历史，来拉近和对方之间的距离。在冷场的时候，她再次强化了对方这一需求。试想，如果一开始她就直接将正题放在工作上，大谈对方和自己合作的好处，那估计她谈判的过程也不会如此顺利。

事实上，生活中，我们与人沟通的时候，并不需要处心积虑地讨好对方，也不需要毫无瑕疵的语言奉承，因为这些都不及让对方做焦点人物来得更有效。

因此，人际沟通中，我们都应该重视人们的这种焦点心理，并在适当的时候满足人们的焦点心理，这样，能帮助我们提高交际效率。相反，如果我们过于考虑自己的内心感受，而从来不考虑对方的“渴望被重视”的“焦点心理”，就可能在人际交往中遇到麻烦。

口才心理：

每个人都想成为焦点，每个人都想博取别人的关注。我们承认，这是一种心理弱点，但却是普遍存在的。我们在与人交流的过程中，一定不能忽视人们心理客观存在的这种“焦点心理”，一定要试着让别人多做焦点。

第6章

心理暗示:和风细雨地说出你的真意

在生活中,我们常常会遇到一些尴尬的事情,或者不方便直截了当表达的事,这就需要我们运用迂回、委婉的方式来暗示对方。其实,这并不代表自己懦弱,反而是一种智慧的体现。特别是当我们遇到敏感而易使别人产生误会的问题时,可以通过言语上的心理暗示法,轻松而又不伤及他人地解决问题。这样你既顾及了别人的颜面,还在问题被妥善解决的同时,在别人面前显示了你的机智。

不经意的言辞，表达出自己的不满情绪

越是亲近的人，越不容易表示不满情绪，如果自己掌握不好方法，就会伤害两个人之间的感情。对此，很多人都会选择得过且过。其实，想要达到既表达了对对方的不满，又不伤和气的理想效果并不是没有可能。可以自言自语地表达出对对方的不满，因为你是在自言自语，没有针对对方，但是又是在说对方的缺点，对方自然能意识到。

人们都不太容易接受直接的指责，因此，你在表达自己的不满情绪时，以一种无意的心态说出，更容易让对方接受。比如，你自己觉得这件事对方做得不对，但又不好直接说出来，这时候你就要学会对自己讲，让对方听。因为没有针对性，所以没有攻击性，自然就不会有反击，但是却有暗指对象。一般对于这种情况，对方更容易从心理上意识到你对他的不满情绪。

小姚和小史是室友，而且还是很要好的朋友。两个人一起上自习，一起吃饭，简直到了形影不离的地步，用一个形象的比喻，他们是一个硬币的两面，谁也离不开谁。

虽然关系很亲密，无话不说，但小史对小姚的一些做法很不满意，不过碍于两个人的关系，总不好意思表达。

两个人一起上网，一起吃饭，自然而然涉及钱这个敏感问题。事实上，他们俩都不是那种斤斤计较的人，可是小姚有时候总是忘记带钱，这让小史觉得很无奈。

这次，小史和小姚又一起去网吧上网，付钱的时候，小姚还是那句老话："你先帮我付了，回去给你。"小史只好说："好吧。"小史一边付钱，一边自言自语道："有些人总是不兑现承诺，让人很无奈。"

小姚站在身后，听得一清二楚。小史付完钱，对小姚笑笑说："付过钱了，走吧，我们去上网。"

当天晚上回去，小姚就把当天上网的钱付给了小史，小史尽管非常愿意接受，但是他还是故作谦让地说：“你看看，咱俩多好的关系啊，还提钱干啥？”

小姚不好意思地说：“这段时间，我出去的时候总是忘了拿钱，让你一直付账，实在不好意思。”

小史说：“你看你这不是见外了吗？咱们之间不分这么细。”

小姚好说歹说硬把钱塞到了小史的手里。

搪塞不过，小史顺水推舟，接了小姚递过来的钱。

自此以后，小姚每次都会把钱及时还给小史，两个人的关系也比以前更铁了。

其实，小姚一直以来都没有意识到自己的错误，也没有意识到小史对自己的不满情绪，在两个人又一次结账的时候，小史以自言自语的方式，说出了对小姚的不满，小姚听到后意识到了自己的不足。小史以这样的方式，来表达自己的不满情绪，既没有伤害两个人之间的和睦气氛，又很好地传达了自己的感受。

生活中，不论是我们不满意别人的行为，还是不满意别人的语言，较好的处理方式，便是以自言自语的方式来表达情绪。由于是自己身上的缺点，自然比较敏感，也会第一时间领会别人的情绪。这样，你是在自言自语，没有针对性，别人也有面子，也有台阶下，这样就避免了针锋相对、伤害彼此的感情。

相对于别人的嘴巴，人更愿意相信自己的感受。当你意识到由于自己的过失，导致别人受到了伤害，内心会很愧疚。事实证明，自言自语、不经意间说出对对方的不满来促使对方改变，其效果要远远高于针锋相对地指出对方的错误。这是因为人有逆反心理，你越指责对方，对方越不可能按照你的意愿去做。

口才心理：

在生活中，想要不伤和气地表达对对方的不满情绪，可以用自言自语的方法来暗示对方，引起对方的注意。其实这种方法“攻击”的是对方的心理防线,从心理上直接暗示对方,很多时候,含蓄比直白收到的心理效果要好很多。

巧妙地夸赞,提醒对方应该培养的优点

美国著名杂志《福布斯》的第一任总裁福布斯说:“一个正常的人,在被表扬后,即使没有那么优秀,他也会做得更加优秀。”如果你想要改变你的亲人、朋友,那么就请你鼓励他、欣赏他,赞扬他还没有形成的优点,暗示对方去努力培养。表扬和鼓励相对于批评和责骂更能收到意想不到的效果。

我们不得不承认这样一个事实,谁也不喜欢被批评,相反,谁都喜欢被赞美。但是生活中,很多时候,我们不得不指出别人的错误。这时如果你能夸赞对方没有形成的优点,则会让对方受宠若惊,从而努力去培养,以免浪得虚名。

夸奖对方还没有形成的优点,是一种不满情绪的表达,是一种赞扬性的批评。因为你在这方面没有优点,甚至是严重的失误,是不可弥补的缺点。本应该受到批评,但是却受到了表扬,而且缺点成了优点。乍一听是在赞扬,实际上传递的却是不满。别人只是在强调这些方面,希望能引起你的注意。

王勇今年已是初三的中学生了,学习非常用功,成绩也总是排在年级的首位。可是他却有个很不好的习惯,那就是总爱迟到,为此老师没少批评他,可他就是改不掉这个坏习惯。父母和老师都很头疼。

新学期开始了,王勇依旧是每天早上迟到。新来的班主任姓王,对于王勇的这个问题,他再也没有批评过。一次,班上要选三好学生,王老师推荐了王勇。在向领导介绍的时候,王老师一个劲地夸奖王勇勤学上进,而且还特意夸奖他时间观念特别强,对学习抓得很紧。

听到老师的夸奖,王勇感到特别惭愧。他经常迟到,老师还夸奖他时间

观念特别强,于是他决定一定要克服睡懒觉的毛病,再也不能迟到,要不然太对不起王老师的夸奖了。

从那之后,王勇再也没有迟到过,而且总是来得很早,学习也更加用功了。

王勇经常迟到,王老师自然知道,但是他没有批评王勇,而是表扬王勇很有时间观念。王勇受到老师的表扬,觉得心中有愧,于是极力克服睡懒觉的毛病,终于做到了不迟到,做到了王老师所说的时间观念强。王老师用夸奖代替了批评,暗示对方努力培养,事实上确实收到了事半功倍的效果。

夸奖对方还没有形成的优点,传递着一种期望,传递着一种鼓励。无功不受禄,对方白白承受了你的赞美,要是在这些方面再不做出点成就,着实对不起这份夸奖。因此,对方会加倍努力,以证明自己应该得到这份赞誉。

公司新来的销售员跑市场屡屡碰壁,对做市场营销失去了信心,他向公司递交了辞呈。公司的董事长得知这个消息后,找到了这位销售员,对他说:“你是很有闯劲的人,对销售有自己的见地,将市场分得很细,对客户很细心,就这么离开公司,实在是太可惜了。”销售员低着头,满脸羞得通红,不敢抬头。

听公司的董事长这么表扬自己,他觉得实在是受之有愧,因为他知道自己缺乏闯劲,对市场没有作过细分,对客户也不够用心。很快,他打消了辞职的念头。他说,无论如何,我也要做到董事长所说的那样,这份表扬不能白白承受。

很快,他从失败的阴影中走了出来,以饱满的热情重新投入到工作中。这次他没有蛮干,而是对市场作了进一步的细分,把客户当做衣食父母伺候着。经过他的不懈努力,销售业绩直线上升,最终成了全公司最优秀的销售员。当董事长再次夸奖他的时候,他露出了得意的微笑。

故事中的董事长知道销售员并没有把工作做到位,但是他没有批评他,而是表扬了他没有形成的优点,通过表扬的方式表达了自己的不满,也表明了自己的希望,暗示销售员去努力、去培养。销售员为了受之无愧,努力迎合这份表扬,终于扬眉吐气地接受了这份赞扬。

口才心理:

在表达对对方的不满情绪时,不要直接抒发不满情绪,这样做只会伤了彼此之间的和气,同时还达不到促使对方进步的目的。如果能恰到好处地夸赞对方还没有形成的优点,借此暗示对方去努力培养、尽力完善,既表达了自己对对方的不满,还暗示了希望和鼓励,可谓是一举两得。

道出同错,影射对方也具备的错误

有时候,我们可以通过批评同类的错误,进而表达对对方的不满,暗示其所犯的错误。因为没有明确指向,即使对方不愿意听,或者是有想法,也不会直接反击你。但是,由于所批评的错误和对方有同类性,所以即使是最笨的人,也能感受到这份责备。

所以在生活中,如果别人犯了错误,自己不好意思直接指责和批评的时候,不妨批评和对方所犯的错误同类性质的错误,把你的不满和指责委婉地传递给别人。当对方领会到你的不满和意见后,自然会注意,会更正。

小雨和小云家是邻居,而且他们两个人又是同班同学,更巧的是他们还是同桌。由于有这么多“巧合”,所以小雨和小云两个人经常在一起上下学。

小雨的头脑很聪明,可就是不用功,而小云却是那种刻苦钻研的孩子。自然而然,时间一长小雨的学习就落后了,而小云的学习成绩却是稳步上升。

眼看期中考试又到了,小雨急得像热锅上的蚂蚁,而小云却胸有成竹。考试当中,小雨乘老师不注意,将小云的试卷完完整整地抄了一遍。试卷发下来之后,小雨考了96分,对此,小雨很满意。可是在周末班会上,小雨却无地自容。

小雨的班主任先是总结了这次考试,之后提到了考场纪律的问题。班主任说:“在这次考试中,有好几位同学的试卷有抄袭的痕迹。”说完,老师讲了一个故事。

古时候有一个公子哥,平日里不喜欢读书,读了好几年书,却连自己的名字都不会写。但是他很圆滑,即使自己肚子里没有半点墨水,却打通了上面的关系,贿赂了主考官,最终以第一名的成绩考取了功名。

但是,他毕竟胸无点墨,更不是当官的材料。他不但无法通识上级下发的官文,也无法对州内百姓进行管理。尽管每次他都能想办法将事情处理得恰到好处,但是纸里包不住火。皇帝在一次微服寻访的时候,亲眼目睹了他的草包行为。

后来,这个来路不正的官员得到了应有的下场。

说完故事后,班主任接着说:“我知道这次你们当中有人抄袭了别人的试卷,你们要想清楚,这样做究竟是为了什么。我可不希望你们像那位弄虚作假的公子哥一样,被自己的小聪明所害。”

听完班主任的话,小雨低下了头,原来班主任早就知道他的成绩是抄袭得来的。

班主任心里很明白,小雨的成绩是抄来的,但他并没有直接批评小雨,而是通过讲故事的方式批评了犯同样错误的公子哥,通过对古人的批评,进而暗示小雨的错误。老师没有直接指责小雨的抄袭行为,而是用事例本身告诉同学们,抄袭终究会贻害无穷。

如果发现对方犯了错误,而这个错误恰好别人也犯过,那在指出对方错误的时候就要学会用影射的方法,通过批评同类错误,进而暗示对方。用这种方式处理问题,很容易让别人接受,同样也不会破坏对方的外在形象。那么,在通过批评同类错误来暗示别人的时候要注意哪些方面的问题呢?

1. 所选的案例和被批评者所犯的错误有共性

在批评同类错误暗示对方的时候,要注意你所批评的错误和对方所犯的错误有共性,这样才能起到杀鸡给猴看的效果。否则,你费了很大力气在暗示对方,对方却因为事例没有共性而感受不到,那么这样的暗示就起不到应有的效果。

2. 不要掺杂个人感情和攻击、侮辱性的言语

批评同类错误时，要注意不要掺杂过多的个人情感。批评的目的是为了暗示对方，让对方意识到错误，从而改正错误。如果在批评同类错误的时候，掺杂了过多的个人情感和攻击、侮辱性的言语，被批评者则会感到是在攻击他、羞辱他，这样就失去了暗示的作用。

口才心理：

除此之外，还要注意，批评要适可而止，即使是在批评同类的错误，对方既然能感受到你的暗示，那么这种暗示也应该适可而止。如果一直没完没了地批评下去，会给对方心理上造成很大的压力，觉得你不依不饶，不肯原谅他。这样的暗示就会起到反作用，也就失去了暗示对方，促使其改变的功效。

抬高对方，传递拒绝对方请求的暗示

很多人人缘好，总觉得拒绝对方是一件令双方都很尴尬的事情，将“不可以”、“不行”这样的字眼放在对方面前，总觉得不合适，会伤害彼此之间的感情，会使彼此之间的关系疏远，但是承诺下来又做不到，因而会陷入深深的自责当中无法自拔。那么这时候，不妨用吹捧对方的方式来向对方传达你不想应允的情感。

吹捧对方，让对方明白自己很了不起，很能干，很有本事。那么无疑是在告诉对方，你这么有本事，这么能干的人都做不到的事情，我一个无名小辈怎么能做得到呢？所以，当别人听到你一个劲地吹捧他的时候，自然明白你不愿意应允。

小张是上海财经大学的一名高材生，毕业后没有选择回家乡，而是留在了上海。他觉得好男儿志在四方，自己应该多闯荡闯荡。

于是他每天都东奔西走地参加招聘会，有时甚至拿着简历到那些大公司推销自己，可每次都是无功而返。转眼大半个月过去了，看着自己口袋里的钱越来越少，小张心里十分着急。

就在小张一筹莫展的时候，一个偶然的机会，他碰到了自己的师哥。在两个人的交谈中，小张得知对方现在在一家大公司做行政助理，于是小张就试探性地问：“你现在是行政助理，帮我推荐一下吧。我现在快要睡大街了。”

听了小张的要求，师哥笑着说：“你是堂堂的学生会主席，口才好，领导能力强，我一个无名小卒，哪有本事给你推荐工作啊。”

小张笑着说：“哪里哪里，我说的是实话，我现在真的需要一份工作。”

师哥故作惊讶地说：“不可能的，你相貌堂堂，一表人才，又是名牌大学毕业，在学校也得过很多奖励，曾经还是学生会主席，而且你的专业能力也很棒，人又有闯劲，很多企业都需要你这样的人才。”

听到师哥这么说，小张不再提推荐工作的事情了，和师哥留了个联系方式，就匆匆地告别了。

也许看到这里，你很好奇，师哥的那些话明明是在夸赞小张，这就说明他愿意帮助小张。其实不然，师哥的那些话是在称赞对方没错，但是也是在暗示对方，我无法帮你，像你这么优秀的人都找不到工作，那我更没有办法为你推荐工作了。

口才心理：

采用吹捧对方的方式来表达你的拒绝之情，在强调对方优秀的同时，弱化了自己的软弱无能，那么对方自然不好意思再请求得到你的应允了。这样可避免因直接拒绝对方，而造成对方的心理落差和彼此之间感情的裂痕，同时也避免了委屈应允所带来的伤害。

用客气的语气,暗示不想和对方走得过近

生活中,我们经常会遇到别人的请求,直接拒绝对方似乎觉得不怎么妥当,而且会伤害彼此之间的感情,让双方都很尴尬,但又不愿意答应对方,受委屈。这时候,在和对方的谈话中,多说一些客气话,以此来告诉对方:我们两人之间并非那么亲密无间,你的事情不是我的事情,我不想为你受委屈。

客气话一般都是在彼此陌生的两个人之间说,对方突然和你客气起来,那无疑是将你摆到了陌生人的位置上,既然是陌生人,就没有理由要求我答应你什么。因此,说客气话是拒绝别人的好办法。

大学毕业后,小李来到一家公司工作。因为小李学的是会计,在公司管理的是账目,所以,总有一些人想方设法想从小李这里多报销,但是每次小李都很友善地拒绝了。为此,小李得罪了不少人,公司很多人见了小李都甩白眼。

一天,小李在办公室总结年度账务,公司材料部张主任走了进来,笑呵呵地说:"小李,下午有时间吗?咱们一起吃个饭吧。多长时间了,咱俩也没有好好聊聊。"小李当时也没有多想就答应了。

这位材料部的张主任是小李以前的邻居,没少帮过小李。

下班后,两个人来到饭店,这天张主任非常慷慨,点了很多菜,待到三杯酒下肚后,张主任才说出了自己的真实意图。原来今年公司曾采购过一大批建筑材料,这件事主要由张主任负责,今天请小李吃饭,目的就是希望小李可以帮自己多报点账。

小李明白了张主任的意思,并没有当场拒绝,而是笑着说:"一定,一定。"嘴上虽然这么说,心中却很为难,他知道绝对不能答应,但是又不知道该如何拒绝。这次饭局之后,张主任总是到小李的办公室转悠,对此,小李也总是很客气地对待张主任。

这天,张主任看办公室里没有别人,笑着说:“小李,你看我上次跟你说的那事……”

小李抬起头说:“哦,原来是张主任啊,您说的是什么事啊?请您再说一遍,好吗?谢谢。”

在说这话的时候,小李将平时称呼的“你”改成了“您”,而且用上了“请”,最后结束的时候,还说了“谢谢”,这些客气的词,让张主任感觉很不舒服。他笑着说:“小李啊,你今天是怎么了,怎么还跟我客气起来了呢?”

小李笑着说:“张主任您好,有什么我可以为您效劳的,您直接说,我一定为您办到。”

张主任明白了,这是小李在故意和他疏远关系。但是他还是不想就此放弃,凑近说:“你看,我那事你能给办一下吗,材料我都拿来了。”

小李故意说:“您说什么?您能大声点吗?我没听清楚,不好意思。”

张主任没再说什么,悄悄地走了。从那以后,张主任再也没有提过这件事情。

故事中的小李没有直接拒绝张主任,而是在说话的时候用了很多客气词,这让张主任感觉到彼此之间的距离瞬间远了很多。既然关系疏远了,那么就不可能为他办事情了。事实也是如此,小李成功地利用客气话,让张主任感觉到了拒绝的意思。

在生活中,我们都会面对这种窘境,这时就要像小李一样,学会多说客气话,让对方感受到你的拒绝而不好意思再来为难你。那么,到底该怎样用客气话来拒绝别人呢?下面是几点心理暗示的策略和技巧,值得借鉴。

1. 说客气话的时候态度要严肃

在用客气话疏远对方的时候,一定要注意,说话时的态度一定要严肃一些,让对方感觉到你是很认真地在跟他说话,而不是开玩笑。关键时候,不妨将你的话重复两遍,让对方明白你的态度。你言语上没有拒绝,但是在态度上拒绝了对方。

2. 口气要缓和,并要坚定

在用客气话疏远对方的时候,说话的口气要缓和一些,不要为了表达拒绝的意思而咬牙切齿。如果你的口气带有情绪,势必引起别人的不满,从而和你发生争吵。所以,说话的口气一定要缓和,但是要坚定,暗示对方不可能再有回旋的余地。

口才心理:

说客气话疏远对方的时候,要用眼睛盯着对方,用眼神暗示对方,我很认真,我问心无愧,我的决定是经过深思熟虑的。这样对方从你的眼神,从你的口气,从你所说的客气话中自然能判断出你的意思。

列出具体理由,表达对对方观点的赞同

很多人做事情,总要有个充足的理由,以此来证明自己所做的事情是正确的,是得到大家支持的。否则他们就会受到良心的谴责,觉得自己做了错事。当有了这种是非对错的意识之后,往往就会停止行动或是更改决策。

事实上,世上没有绝对的事情,从你的角度上看是正确的事,从别人的角度上看就是错误的。所以,帮助对方找一个合适的理由,让对方相信自己的决定是正确的,是值得继续的,这样才能坚定对方的信心,将事情继续做下去,以此来促使对方帮助自己。

小康和小周是好朋友,两个人从小一起长大,按照他们的话说就是,他们两个人虽不是一个爸妈,但是比亲兄弟还要亲。

小康在一家外贸公司工作,在公司里不怎么受器重,因此小康打算辞职,自己开拓事业。但是,想要创办自己的公司,单枪匹马肯定是不行的,于是他想让小周来帮助自己。小周的工作虽说薪水不高,但是很稳定,而且现在有了家室,创业意味着要冒很大的风险。这对他来说似乎并不是个好的方向。

但是,小周很仗义,爽快地答应了小康的请求。于是两人风风火火地开

始准备。等到万事俱备的时候，小周却迟迟没有辞职。这一下可急坏了小康。他明白，要是没有小周的帮助，他的生意是绝对做不成的。

于是他找到了小周，小周一直低着头不说话，小康似乎明白了什么，但是他又不想放弃。于是他说："小周，你是不是有什么难言之隐啊？"

小周抬起头，望着小康说："我媳妇不同意我辞职，她说我要是辞职的话，她就要跟我离婚。我也是没有办法啊。"

小康沉默了一会儿，说："你现在就这么上班，啥时候是个头啊，你挣的那点工资也只能给你妻子和孩子提供三顿饭。要是现在咱们不努力，老婆孩子将来是要受人歧视的。看着别人家的孩子穿得好，玩得好，咱们能忍心让老婆孩子受苦吗？不愿意，咱们就得努力啊。趁现在年轻，还能闯一闯，再过个十年八年，就是想闯也动不了。一辈子就这么过去了。"

小周陷入了沉思，几分钟之后，他狠狠地扔掉手里的烟头，说："康哥，我跟你干了，是好是坏，咱们拼一把。要是干好了，咱们就能过上好日子，要是干不好，就算我倒霉。"

小康拍拍小周的肩膀说："不要那么悲观，咱们不是还有 50% 的概率吗？"

说完，两人哈哈大笑起来。

不久之后，小康和小周的生意就干了起来。

故事中的小康想要得到小周的帮助，于是给他找了一些合情合理的理由，暗示他的决定是正确的，从而坚定了小周的信心。由此可见，你想要对方帮助你，那就得找出充分的理由来告诉他，他的决定是正确的。当他意识到自己是在做一件正确的事情之后，就会义无反顾地帮助你。

那么，利用给对方找个合适的理由，来暗示对方的决定是正确的，从而增强帮助你的决心时，有什么技巧和方法呢？

1. 为对方考虑

在为对方找理由的时候，一定要站在对方的立场上来考虑，让对方明白你是实实在在地想要帮助他。无论什么时候，人在做事时首先考虑的是自己。当你为对方考虑的时候，对方自然会感激涕零，愿意通过帮助你来成就自己。

2. 多拿交情做文章

人不会向一个不认识、没有交情的人请求帮助，尤其是涉及重大利益的时候。所以，既然不是陌生人，那么或多或少的都有交情。这时候，不妨拿交情来做文章。当你不断向对方提示你们之间的情谊时，对于对方来说就是一种责任，再动摇就觉得有愧于你。这时候，交情就是一个理由。

口才心理：

不管怎么说，想要让对方帮助你，就必须要有个经济账。这时候，不妨向对方强调经济账，让对方明白要想获得高的报酬就要付出多的劳动。在利益面前，人的信心就能更加坚定。

用玩笑的方式，暗示对方你已经发现他的秘密

很多时候，一涉及金钱，似乎人与人之间的关系就会变得很紧张，夫妻也是一样。很多女人喜欢精打细算，所以每个月给男人的生活费也就会屈指可数。可是对于男人来说，经常要参加一些朋友聚会，总不能每次都让对方结账。因此，男人们总会背着自己的妻子藏一些私房钱，以备自己偶尔的“花天酒地”。

当夫妻生活中真正遭遇了这种情况，一般妻子都会对丈夫“严刑拷打”。可是即使是这样，到最后能够大大方方地“招供”的也是寥寥无几。

其实，面对这种情况，处理也是需要技巧的。如果妻子一股脑地向自己的丈夫质问，那最后不但会一无所获，还会让丈夫对自己产生反感。所以在处理这种事情时，最好采用含蓄的方式。

在发现了丈夫存有私房钱的时候，妻子可以通过和他开玩笑，来暗示丈夫自己已经知道了他的秘密，这样既可以照顾到丈夫的颜面，又可以达到自己的目的。

木易大学毕业后,在一家外企工作,收入颇丰。工作两三年以后,他经人介绍和一位美丽大方的姑娘喜结连理。

木易的妻子名叫多多,人长得很漂亮,也很有气质。结婚以后,木易觉得媳妇持家有道,所以就把家里的财政大权交给了妻子。每个月木易都会把自己的工资上交到妻子手里,多多会按时给木易每个月的生活费。刚开始这样的日子过得有滋有味,可是时间一长,木易觉得这样很不方便。就连木易和朋友们相约一起聚餐,他都要向自己的妻子申请额外的开支。

每次木易申请开支的时候,多多都会问东问西,这样的情况发生过好几次之后,木易总觉得妻子是在审问自己。自此之后,木易依然会将工资上交,唯一不同的是,木易不再会把自己的奖金也交给老婆,毕竟男人需要应酬,而应酬自然需要钱,在不愿面对妻子“审问”的情况下,木易就想到了这个方法。

这么做以后,木易不再觉得压抑,反而轻松了许多,在和朋友们聚会的时候,也总是可以开怀畅饮。对于这一切,多多一无所知,她只是觉得自己的丈夫越来越会省钱了。

可有一天,当多多翻箱倒柜地寻找自己心爱的手镯时,无意间在一个箱子里发现了一个旧钱包,打开一看,里面是厚厚的一叠现金,当时多多就愣住了。

她不知道这钱是哪里来的,家里只有她和丈夫两个人,想了半天后,多多才猛然回过神来:原来这是老公藏的私房钱。可是他藏这么多钱做什么,我不是每个月都给他生活费吗?

一直到木易下班回家,多多也没有想明白这是为什么。吃饭的时候,她很想问问木易这到底是怎么一回事,可是每次话到嘴边又咽下去了。因为木易比较冲动,如果多多贸然一问,搞不好木易就会发火,所以找一个比较含蓄的方法才是上策。

吃过晚饭后,多多和木易依偎在一起看电视。这时候,多多就开玩笑似的对木易说:“老公,你给我买个包吧。”木易随口说了一句:“你自己买吧,钱不是你管着嘛!”多多又说:“我也只不过是个管家婆,你可是我们家的大财神呀!”

听完这话，木易觉得有点不对劲，就转过头对多多说："你什么意思呀？"多多笑着说："没什么意思呀，别紧张嘛，我们都老夫老妻的了，谁还不了解谁呀！"说完这话，多多就起身去了卧室。

随后，木易明白了，多多是话中有话，而且她也已经知道自己存私房钱的事情了。于是他就到卧室把事情的前因后果解释了一遍，最终两个人达成了协议，那就是木易每个月的奖金，就当做木易的生活补助。

这种丈夫存私房钱被妻子发现的事例很多，可是要想处理好，却不是一件容易的事。毕竟涉及钱的问题，一切也就会变得敏感。但是即使是这样，也还是会有人以圆满的方式解决，就像多多一样。多多在发现丈夫存私房钱之后，并没有大吵大闹，而是选择了比较含蓄的方式。多多通过和木易开玩笑，来暗示木易自己已经发现了他的秘密。以这种方式揭发，使得对方更容易接受，最后也可以以欢笑收场。

现实中，很多夫妻面对这种问题时，总是会很冲动。尤其是现在的年轻人，他们总觉得自己是对的，所以就会以理所当然的姿态面对这种问题。很多年轻夫妻，丈夫觉得自己挣的钱自己想怎么花就怎么花，可是妻子总觉得丈夫背着自己藏私房钱，一定是在外面干见不得人的勾当。

由于两个人之间思维的差异，很多时候一件小事也会变成一场战争，所以在处理这种问题的时候，一定要掌握好方法。含蓄地暗示对方，自己已经知道了对方的秘密，这样可以避免矛盾的发生。

口才心理：

妻子在发现自己的丈夫存有私房钱时，通过和对方开玩笑，使得对方明白自己的意图，最终可以使事情得到圆满解决。

下 篇

解析情景说话深入人心

第7章

玩转职场，会说话才能前程似锦

作为一个人，要生活就要工作。但是有的人在职场平步青云，而有的人则只能默默无闻。同样是人，为什么会出现这么大的差距呢？究其原因，是因为前者懂得在职场的生存之道，从而进退自如；而后者却不懂人情世故，因而不受欢迎。那么，对于身在职场的人来说，如何说话才能被人喜欢和接纳，为自己的职场生涯赢得机遇呢？这其中究竟隐藏着怎样的心理学知识呢？为了弄清这些问题，这就要学习一些基本的方法和策略，或许它们会帮助你迅速地成熟起来。

面试不怕,小技巧让你完美完成自我表达

心理学家曾经做过这样一个心理学实验:让自己充当了一次面试官去选择人才。在要求求职者进行自我介绍的时候,有的人说了很多,却没有把自己介绍清楚;有的人草草说了几句应付了事;只有一个人简明扼要地介绍了自己,给在场的每一个人都留下了清晰的印象。结果,面试官在不考虑其他因素的前提下,迅速做出了决定,要录取这位女孩。

自我表达只是面试的一个环节,为什么面试官没有考虑别的因素,就迅速做出了选择这位女孩的决定呢?这牵扯到一个心理学的概念"首因效应"。"首因效应"讲的是人与人之间第一次交往时给人留下的印象,在对方的脑海中形成并占据着主导地位,一旦形成很难改变,直接影响着此后的接触和交往。可见,要想在面试中取得好的成效,那么就要抓住自我表达的机会,给面试官留下好印象,为职场生涯走好第一步。

一次,南方的一家大型外资企业在招聘人才,他们急需要一位懂计算机的研究人才。在收到的众多简历中,刚好有这么一位主攻计算机研究的博士生。于是负责招聘的人事经理对这位博士生抱有很高的期望,基本上已经决定要录用他了。但是在录用之前,有必要进行一个面试的环节。当这位博士生来到人事处的时候,非常紧张。人事经理让他简单地介绍一下自己,博士生语无伦次地说了几句。人事经理很不满意,于是不断引导,可是博士生紧张得低着头,不再说话了。博士生的表现让人事经理非常失望,最后他不得不忍痛割爱打发走了博士生。事后,人事经理说:"我们是需要这样一位高材生,但是连基本的沟通都困难的人,又怎么能够担当重任呢。"

博士生在面试的时候,表现得非常差,给人事经理留下了很坏的印象,结果只能与好工作擦肩而过了。心理学家研究表明:在人际交往过程中,第一时间留下的印象非常重要,与一个人初次会面,45 秒钟内就能产生第一印

象。这一最先的印象对他人的社会知觉产生较强的影响，并且在对方的头脑中形成并占据着主导地位。一般情况下，一个人的体态、姿势、谈吐、衣着打扮等都在一定程度上反映出这个人的内在素养和其他个性特征。

在职场中这样的例子非常多。

一个新闻系的毕业生来到某报社找工作，找到总编后，他便问："你们需要一个编辑吗？"

"不需要！"

"那么记者呢？"

"不需要！"

"那么，你们一定需要这个东西。"

他说完这句话，便从包中拿出一个小牌子，上面写着"额满，暂不雇用"。总编看到后，不禁笑出声来，不得不为这个大学生的幽默打动。于是，总编微笑着说："如果你愿意，可以到我们广告部工作。"

这个大学生为什么能打动总编？他出其不意的招数——拿出写有"额满，暂不雇用"的牌子正是他积极乐观、机智的表现。这样的求职者，用人单位又怎么会拒绝呢？可见，在面试中的自我表达极其重要，对于职场新人来说，一定要注意这个环节。那么，在面试环节中究竟要如何进行完美的自我表达呢？

1. 声音要洪亮，吐字要清晰

通常，比较自信的人说话时气势轩昂，声音很洪亮。声音洪亮的人往往给人留下比较自信的印象。同样，吐字清晰则能增加听众的心理愉悦程度。而事实上，在面试中，声音洪亮、吐字清晰的人能获得面试官的青睐，赢得更多的工作机会。

2. 逻辑清晰，表达简明扼要

同样是表达，有些人逻辑思维能力很强，说话简明扼要，能说到点子上，给人留下利索的感觉；而有些人尽管表达很多，但是逻辑很混乱，废话很多，这就让人觉得很拖拉。事实上，也是如此。对于企业来说，更多的是需要员工的执行力，一个连话都说不利索的人又怎么能把工作做得干净利索呢？

3. 不妨用创新思维展现优势

每个人都有好奇心,当一个新鲜的事物出现在眼前的时候,人们往往有很大的兴趣,进而留下很深的印象。同一句话听得多了就会产生心理疲劳,一个人云亦云的人会让别人觉得没有想法,没有主见,很容易被忽略。在面试中,如果你的表达有创意,往往会让面试官眼前一亮,继而产生良好的第一印象。

口才心理:

“首因效应”,是指人们根据最初获得的信息所形成的印象不易改变,甚至会左右对后来获得的新信息的印象。事实证明,第一印象是难以改变的。“首因效应”在职场上到处可见:“新官上任三把火”、“早来晚走”、“恶人先告状”、“先发制人”、“下马威”等,都是想利用首因效应占得先机的做法。

先看懂领导意图,再应景说话

心理学家曾经做过这样一个心理学实验:分别让两个刚毕业的大学生去给领导做秘书,第一个大学生跟着领导去参加客户的欢迎会,期间领导使眼色让他恭维客户,给客户敬酒,结果大学生说:“我刚毕业,对应酬上的事情懂得不多。”客户哈哈大笑了起来,领导的脸色非常难看。同样,让第二个大学生去跟随领导会见客户,他接到领导的指示之后,说:“您的大名,我们如雷贯耳,今天能够得以相见,真是三生有幸。来,我代表我们公司敬您。”客户谦虚地笑了,领导也非常高兴。

同样是跟随领导应酬客户,两个人的表现不同,客户的反应也大相径庭,自然,两人在职场上的路也不一样。心理学家分析了这种现象:人心里的所思所想并不是完全不能预知的,在眼神、表情以及一些小动作上是可以暴露出来的。人都喜欢能读懂自己心思的人,觉得他们聪明,在合适的场合下能把自己的想法说出来。在职场上，领导更喜欢能察言观色、一点就通的聪明人，他们更能得到领导的青睐和重用。基于人们的这种心理，职场新人要学会察言观色，在合适的场合下说合适的话。

这天，一个大客户找到了公司，要求经理做出答复。原来不知是谁之前在经办业务的时候以次充好，发出去的货大多数都有质量问题。负责的销售员已经离开了公司。尽管经理在赔不是，但是看起来客户并不买这个账。这着实让经理非常为难。

恢宏恰巧找经理有事，来到了办公室，经理赶紧使了个眼色，恢宏对客户说："实在对不起，你的货是我发的，在发货的时候疏忽了。"

客户厉声斥责了恢宏，恢宏除了一个劲儿赔礼道歉之外，并没有做过多的狡辩。最后客户的情绪慢慢地稳定了下来。恢宏趁机说道："你看这样吧，我给您重新发货，途中的所有费用都由我来承担。"客户没说什么，表示默许。客户离开后，经理拍着恢宏的肩膀说："小伙子，好好努力吧，我很器重你。"

一个月之后，恢宏被提升当上了销售主管。

恢宏突然出现在办公室，见经理在使眼色，很快便明白了是怎么回事。于是他主动承当责任，给经理解了围。心理学家研究表明：聪敏人往往通过一个眼神和表情，在瞬间就能读懂别人的心思，这样的人往往很受欢迎。在职场上，这样的员工更能懂领导的心思，更能把话说得恰到好处，因而更能得到领导的重用。

很多时候，领导的一个眼神让你琢磨不透，究竟让你干什么呢？当然，如果你不去观察具体的场合，明白一个眼神的意思自然很难。这就需要下属在和领导相处时，多注意观察具体的场合，根据场合的需要再来解读领导的暗示，这样会轻松得多。

口才心理：

心理学家研究表明：每个人都渴望别人能更懂自己的心思，对越能读懂自己的人往往觉得有默契，是知己，因而更喜欢和对方接触。而关系越亲密的人,眼神交流的次数也越多,有的人甚至不用言语交谈就知道对方想要表达什么。同样,在职场上,要经常跟领导进行眼神交流,及时读懂领导内心的所思所想,在适当的场合把合适的话说出来,赢得领导的喜欢和重用。

说称赞领导的话要掌握恰当分寸

心理学家曾经做过这样一个心理学的实验:让两个下属去赞美他们的领导。第一个下属得知领导最近刚刚拿下了一个很难缠的客户,给公司带来了丰厚的利润。于是他找了个机会对领导说:“领导天生就是做生意的奇才啊,我们以后要多多学习啦。”领导听了非常高兴。第二个人得知领导文笔很好,于是恭维他说:“领导笔下生辉,就连鲁迅和茅盾都自愧不如啊。”领导听了,阴着脸半天没有说出话来。

同样是赞美领导,第一个下属的话说得恰到好处,博得了领导的欢心,而第二个下属的赞美则让领导心情不好了。这究竟是为什么呢?心理学专家是这样解释的:所有的领导者内心之中都渴望着被下属恭维和赞扬,这样才能显出他们的与众不同,让他们获得了足够多的自我认可,长足了面子,满足了内心的虚荣心。但是,恭维也要适度,才能恰到好处,分寸把握不好,则有可能让赞美变成讽刺,让恭维变成嘲笑。可见,在职场恭维领导并不是程度越高越好,而是合适才行。

曾国藩是清末一代名将。

一天,闲来无事,他叫来幕僚们,一起谈论天下英雄豪杰。提到英雄,他说:“彭玉麟与李鸿章均为大才之人,我自知不如他们,虽然我也可以自我吹嘘一番,但我实在不屑。”

一位幕僚逢迎说:“不见得如此,三位是各有所长,彭公威猛,人不敢欺;李公精敏,人不能欺。”说到这里,他突然不知道该如何评价曾国藩了,只好语塞了。有人要对自己评价,曾国藩好奇之心上涌,便穷追不舍问道:“那么我呢？”大家你看看我，我看看你，都找不到恰当的词语来赞美曾国藩，只好哑言无语。

恰在此时，一个聪明的幕僚站出来，说道：“曾帅仁德，人不忍欺！”众人拍手称好。

曾国藩十分得意，心中暗想：“此人大才，不可埋没。”不久，曾国藩升任两江总督，那位机敏的下属担任了盐运使这个要职。

那位下属的恭维，分寸把握得恰到好处，让曾国藩心花怒放，最终为自己的前途迎来了机遇。心理学中是这样解释这种现象的：人都有虚荣心，都希望能得到别人的赞扬，以此来满足内心的自我认同。尤其是领导，在下属面前更要显摆自己的地位高，更渴望被人赞美。恰当的赞美则刚好能满足他们的内心需求。可见，在职场里行走，就要学会恰当地恭维领导，这样才能获得更多晋升和提拔的机会。

在职场里这样的例子非常多。有个新入职的女孩，对公司的业务很不熟悉，好几次差点给公司造成巨大的损失，好在负责业务的主管非常老道，把被女孩气走的客户通通拉了回来。而且，让他们成为了公司的大客户，为此，公司上下都拍手称快。这天，女孩来到了主管的跟前，说：“主管，你真了不起，都能把客户起死回生了，真可谓是业务上的活阎王了。”主管听了哭笑不得，冲女孩点了点头就离开了。从那之后，主管再也没有帮助过女孩。可见，恭维和赞美的时候把握不住火候往往带来很大的麻烦。

那么，究竟如何才能让你赞美领导的话说得恰到好处呢？

1. 赞美用词一定要恰当

既然是恭维领导，那么赞美之词一定合适，要多拿些正面的例子来比较，让人感觉到骄傲，感觉到有面子。忌讳用一些贬义的词来赞美，这样的赞美无疑表达的是讽刺。比如，前面的案例中把领导说成是“活阎王”，让人怎么都高兴不起来。

2. 勿夸大其词胡乱吹捧

有些人恭维领导的时候，觉得把领导说得越伟大，越能把领导哄高兴。事实上并非如此，过于夸张就会引起别人的怀疑，就连领导本人也会觉得很没面子。而且,你过大的夸奖,相比之下,也是对领导的嘲笑。这一点,在表达赞美和恭维的时候也要注意。

3. 表达情感不要太肉麻

有时候在表达赞美和恭维的时候,往往需要恭维者表达情感,才能让赞美听上去更加真实。但是,情感表达一定要适度,不要太肉麻。尤其是一些女性,更要注意这一点。不要让领导听着不但没有一点开心,鸡皮疙瘩反而起了一身,这就失去了赞美的意义了。

口才心理:

心理学专家研究表明:人都有虚荣心,都渴望听到别人的赞美和夸奖。尤其是作为领导者,更渴望得到下属的恭维,以此在内心深处不断地强化自己的领导身份。然而,恭维的“度”要恰到好处,不能太弱,让领导感觉不到,内心亦不会起涟漪;也不能太强,让领导感觉不是在说他,而产生不悦。

与领导谈论薪资的问题要巧妙

心理学家曾经做过这样一个心理学实验:让两个下属去跟领导谈薪水。第一个下属直接跟领导摊牌,问道:“你能给我开多少钱的薪水?”领导看了他一眼,很不高兴地说:“暂时说不上。”第二个下属则比较聪明,认真工作了两天之后,领导非常满意,这时候他故意有话要说,但是欲言又止,领导看到后说:“你的薪水3000元每月,你看满意吗?”事实上,这已经超出了他的期望。

同样是谈薪水的问题,两人采取的方式方法不一样,最终结果也完全不一样。这究竟是为什么呢?心理学专家做出了解释:在这里涉及一个原则:“主动被动”原则,也可以理解成“欲擒故纵”原则。谈判是一场心理的博弈,如果你过早暴露自己的“底线”,往往会被对方当做“高线”。如果你过早地把问题提出来，那么这个“问题”是属于你的；但是如果你暂时保持沉默，无疑把“皮球”踢给对方，成为别人的问题，对方就会暴露他的底线。可见，在职场里谈及薪资的问题时，要学会以静制动，让对方先开口，从而占尽先机。

刘娜已经在公司工作了三个年头了，可是工资始终没有涨。这让她的工作热情削减了不少，可是她又不想离开这家公司。这天早上，刘娜敲开了总经理办公室的门，将事先写好的加薪申请递交了上去。总经理热情地和刘娜交流了一次，在谈话中，总经理充分肯定了刘娜这三年来所做出的努力。刘娜悬着的心终于落下来了。总经理这么说，无疑是批准了刘娜的申请。刘娜的工资一下子涨了 500 块，这对她来说是个不小的激励。刘娜又以饱满的热情投入到工作中去了。

刘娜并没有当面向老板提及增加薪水的问题，而是采取了书面申请攻势，以此来提示和暗示老板，最终如愿以偿。心理学专家研究表明：对于领导来说，尽管和下属之间是上下级的关系，但是时间久了，也会有感情，因此直接提及金钱，难免会让领导觉得心里不痛快。但是不提，作为员工又会损害自己的利益，这时候巧妙的暗示既表达了自己的意思，又顾忌了和领导之间的感情和关系。这个过程，事实上把自己的“问题”摆给了领导，以静制动，欲擒故纵，很好地掌控了全局。

在职场里，这样的问题非常普遍。大学毕业后的李丽获得了一个不错的工作，当经理问她期望薪水是多少的时候，李丽两难了：直接说出自己的要求吧，担心自己还没有把工作做好就要求薪水会被领导轻视；但是不谈又不行，考虑再三之后，她还是没有说。这个问题就一直被搁置了下来。等到发薪水的时候，李丽只得到了别人薪水的一半，这让她多少有些难受。于是，她找了个机会向经理表达了不满。经理坦然地说：“你也没有告诉我你究竟想要多少钱啊！”听了这话，李丽非常后悔。可见，与上司谈薪水是个博弈问题，要有一定的方法和技巧才能保证自己的利益不受损。

那么，究竟如何和领导谈薪水呢？

1. 在绝对的优秀表现之后提

很多职场新人在面试的时候就开出了自己的价位，觉得自己就值这个钱。可是,对于领导来说,花这个钱要冒一定的风险,掏了这个价钱还不知道你究竟行不行。这时候,不妨先不要急着亮底线,而是好好表现一番之后再提,让领导绝对放心你是物有所值的。

2. 欲擒故纵,不要主动提及

谈薪水也是个博弈的过程,这个过程中,谁先主动,谁就会被动。因而,作为下属,不要随便采取主动的进攻,保护好自己的底线,把"皮球"踢给领导。让领导先开口,这样你就会占据绝对的主动。因为领导担心薪水开低了,被你笑话,冷了你的心。

3. 绝不能等着领导为你解决

在谈薪水的过程中,不要随便采取主动,并不是要求你不闻不问,不然,你的被动就会成为最终的吃亏了。当你把"皮球"踢给上司之后,如果发现领导装疯卖傻,要及时地暗示和提醒上司,让他明白你在等待他来解决这个问题。这样,领导便不好意思再拖延了。

口才心理:

"主动被动"定律,是指在博弈的过程中,谁先采取主动,谁就主动把"问题"揽入怀,就会考虑去解决问题。这样,对方就会一再压制你而获得主动,你就会由主动方变成被动方。"主动被动"定律是博弈学中比较普遍的一种定律,适用于任何双方之间的攻守当中。谈判也是博弈,尤其是和上司谈及薪水的问题,在这个过程中千万别忘了"以静制动"和"欲擒故纵"的策略。

职场之上言辞谦虚恳切,避免惹人意见

心理学家曾经做过这样一个实验:让两个刚从高等学府毕业的学生分别进入一家公司的两个部门。第一个学生心高气傲,仗着自己的高学历和过硬的技术,和同事说话的时候总是流露出轻蔑的情绪;而第二个学生尽管

业务能力也很强，但是和同事们能打成一片，说话比较谦逊，做事比较低调。没过多久，第一个学生遭到了同事的排挤不得不辞职，而第二个学生则晋升为部门经理了。

同样是高等学府的高材生，言谈举止之间流露的情感不一样，最终在职场的发展截然相反。这涉及心理学的一个概念“需求定理”。“需求定理”是指任何人做任何一件事情都是带有一定需求的。尊重并满足别人的需求，别人才会尊重我们的需求。这种需求的互相尊重是建立和谐的人际关系的基础。基于人们的这种心理，我们要想获得别人的认可，就要先去认可别人。在这个过程中谦逊是最好的良药。

科研所的小王名牌大学毕业，非常有才华，刚工作不久，就带领着同事们主攻一个有难度的科研项目。凭借着扎实的基本功，小王在同事的大力配合下，圆满地完成了科研项目。在庆功宴上，小王不可一世地吹牛皮。

庆功宴结束之后，小王的朋友就劝他：“你怎么可以那么说呢？你说话就不能谦逊一些吗？”小王不以为然地说：“我有能力才敢吹牛皮，给他们别人去吹，他们有那个能耐吗？”渐渐的，小王觉得同事们都在有意无意地和他作对。事实上，从那之后，小王再也没有研发成功项目。

小王取得了一些成绩之后就不可一世，不把同事们放在眼里，结果遭到了同事们的排挤，慢慢地被淹没了。心理学家表明：任何人都渴望被尊重，希望能被别人重视，只有受到了精神上的认可，他们才会去尊重你，去认可你。人与人之间彼此需要才能更好地生存。因此，在职场中，在和同事的相处中，言语要谦逊一些，把尊重和爱送给同事，他们才会喜欢你。

在职场里，这样的例子非常多。公司人事科的经理和销售科的经理都是很有才干的人。人事科的经理总觉得自己掌握着很多人的命运，因此不可一世，将公司的员工从来不放在心上，经常冲他们发脾气。而销售科的经理却非常和蔼，和公司的员工很能聊得来。时间久了，人事科经理的人缘越来越差，而销售科经理的口碑却很好。在公司的一次调整中，销售科的经理晋升为了副总经理，而人事科的经理却卷铺盖走人了。可见，在一个集体里，如果大多数人不喜欢你，那么你将无立锥之地。因此，平日里和同事相处的时候,尽量谦逊一些,避免遭人嫉妒,为你的职业发展打下一个良好的基础。

那么,究竟怎样才能让你的言谈谦逊一些呢?

1. 说话时态度不妨诚恳一些

每个人都有戒备心理,尤其在没有确定对方的友善之前。这时候如果你太过高调,往往堵住了和别人建立平等互信关系的大门。因此,在职场里,说话不妨诚恳一些,口气缓和些,语调温柔些,不要引起别人心里的抵触和对抗情绪,这样才能得到别人的欣赏和喜欢。

2. 不要轻易卖弄自己的才华

在一个集体里,难免会有一些出类拔萃者,由于他们的学历高、技术硬,因而会鹤立鸡群。对于一些普通人来说,无法与你比肩,就会形成对抗。对于这些人来说,说话的时候千万不要卖弄你的才华,否则你就是大家的眼中钉、肉中刺了。

3. 坦诚地和每一个人去交流

每个人的理解能力不一样,往往在工作中的表现也不一样。有的人很优秀,有的人很笨拙。这就要求我们在和他们交流的时候不要戴有色眼镜,要坦诚地去面对每一个人,赢得他们的尊重和欣赏。否则,你便不会有好口碑,遭人妒忌和排挤是难免的。

口才心理:

心理学家研究表明:每个人内心都有一种被需要、被尊重的渴望,这样才能满足内心中被认可、被肯定的需要。你需要别人,尊重别人,别人才会同样的需要你,尊重你。这是建立和谐的人际关系的前提和基础。在职场中,和同事相处时,言谈要尽量表现得谦逊一些。不管你有多优秀,都要牢记这一点。

汇报工作言辞得体，获得领导肯定

心理学家曾经做过这样一个心理学实验：让一个在工作中出了纰漏的下属去给两个领导汇报工作。他对第一个领导说："非常糟糕，我把两个客户给得罪了。不过好在我还发展了另外的两个客户。"领导听完后满脸的不高兴，责备他说："你是怎么搞的！"挨了批评之后，他去给另一个领导汇报，说："真是一件值得庆祝的事情，我成功地发展了两个客户。只不过出了点小纰漏，另外的两个客户没有做成功。"领导笑呵呵地说："没关系，工作中难免会出现点小问题。"

同样是一件工作，汇报时的方式不一样，领导的反应截然相反。这究竟是为什么呢？在这里，心理学专家做出了这样的解释：人的内心有一种"先入为主"的效应，意思是最先听到的话往往成为整个谈话的基调，直接影响着后面的谈话。先听到的是好消息，那么会使听者心情愉悦，觉得你说的话是好事情，即使再说坏消息的时候，注意力也不会转移，大大降低了坏消息的程度。相反，如果一开始听到的是坏消息，听者形成一种坏感觉，即使后面的好消息很振奋人心，对方也高兴不起来。基于人们的这种心理，在向领导汇报工作的时候，应先报喜后报忧，赢得领导的认可和肯定。

阿文被领导派去拜访一家非常难缠的客户，见了客户之后，他费了好大的劲，终于拿下了这个客户。回来之后，阿文去向领导汇报工作。阿文对领导说："经理，我终于拿下这个客户了。"经理笑着说："真的吗？"阿文说："一开始，客户不见我们，等了一个下午，在这个过程中我和他的秘书聊了一会，获得了很多信息，在谈判中起了很大的帮助。"领导听了笑得合不拢嘴。

阿文接着说："不过，这个客户真的很刁钻，我一再强调让利 5 个点，他却非要 6 个点，眼看着合作就要失败，我想即使答应 6 个点，我们也有很大的利润，这相比失去这个客户来说，我们还是赢家。"经理听了，点了点头。

阿文的工作可以说是没有做到位,可是他却得到了领导的表扬。这是因为他在汇报工作的时候应用了"先入为主"的效应,在第一时间内定好了谈话的基调,让领导的内心之中产生了"成功"的感觉,即使在后面汇报失误的时候,也被领导内心的这种美好的"成功"感觉淡化了。

在职场上,这样的例子非常多。小丽上班迟到了,就在临进公司的一瞬间,她买了一份报纸,突然眼前一亮,兴冲冲地走了进去。领导准备着狠狠地批评小丽。小丽一进门就对经理说:"经理,我看报纸,这家企业刚好要破产外卖,如果我们收购回来,将会壮大我们公司的实力,实在是一件天大的喜事。"经理大概看了一眼,笑着说:"还真是个好机会啊。小丽,你是好样的,你的工资从下个月开始再涨500块。"小丽笑着说:"谢谢领导。"就这样,小丽不但没有挨批评,反而获得了领导的表扬。"先入为主"的效应使得小丽迟到的事情被淡忘了。可见,在职场上向领导汇报工作的时候,要学会"先入为主"的心理学原理,用"成功"、"美好"这样的感觉来淡化工作中的失误,从而多得肯定和表扬,少受批评。

那么,究竟怎样巧妙地汇报工作才能获得领导的认可呢?

1. 报喜的时候,多说自己的付出

作为下属,在汇报好事的时候,一定要记得多强调自己的付出,让领导觉得是你的努力才取得好成绩。比如故事中的阿文,在提及取得的成就时,一直在强调自己如何努力,让领导感觉到他付出了巨大的努力,并因此表扬他,欣赏他。在这里,别的条件会被忽略掉。

2. 报忧的时候,多说前景少说失

在报忧的时候,如果你看到的是损失,领导内心感觉到"失败",势必会遭受领导的训斥。如果你换种思维,多说相对利益,少说损失,那么领导会觉得尽管事情不完美,但是一样取得了成就。这样,坏事无意当中变成了好事。

3. 喜忧兼报时,要先报喜后报忧

在喜和忧兼有的时候,要学会先报喜,后报忧。你的高兴事把领导哄得心花怒放,然后再报忧,领导会觉得总体上是取得了一定的成就,有点小问题也是避免不了的。如果你先报忧再报喜，则会让领导觉得总体上失败了。

口才心理：

心理学专家研究表明：每个人内心都有一个需求的期待。当这种期待被满足了之后，整体感觉是良好的。相反，如果这种感觉遭到了破坏，心里自然不满足了。“先入为主”的理论说的就是这个道理，让好事迅速地占据领导的心，定好基调，然后再说坏事，领导的心理需求得到了满足。即使在报忧的时候，也要让领导感觉到“成功”，以此来迎合领导内心的美好感觉。

言语中表露忠诚，让领导更信任你

心理学专家曾经做过这样一个心理学实验：让领导和两个下属谈及企业发展和员工自身发展的问题。第一个员工说：“我们的企业从创立发展到现在实在不容易，这个产业的发展空间很大，我准备在这里大干一场来实现我的梦想。”而第二个员工则说：“我们企业的发展空间很大，我会好好努力做好我的本职工作。”结果，第一个员工被提拔了，第二个员工不久后失业了。

同样是谈话，第一个员工得到了提升，而第二个员工却丢掉了工作。这究竟是怎么一回事呢？在这里，心理学专家分析了这种现象：人的内心中要不断地获得安全感，才能对人对事更加有信心。每个人都喜欢忠诚的人，而这种忠诚不仅是要做出来，更要及时地说出来，让别人感觉到，这样才会使得别人对你有“自己人”的感觉，内心的安全感才会不断增加，才会增加对你的信任和依赖。可见，在和领导谈话的时候，要及时巧妙地把你的忠心表现出来。

萧何设计杀了韩信后，消息传到了刘邦的耳朵里，刘邦表现出非常高兴的样子,立即下诏封萧何五千户食邑,并派一个五百人的都尉组,给他当护卫队。朝中大臣纷纷向萧何表示祝贺,只有召平表示非常的担忧。萧何对召平的反应感到非常奇怪,便问他为什么会担忧呢?

召平忧心忡忡地说:“这些奖赏并不是皇上对您的欣赏,相反,表明皇上对您已有疑心了!”萧何大吃一惊,忙问召平其中的微妙之处。召平说:“如今您留守京城,难道真的有危险吗?他派人来不是保护您,而是监视您的。”

萧何立即醒悟。召平接着说:“我觉得您要立即向皇上表示,目前国家正在备战,急需要财源,您不但要捐出加封给您的五千户,还要变卖田产,用作战争的粮饷,祝愿皇上早日凯旋。”萧何赶紧按照召平的方法做了,刘邦知道萧何的所作所为后非常高兴,对萧何放下了戒心,不但收回了五千户封邑,也撤除了相国的卫队。

萧何感觉到皇帝的不信任之后,急忙给刘邦回信,来向他表示忠心,最终重新获得了刘邦的信任。心理学家表示:人有“多疑”的心理,当感觉不到别人的忠诚后,会感觉到极度的不安全,通常采取猜忌和防范措施以避免你的背叛给他带来的伤害。在这种情况下,要及时在言语上向领导表示忠心,以换取领导的信任。可见,在职场上,及时地向领导表示忠心,增加其内心的安全感很有必要。

在职场上,这样的例子非常多。会计小慧是公司花重金聘来管理公司财务的,可是小慧上班好几个月了,经理却总是让她干一些皮毛的事情,在涉及财务的事情上不让她插手,这让小慧非常郁闷。一次,她在查公司账目的时候,发现了一笔账有问题,于是她及时地向经理反应,经理觉得无所谓。小慧说:“这样的账目如果不及时追回,很有可能成为死账,希望经理能慎重考虑。”经理听从了小慧的建议,抓紧时间追讨,终于追回欠债。从那以后,经理非常信任小慧,把公司的财务大权也交给了小慧管理。由此可见,在与领导相处的时候,要适当地向他们表忠心,以换取信任和重用。

那么,究竟要如何做才能表达忠心,获得领导的信任呢?

1.关心公司的前途和发展

一个忠诚的员工往往对企业的发展很关注,处心积虑地为企业谋利益。

这一点，企业的领导自然也会明白。因而，在和领导交谈的时候，不时地透漏出你对企业的前途和发展很关心，让领导觉得你是一个忠诚的下属而重用你。

2. 适当为了公司放弃利益

当一个下属重视企业胜过了自己，很明显，这个员工是企业忠实的追随者。因而，作为下属，在企业利益和自我利益发生冲突的时候，要及时地向领导表示你为了企业放弃自我的利益，这样，往往会让领导很感动，觉得你是个值得信赖的人。

3. 经常用“我们”代替“我”

经常用“我们”代替“我”，让领导觉得你是把自己当做企业的一分子，相反，如果你总是说“我”，领导觉得企业让你没有归属感，你的心是不定的，对企业不忠诚。因而，在和领导沟通的时候，要经常用“我们”来代替“我”，让领导从你的言谈中听出你的忠诚来。

口才心理：

心理学专家研究表明：“多疑”是人的通病，是每个人内心严重缺乏安全感的表现。在这种心理作用下，会因为对身边的人产生怀疑和不信任而不敢委以重用。身在职场，作为下属，不被领导重用将直接影响你的前途和发展。因此，作为下属，要适当地在领导面前表达你的忠诚，从而打消领导内心的疑虑而重用你。

领导对下属的奖励与批评，要把握好分寸

心理学家曾经做过这样一个心理学实验：让一个领导去分别赞扬和批评两个下属。对于一个表现优秀的下属，领导说：“你的表现真是太好了，我非常满意。”对表现不佳的下属说：“你是怎么回事，笨的像头猪一样！”受到表扬的下属非常高兴，可是从那以后工作非常怠慢，效率非常低。受了批评

的下属非常自卑,工作也没有了热情,没过多久就辞职离开了。

不管是表扬还是批评,下属的表现都非常不好,这究竟是怎么回事呢?心理学专家给出了解释:人的内心有被需要的期待,满足这种期待会让他们得到更多的认可和肯定。但是,如果你的肯定超过了对方的心理期待,就会让别人居功自傲,产生骄傲自满的情绪;相反,如果你不能满足对方的心理期待,也会让他们灰心失望,产生自卑的心理。基于人们的这种心理,在表达表扬和批评的时候,一定要把握住“度”,把合适的评价送给适合的人。

某公司一位职员经常迟到,上司非常生气,把他叫到了办公室,对他说:“你到底打算怎样,公司并不是你一人的,可以想怎么做就怎么做,你这种行为根本无视公司的规定,你自己好好反省反省,回头给我写一份深刻的检查。”从那之后,这位员工再也没有迟到过,但是,也没有和上司再沟通和交流过。

同样是公司的另外一名领导,对于下属经常迟到的问题,他这样说:“我觉得你心里也认为迟到是不对的,你说是吧?”下属点了点头表示认可。领导笑着说:“如果你能坚持这种观念,相信在不久的将来,你一定能发现准时上班的乐趣。”说完,他笑呵呵地拍了拍下属的肩膀。从那之后,下属再也没有迟到过,而且和领导成为了无话不谈的朋友。

前一个领导批评下属的时候,言辞很激烈,结果严重地伤害了下属的自尊心,导致下属和领导之间产生抵触和对抗的情绪。相反,第二个领导在表达批评的时候,充分尊重了下属,赢得了下属的尊敬。心理学家研究表明:任何人都渴望得到别人的尊重,即使在表达批评的时候也要充分尊重对方;同样,在表达赞扬的时候也要尊重下属,不要给他们过高的荣誉,避免把他们推上期望的“最高点”。可见,作为领导,在职场上批评和表扬下属的时候要注意把握火候。

在职场上,这样的例子非常常见。在编辑部,有一个叫雯雯的女孩工作起来非常认真,多次得到了主编的表扬。这天,她的一篇文章登上了全国著名的报纸,主编在大家面前表扬她说:“雯雯的工作能力是你们当中最强的,工作态度是你们当中最好的,我们大家都要向她学习。”从那之后,雯雯工作起来漫不经心，当有同事向她指出了之后，雯雯不以为然地说："你什么水平，敢说我，有本事，也让主编夸一下你啊？"从那之后，没有人再帮助她了。没过多久，雯雯因为工作态度不端正被编辑部除名了。可见，对下属的表扬要把握住火候，否则超过对方内心的期许之后，容易让下属产生骄傲自满的情绪，这对工作是极其不好的。

那么，作为领导，究竟怎么表达奖罚才算合适呢？

1. 批评时要懂得尊重对方

人在受到批评的时候，往往内心会很不舒服，觉得自己受到了伤害。但是，作为领导，不批评下属又是不可能的。那么，在批评的时候一定要注意言辞和情绪，尽可能地去保护对方的情感少受伤害。如果可以，在表达了批评之后要和下属很好地进行沟通和交流。

2. 表扬时不要把对方推到最高点

每个人都希望自己能不断进步。作为领导，表扬下属的时候不要轻易把他们推向心理期待的最高点，否则会让他们产生骄傲自满的情绪而不思进取。比如，"你是最优秀的""你永远是第一"等，这样的话最好别说。

3. 批评和表扬同时进行最合适

任何人都不是完美无缺的。这就告诉领导，在表达表扬的时候，也给他提一些小要求，这样能在一定程度上避免下属产生骄傲自满的情绪；在表达批评的同时，也要对他们进行一些肯定和认可，不要全盘否定，避免下属产生自卑的情绪。

口才心理：

心理学专家研究表明：每个人内心都有一个心理期待，同时也有一个上下滑动的弹性机制。当接收到表扬之后，心理期待得到了满足，心理承受滑到最高点；当接受到批评时，这种心理期待远远地得不到满足，心理承受滑到了最低点。因而，在表达赞美和批评的时候，一定要把握住火候，不要超出了他们的心理承受范围。

第8章

甜蜜爱恋，爱情中的动心说话策略

有一句经典的话是这么说的："不爱的爱情永远不会变坏。"在很多时候，很多人在恋爱中越爱越觉得痛苦，在婚姻当中，越爱越觉得煎熬。于是，很多人感叹：人生若只如初见。事实上，不是爱情越爱越坏，而是他们不懂得经营爱情，不懂得给爱情保鲜，从而慢慢地失去了爱。那么，婚恋中究竟如何让爱的味道越来越醇厚呢？往往我们在迷惑当中会问这样的问题。那么这一章，正是要帮助你解决这个难题。

学点求爱语言的致胜之道

心理学家曾经做过这样一个心理学实验:让两个男孩分别向他们谈了三年的女朋友求婚。第一个男生买了一束很大的玫瑰花,笑嘻嘻地走到女友面前,跪下来说:“亲爱的,嫁给我吧。”女孩犹豫了一下,摇了摇头。第二个男生什么也没带,轻轻地走到女友的面前,给了她一个深情的拥抱,然后看着她的眼睛,含情脉脉地说:“嫁给我吧,好吗?尽管我没有房子,没有车子,但我有一颗陪你到老的心,永远都不会变。”女孩看着男孩,流下了感动的泪水,紧紧地抱住了男孩。

同样是男生向女生求婚,两人用的方式方法不一样,结果完全相反。这究竟是为什么呢?心理学家分析了这种现象:求爱是相对严肃的事情,女方内心期待男方能把自己的心里话说出来,让女方的心受到感动,这样才能让女方有信心下嫁。如果男方求婚的话不是发自肺腑,过于花哨,作为恋人,女方是完全能够感觉到的。可见,在求婚的时候,对于男方来说,一定要想办法感动女方的心,给女方足够的信心。

一个驼背的男孩爱上了一个非常漂亮的女孩子。当男孩鼓足勇气表白之后,吓得女孩撒腿就跑。这天,男孩在女孩家门口苦等,女孩看到后要走,男孩赶紧走上前去说:“我只是有几句话想对你说,说完了我就走,行吗?”

女孩说:“你快点说。”

男孩平静地说:“我只是想问你一个问题,你相信这个世界上有缘分吗?”

女孩无所谓地说:“我信啊,怎么了?”

男孩子接着说:“我也相信。记得我奶奶对我说过,每一个人在出生之前都知道自己的另一半是谁。”女孩沉默着,没有说话。

“同样,在我出生前,我也知道了我的另一半的样子,”男孩接着说,“她驼着背，模样非常丑陋。当时我的心里特别的难受，我不断地祈祷，我对神仙说，请把这个驼背和丑陋的长相换给我吧，因为我知道一个女孩子驼着背，长得丑将是多么痛苦啊。”

女孩望着男孩子，感动得热泪直流。她同意了男孩子的求爱。

丑陋的男生的表白让女孩感觉到非常的真诚，因而内心深受感动，最终答应了男生的求爱。心理学家分析说：男生的真诚很容易震撼女生的心，让女生在顷刻间感动和流泪，这时候，女生内心对男生的信任达到了最高值。这远远超出了女生内心的期待，让女生觉得很幸福。基于女生的这种心理诉求，男生在求婚的时候，一定要真诚些，勇敢些。

在情场上，这样的例子非常多。有一个男孩喜欢上了自己的女下属，当他向女孩表白的时候，遭到了女孩的拒绝，但是他并没有放弃。除了在生活和工作中照顾她以外，还时不时地请女孩吃饭，带她出去玩。三个月之后，他觉得女孩不再讨厌他的时候，勇敢地再次向女孩表白，他说：“你有权拒绝我的爱，但你不能蔑视我的爱，因为那是一颗真诚的为你跳动的心。”女孩沉默了，几分钟之后，她伸手拉住了男生的手。可见，男生在向女生表白的时候一定要真诚，所说的话要触动女孩的心。

那么，到底该怎么表白才能制胜呢？

1. 表白的时候一定要真诚

爱情是一件神圣的事情，在表白的时候一定要真诚一些。说话的时候距离不要太远，更主要的是要盯着对方的眼睛进行目光交流，女生也会在你的眼神中确定你是否真诚。往往真诚的表达会让女生的心受到震撼，即使拒绝你，也会关注和留意你。

2. 不妨把话说得浪漫一些

女孩子都比较喜欢浪漫，过于平淡的语言，往往引不起女生内心的涟漪，反而让她们觉得“没味道”，继而给你贴上“没劲”的标签。留下这样的印象之后再去追求，就难上加难了。因此，表白的时候不妨把话说得浪漫一些，从而打动女孩的心。

3. 一定要记得勇敢和积极

很多男孩子在表白的时候脸红心跳,害怕遭到拒绝而畏畏缩缩。这反而让女生瞧不起。作为男生,要有点勇气和胆量,大胆地向你喜欢的女生表白。你的主动积极和胆量往往也是女生考虑的因素。

口才心理:

心理学专家研究表明:对于求爱的被动方女生来说,当一个男生向她表白时,如果感觉不到对方是真心付出,一般都会拒绝。同时,男生的表达不能震撼她们的心,一样让她们内心感觉到不安全。对于男生来说,在表达的时候一定要真诚,要浪漫,更要有勇气,让女生有安全感。

用甜言蜜语增加爱情的温度

心理学家曾经做过这样一个心理学实验:找新婚不久就分开的两对爱人,让第一对每天彼此之间打好几个电话,告诉对方:“我想你了,我好爱你。”而却不让另外一对联系。一周之后,当两对爱人再次见面的时候,每天打电话,说甜言蜜语的两口子依旧如胶似漆,甜甜蜜蜜;而没有通过电话诉钟情的两个人只是客套性的彼此问个好。

同样是新婚的两口子,为什么第一对尽管分开一周了,依旧是如胶似漆,甜甜蜜蜜,而第二对却感情冷淡了很多呢?心理学家研究表明:爱情中的甜言蜜语会增加感情的浓度,男人说一些甜言蜜语会让妻子的心里觉得老公很爱自己;女人说一些好听的话,则让男人觉得女人心中有他。在这个过程中,甜言蜜语是“兴奋剂”,能不停地传达彼此的在乎和爱。基于男女之间的这种情感需要,在婚恋中的你不妨多说一些甜言蜜语,让你的另一半更加爱你。

小凯和雯雯已经结婚整整五年了,可是小两口看起来依旧如胶似漆,跟刚结婚一样。这天,小凯从外地出差回来,刚一回家,他就高呼道:“亲爱的,我回来了。”雯雯从屋里出来，跑过去紧紧地抱着老公，委屈地说：“你怎么才回来呢，你不知道人家多想你啊。”小凯紧紧地抱着妻子说：“老婆，我也好想好想你。”几分钟的温存之后，小凯神秘地说：“老婆，你看我给你带了什么东西。”说着，从口袋里拿出来了一个小盒子，雯雯抢过来看了，惊奇地说：“这么大一颗钻戒啊。”小凯亲了一下老婆，说：“为了买这个戒指，我专门开车去了趟 100 公里外的上海。”雯雯感动地说：“老公，我好爱你。”

小凯和雯雯的感情之所以这么好，正是因为他们经常说甜言蜜语，让感情保持足够的新鲜。心理学家研究表明：不管是男人还是女人，都喜欢听甜言蜜语，尤其是夫妻之间，一句“我爱你”、“我想你”往往能把情感推向情绪的最高点，两人因此而感觉幸福。一般情况下，爱意表达得越频繁，夫妻间的情感越浓烈。因此，对于步入婚姻中的男女来说，一定要学会说甜言蜜语，让你们的爱情永远保鲜。

在情场上，这样的例子非常多。男孩和女孩结婚刚刚两年，可是却经常争吵，有时候甚至会大打出手。男孩是个很懂事的小伙子，女孩也很贤惠，可是两个人在一起生活越来越没意思。女孩总是抱怨说，老公从来不懂得哄她，不懂得爱她。男人则说，女人从来也不认可他，甚至还嘲笑他。后来在居委会大妈的协调下，两口子都做了深刻的检讨。每天上下班，丈夫都会去拥抱妻子，节假日的时候会给妻子买礼物；而妻子呢，也开始赞美和欣赏老公了。于是，两人渐渐又恢复了往日的甜蜜和美好。可见，爱情里少不了甜言蜜语，如果缺失了，爱情会索然寡味。

那么，到底如何表达甜言蜜语呢？

1. 多说“我爱你”、“我想你”

有很多年轻人总觉得说“我爱你”、“我想你”的时候必须有这种心理情绪才合适，但是，人不可能每时每刻都有这样的情绪，而你的另一半却总是渴望你有。这时候不妨说个善意的“谎言”，把“我爱你”、“我想你”挂在嘴边，让你的另一半为此而高兴，而更加爱你和疼你。

2. 平日里多欣赏和赞美对方

事实上，不管是男人还是女人都希望能得到对方的喜欢和欣赏，赞美传达的就是认可和肯定。越是在乎的人,越是亲近的人,越希望得到对方的肯定。因而,作为夫妻,不要忘了及时地去赞美和欣赏你的另一半,而不是批评和挑刺。否则,两口子在争吵中得到的只能是痛苦,而不是幸福。

3. 在特殊节日里要真情表达

作为爱人,应对一些节日特别重视,如情人节、圣诞节等等。在这些节日里,男女都希望能跟自己的另一半一起度过。在一起过节的时候,不妨来点动情的表白,以拉近彼此之间感情的甜蜜程度。作为丈夫,你不妨表达对妻子照顾家庭的感激之情,而作为妻子要谢谢老公的包容和忍让等。

口才心理:

心理学专家研究表明:在爱情中,男人和女人是彼此需要,而又彼此付出,通常这是个互动的过程。一方付出得越多,才能激发另一半去付出。同样,在交谈中也是如此,一方多说甜言蜜语,另一方也会及时地跟进。这样,彼此之间的情感才会越来越甜蜜。如果恶性循环,情感会越来越枯竭。

男人猜透女人心,才能说对情话

心理学家研究表明,两性生活中存在着这样一些心理学的现象:在朋友聚会的时候,女友(或妻子)突然不高兴了,要么冲自己发火,要么选择突然离开。让男人丈二和尚摸不着头脑。因而,人们常说"女人心,海底针"、"女孩的心思你千万别猜"等。

女人的心思真的很复杂多变吗?到底是真的无理取闹,还是有一定的原因在里面呢?对于这个问题,心理学专家给出了解释:由于女性天性比较敏感,她们对于周围的任何不安全的信息都能有敏锐的感觉。比如,她们的妒忌心很强,多疑,而且对年龄问题比较忌讳,在社交当中出现的一些因素都会影响她们的情绪。由此可见,女人不高兴并不是真的没有原因,而是她们内心的不稳定因素在活动。基于这种心理，男人要察言观色，猜透女人的心思，巧妙地把她们哄高兴。

这天，依伦带着妻子去参加朋友的聚会。其中有两个高中的女生跟依伦的关系很好，见面了之后，他们多聊了几句，这让妻子的心里很不舒服。她坐了一会，突然站起来说："我要回去了。"说完，头也不回地走了。这让在场的朋友们多少有些尴尬。一开始，依伦非常纳闷，妻子为什么会突然离场呢？不经意间，他突然明白是怎么一回事了。于是他向朋友们谎称家里有事，离开了会场。回到家里之后，他看到妻子一个人坐在那里生闷气。于是他上前给了妻子一个拥抱，说："你啊，小心眼，她们早已经结婚了，而且孩子都上小学了。"妻子转过身来说："你是不是不爱我了啊？"依伦哭笑不得，他说："没有啊，好了，我以后保证不跟漂亮女生说话了，看都不看。"妻子脸上顿时露出了笑容。

依伦和漂亮的女同学说话，这让他的妻子感觉到很不舒服，进而突然离场。心理学家分析了这种现象：女人天生嫉妒和多疑，当她们看到丈夫跟别的女人一接触，她们内心就会感觉很不舒服，她们认为丈夫不理自己和别人交谈，那是对别人的兴趣超过了自己，自己没有吸引力了。再加上她们的多疑，胡乱猜测丈夫跟别人之间的交往，因而内心吃醋。由此可见，女人的心思并非难猜。作为男人，要多了解你的妻子，把话说得巧妙一些，让她们心花怒放。

在两性生活中这样的例子非常多。爱美和强子是在大学时期认识的。他们在一起整整有三年的时间了，可是最近却在闹别扭。原因很简单，那就是强子的一个非常要好的女性朋友来看望他了。而强子一点也没察觉，直到爱美不理他的第三天，强子才觉出爱美的不高兴来。于是他一个劲地追问爱美到底是怎么了，谁惹她生气了。面对强子的一再追问，爱美很烦恼。这天，他们大吵了一架之后，分手了。分手后，过了两个礼拜，强子才从爱美朋友的嘴里知道了原因。可是，这个时候爱美的心已经伤透了。可见，在两性生活中，女人不高兴自然会有理由，作为男人，一定要猜透她们的心，把她们哄高兴。

那么,在男女交往当中,男人究竟如何才能猜透女人心呢?如何才能做到巧说话呢?

1. 多从自己身上找问题

很多时候,女人不高兴是因为自己的男人引起的。比如,男人欺骗了女人,男人跟别的女人接触了等等。作为男人,一旦发现自己的女人不高兴的时候,第一时间应该在自己的身上找问题,然后对症下药,把女人心里的疙瘩解开。

2. 了解女人身边的朋友

女人除了家庭以外,也有自己的社交关系,说不准和朋友之间也有发生误会的时候。尤其是女人的嫉妒心很强,看到别人比自己优秀,也会引起她们内心的不悦。作为男人,要细心一些,多了解女人身边的朋友,及时地把女人不高兴的原因弄清楚。

3. 清楚女人生活的环境

女人平日里也会和朋友们一起聚会或者是购物等,中间说不定还会和别人发生矛盾和误会,这些都可能会让女人很不高兴。作为男人,要清楚女人去过的地方,接触过的人,甚至说过的话等,把女人内心的纠结弄清楚,然后适当地安慰女人。

口才心理:

心理学专家研究表明:在两性关系中,女人比较敏感,因而内心变化也比较复杂,时不时就会心情不好,甚至是发脾气。这是女人独特的生理和心理作用的结果。对于男人来说,要对女人仔细一些,认真一些,猜透女人的心思,然后解开她们内心的疙瘩,把她们哄高兴,这样才能让爱情更加甜蜜。

女人懂得赞美男人，才能捧到点上

心理学专家曾经做过这样一个心理学的实验：让两个男人去搬运货物，对第一个男人进行不断的催促，而对第二个男人进行了表扬和鼓励。结果，第一个男人尽管很卖力，但是用了很长的时间才搬完；而第二个男人看上去很轻松，但是很快就把货物搬完了。

为什么同样的两个男人，对一个用了催促，而对另外一个用的是鼓励和赞扬，最终的结果却大相径庭呢？心理学家分析了这种现象：男人都希望在女人眼里是勇敢的，是优秀的。为了获得女人的欣赏，男人会激发内在的潜质去努力，即使本身不优秀，也会越来越优秀。相反，催促则是对他的不信任，他们心里会产生抵触和对抗的情绪。基于男人的这种“面子心理”，作为女人，要时不时地对男人进行一些表扬和鼓励，让男人更加有信心，更加爱你。

恩其和大冰是刚结婚的两口子，两个人感情非常好。可是有一点让恩其非常的不满意，那就是大冰不会做饭，每天做饭的事都由她一个人承担。时间久了，恩其心里多多少少有些怨言。这天，恩其下班晚了，回到家之后，发现大冰做好了饭菜在等她。她感到非常的惊奇。尽管饭菜做的很难吃，但是恩其还是竖起了大拇指夸奖道：“老公，你真棒！”大冰惊喜地说：“老婆，真的吗？”恩其笑着说：“当然是真的，我什么时候骗过你啊。”大冰非常的高兴，从那之后，每天积极抢着做饭，做的饭也越来越好吃了。

对于大冰做的饭菜的难吃，恩其并没有指责和批评，而是及时地赞美和表扬了丈夫，结果大冰更加卖力了。心理学家分析说：男人都希望自己在女人眼里是优秀的，得到她们的夸奖无疑是得到了肯定和认可，也是对自己的一种奖励。为了得到更多的肯定，男人会表现得越来越优秀。可见，在男女相处的过程中，男人需要女人的夸奖，需要女人的赞美和鼓励，这样，他们会表现得更加优秀。

在两性生活中,这样的例子非常得多。男人从来不善于表达,这让女人很不开心。一次,男人给女人写了一封情书,尽管写得枯燥乏味,没有半点温暖,可是女人还是很惊喜。她对男人说:“真是太棒了,我看了你的情书之后感动得热泪盈眶,你的字写得很漂亮,文笔也很优秀,我好喜欢。”男人非常高兴,于是经常给女人写情书,后来男人的字越写越漂亮,文笔也越来越好。由此可见,女人的夸奖和赞美,对于男人来说就是最好的奖励。被女人欣赏,对于一个男人来说是最高的荣耀。

那么,对于女人来说,如何去说捧男人的话呢?

1. 多表扬男人取得的小进步

当一个男人在开始改变自己,取得一些小进步时,作为女人要及时地赞美和表扬男人,让男人觉得自己的进步获得了女人的欣赏。为此,男人会更加努力,让自己不断进步,让女人高兴,获得女人更多的认可和肯定。“你真棒”、“你真不错”这样的话要经常说。

2. 表扬男人的小缺点和小毛病

每个人都有缺点和毛病,对于男人的一些小缺点和小毛病,很多女人往往是指责和批评,试图让男人改变,而结果却事与愿违。事实上,与其和男人闹别扭,不如改批评为赞美,暗示男人,让他积极改变。男人觉得自己并没有女人说的那么好的时候,便会积极改变,让女人满意。

3. 要不断地发现男人的闪光点

俗话说:“生活不是缺少美,而是缺少发现。”对于男人来说,他们本身就有很多的优点值得赞美,可是由于没有凸显,所以女人看不见而忽略了。对于女人来说,要不断地发现男人的闪光点,及时地表扬和赞美,让男人不断建立起自信心,这样才能使得男人更加优秀。

口才心理:

心理学家研究表明:男人内心也有自我认可和自我肯定的机制。通常,女人的赞美和欣赏让男人觉得女人在欣赏他们,因而试图想表现得更加优秀，获得更多的认可，这样才能树立内心的自信心，增加安全感。男人觉得，一个女人欣赏自己才会和自己维持长远和恒久的稳定关系。因而，女人不妨多去赞美你的男人，让他足够优秀，足够爱你。

男人学点哄女人的技巧很有必要

在两性关系中，有这样的心理学现象：男女之间发生了矛盾和误会，彼此之间冷战不说话，男人只要给女人一个拥抱，或者说："好了，宝贝，别生气了，你看你一生气，多丑啊。"女人会迅速地破涕为笑，两人之间的矛盾和误会也会瞬间解开。

为什么男女之间发生误会之后，只要男人会哄，女人就会迅速地转变情绪，破涕为笑呢？在这里，心理学专家做出了这样的解释：女人是敏感的动物，情绪变化非常快。她们生气也不会真的记恨男人，而是希望能被男人宠，被男人爱。在她们不高兴或者是生气的时候，及时地哄一哄，则会让女人觉得这个男人真的在乎她，真的爱她。基于女人的这种心理，作为男人，要学会在适当的时候说好听的话哄女人开心，以此来增进彼此之间的情感。

俄国诗人普希金的长篇小说《叶甫盖尼・奥涅金》中，女主人公达吉雅娜是个朴素热情、富于幻想、热爱自然的姑娘，她见到男主人公奥涅金后就立即爱上了他，并大胆地写诗向他表白，诗中写道：

我知道，你是上帝派到我这里来的，
你是我终身的保护者……
你在我的梦里出现过，
虽然看不见，你在我面前是那么可亲……

达吉雅娜见到奥涅金，真可谓是一见钟情。平时人们所说的"一见钟情"的爱恋，是由双方的直觉感官产生的，是由对方的形象、印象引发的，如外貌、风度、言谈等等,男女双方的“情”就产生于“一见”之际。

达吉雅娜在见到奥涅金的时候,大胆地写诗向他表达,她的诗句,句句反映了达吉雅娜的心理,他让达吉雅娜心花怒放。奥涅金之所以能把女友哄得这么开心,完全是因为他让女友感觉到了炽热的爱恋和喜欢。对于一个女人来说,一个男人的真诚欣赏和喜欢往往能让她们产生无比愉悦的心情。被男人在乎和宠爱可以使女人放下一切的不愉悦。由此可见,男人要学会哄女人,才能把男女之间的情感增加到最高点。

在两性情感中,这样的例子非常多。小欣经朋友介绍认识了年轻有为的青年小栗。在一次约会中,小栗看到别的男人为女朋友买了点东西后两人很亲热,于是,他给小欣买了很多东西。小欣很感动,觉得小栗值得信赖。没过多久,小欣渐渐和小栗之间没有话说。不久,小欣便找了新男朋友,并成立了他们温馨的家庭。有朋友问起的时候,小欣说,小栗的确是一个好男人,懂得体贴别人,就是太稳重,不会说话,不会哄她开心,她感觉不到两个人在一起的那种温馨。可见,男人不会哄女人是不会得到女人的喜欢的,哪怕你再真诚也没用。

那么,对于男人来说,究竟要怎样哄女人呢?

1. 多说甜言蜜语

女人的虚荣心很强,喜欢听甜言蜜语。作为男人,要想让你们的情感不断增进,就要时不时地说一些甜言蜜语来把女人哄得心花怒放。比如,经常说“我爱你”、“我喜欢你”等话,尽管不一定当时真有这些情绪,但是却能让女人高兴一整天。

2. 要赞美女人的外表

对于女人来说,她们更在乎自己的外表,因此内心之中也对男人有这种期待。作为男人,一定要及时地赞美女人的外表。“你的眼睛真漂亮。”“你笑起来真好看。”你的赞美往往让女人更加自信,也愿意和你在一起,因为你懂得欣赏她的美。

3. 多说有安全感的话

当一个女人知道你喜欢她、爱她之后,也会在乎你;同时,也会产生不安全感。这样，作为男人，要适当地在她们面前说一些有安全感的话，让她们更加有信心来爱你。同时，她们也会打心眼里喜欢你。

口才心理：

心理学专家研究表明：在两性关系中，女人内心的情绪变化比较大。即使没有任何因素影响，她们也会渴望男人来逗她们开心。对于男人来说，要学会猜透女人的心思，及时地说一些让她们开心的话，从而让女人更加爱你。

女人的撒娇言语让感情如胶似漆

心理学家曾经做过这样一个心理学实验：女孩先后两次让男友为她买玩具，结果都遭到了男孩的反对。第一次被拒绝之后，女孩动之以情，晓之以理，好话说尽了，男孩就是不买账，最后两人大吵了一架。第二次，当女孩再次提出这个要求的时候，又遭到了男孩的拒绝，这一次，女孩没有讲道理，而是摇着男孩的手说："哎哟，亲爱的，你就满足我的这个小小要求吧，我真的太喜欢了。"说完，在男友的脸上亲了一下。男孩二话没说就答应了。

女孩前后两次提出了同样的要求，结果费了九牛二虎之力却实现不了的愿望，只撒了撒娇就轻松地俘获了男孩。这究竟是为什么呢？心理学专家做出了这样的解释：在男人的心里都觉得女人是乖巧的，是依附于自己的，因而要表现出对女人的"支配权"，这样，他们觉得维护了男人的尊严。女人要明白男人的这种"面子"心理，用迂回的方式来驾驭男人，而不是硬碰硬。事实上，撒娇也可以让感情更加甜蜜。

大夏和迦女是刚刚结婚的小两口。两人新婚燕尔，整天黏在一起。这天，迦女负责的工作出了问题，需要加班。等到晚上九点多了，她才突然想起大夏。等她火急火燎地赶回家之后,发现大夏一个人静静地坐在沙发上,神色沮丧。迦女轻轻地坐到了大夏的身边,可怜兮兮地摇了摇大夏的胳膊,叫道:“老公……”大夏瞪了她一眼,没有搭理她。迦女向前蹭了蹭,撒娇说:“老公……”不停地摇大夏的胳膊。此时大夏心里的气已经全消了,他张开大嘴瞪着可怜兮兮的迦女说:“你啊,我恨不得咬死你。”说完,摁住迦女挠起了痒痒。迦女一边咯咯大笑,一边大声喊道:“救命啊,非礼啊!”两人嘻嘻哈哈打闹在一起了。

迦女并没有用道歉来换取老公的原谅,而是采用撒娇的方式,柔化了大夏的心,让一段不愉快的别扭在她嗲声嗲气的撒娇声中化为乌有。心理学专家分析说:男人的心看起来很硬,其实他们要的只是“面子”,只要让他们感觉到女人很娇弱,需要他们的保护和包容,这样,在爱的女人面前,男人自我认定的责任和爱就体现了出来。由此可见,适度的撒撒娇可以柔化对方的心,化解矛盾和隔阂,从而增进感情。

在情场上,这样的例子非常多。雯雯和老公吵架了,两个人整整两天没说话了。说来也是雯雯的错,于是这天晚上,雯雯亲自给老公打来了洗脚水,老公看了一眼,没有搭理她。雯雯坐在了老公的身边,拽着老公的胳膊说:“老公……”老公望了她一眼,差一点笑出来。雯雯撒娇说:“笑什么嘛,人家可是很少这样的。”老公笑着说:“想不到你撒娇的样子蛮可爱的嘛。”说完,迅速地洗了脚,熄了灯。在情感中,撒娇比任何的借口和理由都管用,很多时候,是情感的柔化剂。

那么,在撒娇的时候要注意哪些方面的问题呢?

1.撒娇时要把情感拿捏好

婚恋中的男女双方,利用撒娇的心理来俘获对方的内心时,一定要注意拿捏好情感。如果情绪不到位而言语到位了,则会让人听着觉得滑稽可笑。反之,言语不到位,情绪到位了一样起不到相应的效果。在撒娇的时候,一定要拿捏好情感,拿捏好语言,这样才能起到软化对方内心的效果。

2.女人撒娇不妨嗲声嗲气

很多女孩子善于撒娇,尤其是面对自己的男朋友或者是老公的时候更

是如此。男人对女人有感情，往往经不住女人的撒娇，他们的心会迅速地被女人征服。而且，这样往往能激起男人的同情心和保护欲，增进双方情感。女人要想征服男人的心，就要在撒娇的时候嗲声嗲气一些，让男人那颗坚硬的心更酥软。

3. 撒娇时带点恭维和自贬

在撒娇的时候，不妨带点恭维，如果再来些自贬，这样形成鲜明的对比，让男人觉得自己很强，而爱人很弱。这样，男人的同情心和保护欲就会被成功地激发出来，女人的撒娇也能真正地柔化男人的心。否则，女人的表达只能是浪费表情，弄不好还会让男人对你产生厌恶。

口才心理：

心理学家研究表明：很多人说男人的心很硬，其实不然，在面对他们心爱的女人时，强硬只是装出来的。他们内心渴望的只是女人的“需要”，只要女人学会在男人面前示弱，维护男人的“面子”和“尊严”，就能很好地驾驭男人。驾驭男人之术，完全可以适当地撒撒娇，以四两拨千斤之势让男人的心为你而融化。千万不要和男人硬碰硬，你如果强硬，他们会比你更强硬。相反，这时候，如果你撒娇示弱，男人往往会原谅你，更加疼你、爱你。

多说让对方有安全感的语言

心理学家研究表明，生活中有这样一种心理学现象：男人总是对女人说：“我这辈子就爱你一个人”、“你是我今生的唯一。”这些话常常让女人非常感动，并能让女人对这个男人死心塌地。如果男人不说，女人就会没完没了地追问：“你到底爱不爱我？”

事实上，一个人一辈子不可能只喜欢一个人，可是为什么女人却总是喜欢听男人的谎言呢？心理学家解释了这种现象：在婚恋中，不管是男人还是女人都普遍缺乏安全感,总是在对方的不断表决心中来确定彼此之间的关系是否恒定。尽管他们也知道,对方的话可能是假的,可能是口是心非,但他们还是愿意相信。基于情场中的人们有这种普遍心理,那么在彼此相处的时候,就要学会及时地说一些有安全感的语言,让对方的心得到慰藉。

雯雯和靖宇是通过朋友介绍认识的。见面的那天晚上,两人有说有笑,并没有任何一点拘谨,气氛也很和谐,双方感觉都很好。没过多久,两人牵手,正式确定了恋爱关系。虽然两人一直在热恋中,但是靖宇却感觉不到一点儿幸福,他总是忧心忡忡,被别人伤害过之后,他不敢再放开手脚去爱,他怕对方突然间从他的身边离去。

但,雯雯也担心靖宇会离开她。因为靖宇不落俗套、才华横溢,身边总是有很多漂亮时尚的女孩子出现,其中不乏一些各方面条件比自己都优秀的人。为此,她也总是很担忧,担心某一天靖宇突然从她的身边消失。

尽管两人都在拼命努力,可是感情并没有增进多少。因为两人都缺乏安全感,不敢放手去爱,而把爱情当做模式或者是程序一样走完,以至于后来两人都厌倦了这种模式。他们都很迷茫:接下来怎么办?分手吧,有些不舍得,毕竟彼此爱着对方。可是继续呢,又觉得两人都小心谨慎,爱情没有意义。

雯雯和靖宇都很喜欢对方,但是由于缺乏安全感,所以不敢放手去爱,以至于让爱情完全变了味道,走到了十字路口,亮起了黄灯。究竟是该继续呢,还是该放弃呢?两人都很茫然。心理学家说:事实上,他们只是缺乏对彼此的信任,对自己产生怀疑,对别人产生怀疑,对爱情产生怀疑。安全感是爱情保鲜的防护墙,因为生活的变数实在太大,爱得深了,会伤害自己。缺乏安全感,爱情便索然寡味了。可见,在爱情中,需要爱人多说一点有安全感的语言,鼓励对方放手去爱。

在生活中,这样的例子非常多。娜娜和小鹏相爱已经有三年的时间了,三年中他们吵过,闹过,也分过手,可是始终在一起坚持。可是最近两人却分道扬镳了。不是因为别的原因,是因为娜娜的一个同事在追求她,这让小鹏非常不舒服,他不让娜娜和对方接触,可是娜娜还是经常和对方有电话联

系，有时候还赴约。这让小鹏受不了，最终提出了分手的要求。事实上，娜娜和对方也没有怎么着，可是对于小鹏来说，总是不放心，总是没有安全感。可见，作为恋人，一定要在对方面前多说有安全感的话，让对方对你有足够的信心。

那么，如何表达才算是有安全感的语言呢？

1. 常表达"你是我的唯一"

由于爱情的唯一性和排他性，在情场中的人都希望自己是对方的唯一。但是，这或许是自己的一厢情愿罢了，对方未必会这么认为。因此，对对方的怀疑，常常让恋爱中的人感到不安全。因而，需要我们在爱人的面前时不时地表表忠心，这在一定程度上能促进爱情的甜蜜。

2. 不要提及关系密切的异性

在情爱中，另一半身边的异性无疑是你潜在的危险。因此，在和爱人聊天的时候，最好也少提你身边的异性，否则会增加对方内心的不安全感。当然，多谈一些同性朋友，则能增加伴侣内心的安全感。让他（她）觉得你是处于一个绝对安全的环境中，分手或者是离婚的影响因素就会少了很多。

3. 要诚实些，轻易不要撒谎

爱人之间要互相坦诚，这样能增加彼此之间的信任程度。当然，最好不要随便对对方撒谎，因为这样会减低你所说的话的可信度，增加另一半内心的不安全感。即使不得已撒了谎，事后也要主动沟通，避免彼此之间因为不信任而互相猜忌。事实上，撒谎无益于感情的增进，相反会降低情感的质量。

口才心理：

人有"多疑"的心理，事实上是内心之中极度缺乏安全感的表现。尤其是恋人之间，这种安全感的需要更为强烈。如果在对方身上得不到确认，心里就会产生恐慌，甚至会影响彼此之间的关系。对于处于情感关系中的男女，一定要及时地向你的爱人传达让他（她）感到安全的语言，这样才能让你们的情感更稳固。

第9章

纵横商场，剖析他人深意自有妙语

人们常说，商场如战场。然而在这场战争中，语言才是真正强有力的武器。但有些人却说："我不会说话。"这种观点是错误的，除了有语言障碍的哑巴都会说话，只不过看你说的是不是能起到作用，能不能说到对方心里去。而如果我们能掌握对方心理，说出能让对方产生积极心理作用的话，那么，就能掌握交易中的主动权，形成心理优势，让对方无力还击，进而促成有利于我们的交易。

用寒暄言语消除双方的陌生感

俗话说:"话要开好头,事要收好尾。"说好一句话的方法很多、花样各异,寒暄便是其中之一。作为现代商业活动中的成员,我们在与陌生的商业合作者或者客户交流前,能否做好开场工作,几乎可以决定我们的整个商业活动的成败。因为初次见面的时候,人们一般都有戒心,对他人有一种自然的防备心理。为了打破相互之间的隔膜,我们不妨与对方寒暄一番,迅速拉近彼此间的距离,尽可能与对方实现沟通和交流。日本著名的寿险推销员原一平曾经也说过:"寒暄是建立人际关系的基石,也是向对方表示关怀的一种行为。寒暄内容与方法得当与否,往往是一个人人际关系好坏的关键,所以要特别重视。"

被美国人誉为"销售大王"的霍伊拉先生曾经有过这样一次销售经历:

一次,他听说著名的梅依百货公司需要打一则很大的广告,并且经费很可观,于是,他便决定将这笔生意揽到自己手中。为此,他开始寻找各种能获得这笔生意的方法。然而,他首先做的就是,想方设法了解该公司总经理的专长爱好。经过了解,他得知,这位总经理会驾驶飞机,并以此为乐趣。

于是,霍伊拉在获得了与总经理见面的机会后,在彼此相互介绍后,他不失时机地问道:"听说您会驾驶飞机,您是在哪儿学的?"这一句话挑起了总经理的兴致,他谈兴大发,兴致勃勃地谈起了他的飞机和他学习驾驶的经历。

结果,霍伊拉不仅得到了广告代理权,还荣幸地乘坐了一回总经理亲自驾驶的专机。

案例中,霍伊拉先生之所以能成功拿到这笔大单子,可以说,完全得益于他一句恰到好处的寒暄。从对方感兴趣的话题寒暄,能激发对方继续谈下去的欲望。这样,即使是陌生人之间,也能迅速让感情升温,产生一种亲近感。

英国著名作家托马斯·卡莱尔曾说："礼貌比法律更强有力。"寒暄其实就是一种礼貌，这是我们在商业交涉中接触到的一个比较重要的问题。商业活动中，与人接触一般都是从寒暄开始的，然后慢慢寻找切入点，这也是双方交往的一个正常的程序。如果在与对方接触时，在本该与对方寒暄几句的时刻，反而一言不发，或者直奔主题，则是极其无礼而冒失的。

那么，具体来说，商业活动中，有哪些寒暄的方式呢？

1. 问候式

常见的问候式寒暄有："您好！""早上好！""节日快乐！"等。具体来说，我们要根据不同的交谈环境、时间、交谈对象等，采取不同的问候方式。另外，近些年来，随着国际化的深入，也开始流行一些欧美的问候方式。

2. 攀亲认故

这种寒暄的方式需要我们与交谈对方有共同的亲近点，并以此为契机进行发挥性问候，以达到与对方顺利接近的目的。

可能你会产生这样的疑惑：如何找到这一共同的亲近点呢？其实，只要我们留心，就不难发现与对方有着这样或那样的共同点，比如，"同乡"、"共同喜欢的地方"、"母校"等就是与对方攀认的契机，就能与对方"沾亲带故"。比如，"大家是天津人，我母亲出生在天津，说起来，我们算是半个老乡了。""大家都是昆明人，我也算是昆明人。我在昆明读了四年书，昆明可以说是我的第二故乡了。"

另外，如果我们想更好地利用这一点攀亲认故，最好要先对我们进行交流的对方进行一番了解。并且，在交往中，要善于发掘双方的共同点，从感情上靠拢对方。当然这也需要我们必须要有很宽广的兴趣爱好以及很广的知识面。

3. 触景生情

这种寒暄的方式要求我们根据具体的交谈环境、场景，即兴联想到问候的话语。比如，如果我们正在拜访一位客户，客户正在进行的工作、客户办公室的布置、客户的衣着等，这些都可以作为寒暄的话题。

比如:“王经理,原来你也喜欢兰花啊……”

4.赞美式

每个人都希望得到他人的肯定和欣赏,即使是我们不了解的陌生人的赞美。因此,商务活动中,我们可以抓住对方的这一心理,在交谈前先做好准备,了解对方的优点,适时地夸奖对方,如“我听过您作的报告”、“早就听说过您的大名”、“我拜读过您的大作”等。寒暄中,适时的赞美固然很重要,但千万不要过度赞美,过分就会显得虚假。

总之,寒暄能起到一定的促进交谈的作用,但寒暄同时也是一门学问,是需要积累和学习的。我们不妨在这方面多下功夫,多运用就会得心应手,就能在任何场合都可以做到处乱不惊,游刃有余。

口才心理:

在“寒暄”这个词中,“寒”是寒冷的意思,“暄”是温暖的意思,合起来,就是问寒问暖。而在商务活动中的寒暄不是最终目的,寒暄主要是为了缓和气氛,拉近彼此心中的距离,解除对方的警戒心理,为接下来的交谈打下良好的基础,以利于慢慢建立一种友好的合作关系。

用真诚言语让对方感知你对信誉的重视

现代社会,人们做生意最看重的就是信誉。一位商界的西点人士曾这样说:“美国前五百大企业是教给人伦理,而西点是教给人品德。”的确,信任的达成是生意成功最为关键的一步。而通常情况下,人们对那些说话言辞中肯、措辞严谨的人更容易产生信任感。因为语言是思想的外衣,一个人是否沉稳,是否值得人相信,是可以通过语言来观察的。所以,我们与人做生意,一定要使用稳当、富有真情的言词交谈,绝不用那些模棱两可的词。这样,才能有效表达我们的真诚,降低对方的疑虑。

很多年前，松下电器公司并没有现在的规模，而只是一间乡下的小工厂。那时候，作为工厂的领导者，松下幸之助总是亲自出门推销产品。每次在碰到砍价高手时，他总是真诚地说："我的工厂是家小厂。炎炎夏日，工人们在炽热的铁板上加工制作产品。大家汗流浃背，却依旧努力工作，好不容易才制造出了这些产品，依照正常的利润计算方法，应该是每件××元承购。"

听了这样的话，对方总是开怀大笑，说："很多卖方在讨价还价的时候，总是说出种种不同的理由，但是你说的很不一样，句句都很诚恳。好吧，我就按你开出的价格买下来好了。"

可以说，松下幸之助的成功就在于他真诚的说话态度、朴素的语言。在他简短、毫不修饰的几句话中，为客户展示了工厂工人工作的艰辛、自己创业的艰难。正因为这几句话，唤起了对方切肤之感和深切的同情。正是他的真诚，才换来了对方真诚的合作。

由此可见，真诚的语言，不论是对说话者还是对听话者来说都至关重要。说话的魅力，不在于说得多么流畅，多么滔滔不绝，而在于是否善于表达真诚。最能推销产品的人，不见得一定是口若悬河的人，而是善于表达自己真诚情感的人。

那么，从这个角度看，商务活动中的谈生意，我们该如何表达才能表现出真诚，让对方对我们产生信任感呢?

1. 语言流畅

语无伦次、前后矛盾、结结巴巴、吞吞吐吐是沟通的大忌，在谈生意时，我们一定要克服这种情况。应该掌握清晰、流利的说话技能，同时做到表述连贯，逻辑合理，前后衔接，将原因结果叙述清楚。否则，对方不仅会轻视你，还会怀疑你说话的真实性。需要注意的是，语言流畅并不是要滔滔不绝地说个不停，那样反而会带来负面作用。

2. 陈述简洁，不可啰嗦

简洁的语言最容易让人理解，也最能让人信任，所以要求陈述简洁是我们谈生意过程中对语言的第一要求。

所以,与对方谈生意,要想获得对方的信任,就不要说话啰嗦,而应该尽可能在较短的时间内,简单明了、干净利落地把比较重要的信息传达给对方。

3. 表述准确,说话要有条理、有重点

我们都知道,谈生意的最终目的是为了达成令双方意见一致的买卖协议。因此,我们在与对方沟通的时候,不要一味空谈。要知道,对方在面对你时本来就抱着对待陌生人甚至是利益对立的态度,如果你说话总是进入不了主题,不仅耽搁了双方的时间,还容易让对方产生不耐烦的情绪,导致交易的失败。说话有重点,才会让人觉得你办事有效率,精明、干练,是值得信赖的对象。

当然,在沟通中,不同阶段的沟通重点是不一样的,我们要根据具体情况把重要的信息分成几次陈述,这样才能保证对方正确理解陈述的内容。另外,表述时,我们要发音清晰,音量适中,用词尽量准确。

另外,准确、中肯的表述还需要在说话时有条有理。说话有条理才会让人觉得言之有物,有重点可言。有的人在说话时东拉西扯,颠三倒四,对方听了半天,也觉得一头雾水,失去了继续交谈的兴趣。说话有条理和有重点是相辅相成的,二者缺一不可。只有条理性才能突出说话的重点,也只有说话有重点才能让人觉得这人说话有条有理。

比如,商务谈判中,假如我们是要卖产品,就免不了要介绍产品,这时,就要在抓住重点后逐一地分条列举,还要围绕某一点做出相关阐述,讲明以后,再解说下一条。这样一来,对方在听你说话时就会觉得你说话有条理性,容易听明白,能让客户对产品本身有深刻的了解,从而促成销售的成功达成。

口才心理:

真正能打动人心的话语,才称得上是有效的,而只有能表达真挚的感情的语言,才能打动人心。同样,与人合作、做生意,信誉就是生命。与人谈生意时,如果你能用得体的语言表达你的真诚,你就能很容易赢得对方的信任，与对方建立起信赖关系，对方也可能因此喜欢你说的话，并愿意与你合作。

抛出打动人的利益，让对方欣然就范

任何一场商业交涉活动，双方都会竭尽全力维护自己的利益。通常交涉的关键也最容易将谈判的焦点集中在价格上。例如，作为卖方，必当想方设法抬高产品的价值，提高报价；而买主也不会示弱，他们总是能挑出产品的不足，还会不断地压价。而双方势必都会找出无数的理由来支持自己的报价，而最终的结果不是陷入僵局，就是一方不得不做出让步，或双方经过漫长的谈判，各自都进行了让步，从而达成了一个中间价。这是最为常见的一种结果。

但是，如果在商业活动中，大家都遵循这样的交涉原则与技巧，往往会使得彼此间的交谈陷入一种误区。这种传统的坚持立场而非利益的交涉方式常常会导致双方不欢而散，以至破坏了双方今后的进一步合作。

此时，我们就应该抓住对方的心理，从对方所渴求的利益说起，或许有截然不同的效果。

我们来看看下面一段谈判对话：

客户："我还是觉得W公司的产品比较好，更符合我们的要求，而且，他们的价格比你们的价格便宜。"

销售方："不错，我们承认，他们的产品价格要低一些，而且，他们的设备也不错，但实际上，还是我们的产品更适合贵公司的生产情况。可能您会问为什么？首先，每年贵公司的维修费都是一笔巨大的开支，产品的使用寿命是贵公司需要考虑的关键问题，再加上贵公司的生产方式需要一种高性能、高效率的设备，而且需要考虑设备长久的资源利用率，我们公司的产品刚好可以与贵公司的旧设备共同作业。您觉得呢？"

客户："可是，我还是觉得他们的产品的性价比高一些。"

销售方："他们的产品质量确实不错。这是一份产品的故障调查报告，我们的设备故障率只有1.2%，不知道对方有没有这样一份故障调查报告。据我所知，他们的故障率一直都是在5%左右。这样算下来，贵厂将会为此多付出几万块。"

在这段谈话中，作为销售方的谈判者，就是从客户最关心的利益出发，让客户明白：如果购买了另外一家公司的产品，会带来利益上的多大损失，然后说出自己产品的优势。这样，在对比之后，客户必然会做出正确的选择。

商务交涉过程中，当一方的需求与另一方的实际情况得到有机的结合之后，那么，作为卖方，必当会得到几个利益点，而这些利益点能否成为现实，就要看你为对方提供的条件是否足够诱人，因为只有诱人的利益才能够事半功倍地打动对方。

那么，我们该如何通过语言描述，为对方展示诱人的利益，从而使对方就范呢？

1."投入比例小"利益法

如果我们希望对方以某个条件答应成交，那么，我们就需要让对方觉得，以这样的条件达成共识是可取的。比如，在商务谈判中，我们可以利用产品价格对比法，也就是销售人员用所推销的产品与同类产品进行比较，用较高的同类产品价格与所谈的产品价格作对比，从而让客户明显感觉便宜的那种产品。很明显，所谈的产品价格就显得低了些。但运用这一策略时，我们手中至少要掌握一种较高价格的同类产品，当然，掌握得越多越好，这样，才更有可比性。

2. 为顾客计算性价比

受很多因素的影响，当今社会，很多消费者在购买东西的时候，更能着眼于产品的性价比来决定是否购买。性价比已经成为越来越多的客户购买商品时考虑的重要因素，无论商品价格高低，顾客们都希望通过衡量商品的质量、价格、功能等来考虑商品的性价比。但并不是所有客户对自己所要购买的产品都有足够的了解，很多时候，由于客户对产品的认识受到很多因素的制约，例如对商品的性能不够清楚，忽视了一些重要的细节等等，也就可能对所购商品的价格提出质疑。

所以作为销售员，想要尽快消除客户的错误理解，就要准确及时地传达给客户与商品质量相关的信息，尽量让客户全面地了解商品质量，并以此为客户计算出性价比，让客户一目了然地看到商品的质量与价钱之间的内在关系，消除其有关价格的质疑。

总之，要使对方接受我们的交涉意见，我们就要明确地表达出某种诱人的利益。当然这种利益绝对不能是子虚乌有的，否则就会适得其反，你苦心经营的“大厦”瞬间倾塌。

口才心理：

是否能攻心，是商务交涉活动中的关键因素。而争取最大的利益就是对方的内心需求。事实上，利益也是他的死穴。如果你能攻进他的死穴，展示令人垂涎的利益，就能让对方心服口服。而只靠声音大或死缠烂打的诡辩，根本不算是“说话高手”或“谈判高手”。

用暖心的言语打动客户，成交轻松完成

有人说商场如战场，商场竞争之激烈不得不让我们认真对待每一笔生意。在促使客户成交这一问题上，很多时候，我们都会用尽各种办法让对方相信我们比其他对手更有优势，最常使用并且效果最佳的方法就是给对方施加压力。比如，我们会搬出竞争对手，在事前对竞争者前进行充分的调查，谈判时突然拿出数十张数据资料使客户信以为真并让他接受谈判条件。

但事实上，无论是何种较量，“用刑”不如“用情”，用情说话，会更容易打动对方，让对方臣服于我们的真情实意，销售结果自然会有利于我们。人都

是感情的动物,客户也不例外,也会“感情用事”,即使谈话过程中涉及利益问题,对方也可能会因为“情”做出“有失偏颇”的决定。

实际上,即使在现代产品营销中,随着消费品市场的扩大和客户对产品认识的提高,客户逐渐变得更加理性,不再轻易为了商家的促销活动而冲动购买,他们更需要一种亲情式的服务。但就在这种情况下,还是有很多客户会为了那些简单直白的销售而感动。原因在哪?就在于销售过程中这些销售工作者抓住了客户的心。

在日本,上午,家庭主妇多忙于打扫与洗衣服,这时候,她们多半不欢迎推销员,而有空闲应付推销员的时间大约是下午四点钟,然而这时正是婴儿午睡的时间。

大吉保险公司的川木先生只要看到某户人家晒着尿布,就不会轻易按门铃,只是轻轻敲门,以示访问之意。当主妇前来开门时,他会用最小的声音向一脸狐疑的母亲说:“宝宝正在睡午觉吧?我是大吉保险公司的川木先生,请多指教。四点多的时候,我会再来拜访一次。”

任何母亲对这种细心的考虑都充满感激,不是立即邀请他进来坐,便是在他重新来访时面带笑容地迎接他。反之,如果大摇大摆地冲进去,结果只会被对方撵出去。

可见,用情感打动客户,还需要我们懂得从客户的角度,说出最让客户感动的话。比如,在客户最无助的时候及时出现并说出安慰的话,关心客户最关心的人,多考虑客户的利益等,让客户真正感受到我们送去的温暖,也自然愿意对我们打开心扉!

在生活中,我们可以承受严厉的斥责,却难以抵抗温柔的劝说;我们在强硬的态度面前往往会不屈不挠,丝毫不为所动,而在和颜悦色的劝说下,却能够网开一面,做出让步。那么,具体来说,我们该如何运用柔情的语言打动客户呢?

1.不要急于谈生意

客户也是人,也会受情感的左右。所以,在接近客户之初,不要急于谈生意,先与客户寻找共同感兴趣的话题,这样,在不做生意只谈友情的前提之下，和客户取得了心灵的共通，博得了相互之间的认同。“先做朋友，后做生意”，既然是客户的朋友了，对于客户来说，跟自己熟悉的朋友合作，自然要比跟陌生的人合作更加放心了。只要做成了朋友，那么你的单子自然很快就签下来了。

2. 考虑客户的利益，从客户的角度说话

我们在与准客户沟通的时候，要多站在客户角度想想，考虑一下客户的利益以及客户的想法，多倾听他们的想法。可能客户一次两次还不能接受你，只要我们是真诚的，我想第三次就能打动他了，真心付出总会有收获的。

3. 在销售语言中加入你的热忱

客户总是喜欢和热情、开朗的销售员谈生意，因为客户总是会把热情和人的其他一些品质联系在一起，比如真诚、善良等，而重要的是，他们以为拥有热忱态度的销售员总是能带给他们快乐的感受和周到的服务。而同时，热忱的态度是一个优秀的销售员不可或缺的素质。可以这么说，如果没有热忱的态度，销售成功的概率也就十分渺茫了。

4. 说话要有耐心

无论多么简单的交易，我们都要充满耐心，即使是一个很小的环节。人们经常因为没有花时间系统地质疑自己的先入之见，或者考虑清楚交易的原因，而身陷糟糕的交易中。心理学家把这种急切的心态称为“确认陷阱”——他们没有去寻找支持自己想法的证据，同时又忽视了那些能证明相反意见的证据。

因此，在和客户说话的时候，我们说话越是有耐心，他们越是能看出我们的素质和修养，也自然愿意与我们合作。

口才心理：

“动人心者，莫先乎情”，尽管销售员和客户之间存在着利益关系，但这种利益关系并不是赤裸裸的金钱交易，其中还包含着人与人之间的温暖和真情。因此与冷冰冰的销售言辞来相比，热情、充满关爱的关怀有时更容易打动一些感性的客户。因此，在与客户打交道的过程中，与其煞费苦心地劝说客户购买产品，倒不如用温情打动客户。

用合理的铺垫消除对方的疑虑

在现代商业活动中，无论是寻找合作伙伴，还是洽谈业务，我们免不了要与形形色色的人打交道。有的人在参与这些活动时，有着明确的目的，可以说是直奔主题，这对于我们来说，倒也是很轻松，但大多数人却是疑虑重重。比如，有的客户在购买产品的时候，就有怕贵，怕假，怕不适合，怕“花钱不识字”的心理；还有一些合作者，总是怕被骗，怕损失等，这种情况该如何解决？其实，聪明的人并不会从正面劝说，而是运用语言的艺术，合理铺垫，让对方自己得出结论。因为从心理学的角度看，人们更愿意相信自己推理得出的结论，而对于他人一味的劝解，则会加深疑虑。

下面是一位保险销售人员和客户之间的对话：

客户：“上次那个销售人员叫我附加个什么医疗保险，说一天可以领多少多少，结果还领不到1 / 3，那都是骗人的！”

销售人员：“请问您是不是有劳保？”

客户：“有啊！”

销售人员：“那么当初那个推销员有没有告诉您，必须先扣除劳保支出的部分，再实支实付？”

客户：“这个……”

销售人员：“我想可能是他忘记讲了或是解说得不够详细。其实，保险是不会骗人的，只不过有很多契约条款我们都没有注意到。就好比说，骨折时我们都喜欢找中医贴膏药而不愿看西医上石膏，但万一所找的不是有中医师执照的中医，往往就得不偿失。”

客户：“原来是这样啊！”

销售人员：“这些在契约条款上都有明文记载，同时也具有法律约束力，只要合乎规定，保险公司一定会依法行事的！”

这则案例中，这位销售人员就是机智的，在明白客户疑虑的症结之后，他并没有直接为自己的销售工作辩解，而是先在客户现有认知的基础上，提出一个疑问，然后让客户主动承认是误会，从而重新接纳了他。可见，这位销售员在处理这类问题上是很独到的。

在实际的商务活动中，可能很多人都遇到过这样的问题，与我们交涉的对方，似乎总是疑心重重，我们说的任何一句话，都会让对方忖度半天，即使我们已经确认了多次，他们还是以审视的眼光回应我们。这种情况，常常使我们束手无策。

而其实，只要我们从对方的角度出发，并设置语言铺垫，让对方自己得出推翻他们内心疑虑的结论，必当是能让交涉顺利进行的。具体来说，我们可以这样说：

1. 巧用问句，探查疑虑存在的原因

一位销售人员试图将一台新复印机推荐给客户。客户看起来也很有兴趣，但是他说要考虑一下。

“好极了！想考虑一下就表示您有兴趣，对不对呢？”

客户：“你说得对，我们确实有兴趣，我们会考虑一下的。”

销售员：“先生，既然您真的有兴趣，那么我可以假设您会很认真地考虑我们的产品，对吗？”

此处，销售员的这种问法就能问清楚客户疑虑的原因。销售员还可以尝试着这样继续问下去：“先生，有没有可能会是钱的问题呢？”如果对方确定真的是钱的问题，销售人员已经打破了“我会考虑一下”的说法，而此时如果销售人员能处理得很好，就能把生意做成。

2. 铁证如山，打消对方的顾虑

客户：我觉得你们的产品还是比较符合我们的要求的，但我还是比较担心产品质量。以这样的质量，应该不值这个价吧？

销售方：我知道您的顾虑，但您大可以放心，国家质检部门已经做过多次检验了，我们所有产品的合格率都在95%以上。而且这种型号的设备质量比其他的都好,它的合格率达到了98%,而其他公司的产品才达到85%的合格率。

客户:你说的是真的?

销售方:是的,您看,这是我们产品的合格证、质检部门的检测报告……

客户:是这样啊。

销售方:目前这款产品的销售情况非常好,全国一百多个城市都有我们的销售点了,而最重要的是,直到现在我们仍然没有接到任何关于这款设备的退货要求。所以,你大可放心。

这里,作为销售方的谈判者,就是抓住了客户担心产品质量的心理,从事实出发,从而打消了客户的这种想法,最终让客户觉得购买该产品物有所值。

因此,当对方用别人的优势来表达自己的反对意见时,你就要根据自己所掌握的产品知识和同行业相关知识,了解对方的心理需求和对商品的信息掌握程度,并在此基础上向对方罗列出你所销售的商品优势在哪里,引导对方改变关注点。特别是对于那些竞争对手所没有的独特优势,你就更需要重点说明。

口才心理:

任何商务交涉活动都可能存在问题,对方心有疑虑实属情理之中。对此,我们需要保持冷静平和的心态,真正了解对方内心所想,并巧妙地进行语言铺垫,让客户自己得出结论,这才是销售能否取得成功的关键。

面对推脱,不妨学点化解的语言策略

商务活动中的交涉,买卖双方一拍即合的情况是很少见的;多数情况是客户先拒绝,作为卖方的我们再解释说明,如此不断反复才能最终达成交易。可以说，被拒绝在交易过程中是很普遍的事情。做生意就是从拒绝开始的，而如何化解客户的拒绝才是关乎生意成败的关键。

可能你会经常听到客户这样说：“预算不够！”“我们已经从其他商家那里购买了”等，情况确实如此吗？这是借口，还是谎言？如果是谎言，又该怎么化解？事实上，很多时候，对方看似言之凿凿的理由，多半是推脱的借口而已。对此，我们只有从对方的心理角度出发，找到化解对方推脱的语言策略，是可以促成合作的。

小王作为公司代表与一家大型公司就购买连接器的问题进行洽谈，当他介绍完自己公司的品牌以后，客户问起了产品的制造厂商，然后说：“谢谢你，辛苦了。不过很抱歉，前几天已经买过了。很对不起，我不能向你买，因为制造工厂有我的朋友在那里，不找我的朋友买好像说不过去。而最重要的是，人家是大公司，我还是相信大公司的产品。”

“是这样啊。您跟××公司的王先生是朋友啊？××电器公司的产品在这一行是数一数二的，信誉卓著。不过我们公司出的产品也不落人后，请您看一看吧！我们这个连接器保证绝不输于××电器公司的连接器，我知道贵公司一向都是使用高级产品的，最合适不过了。为了求得进步，您采用我们公司产品试试，也不会对不起朋友的公司呀！是吧？”

那客户说：“好吧！那就用一次试试看。”

客户拒绝我们，往往会找到很多借口。针对客户的这些借口，往往会使得我们束手无策，最终也只能知难而退，放弃产品的销售。其实，是否能用正确的技巧回应客户的拒绝，恰恰体现了我们的语言水平。而要化解客户的拒绝，就必须要求我们把话说到客户心坎上去。

那些经验丰富的商业人士，由于有深刻的洞察力，往往能准确地把握对方拒绝的真实心理，然后再通过实施技巧性的语言策略，成功扭转局势，促成合作。一般来说，对方常常使用的借口有两种，我们可以根据不同的情景，用不同的方式回应。

1.“我已经从朋友那里购买了。”

的确，面对这种情况，缺乏应对经验的人会感到棘手。其实，大可不必这样，应该向对方核实事实，然后采取相应的对策解决这一难题。你可以这样回答：

“是吗？很好，能从朋友那里购买，肯定是信得过的产品，你们一定关系很不错吧！”（稍微停顿一下）对于这样的回答，可能有些善于言论的人会从容应付过去，但一般对方会这样说：“哦！大概是这样子的吧！好多年了！”或者说：“叫我怎么说呢？”或者说：“你管太多了！我的朋友与你有什么关系啊！”

这样，我们就能看出对方只不过是在找拒绝的托词。此刻，你可以说：“这个请您做参考好吗？”一边拿出产品说明书、图样来给他看，或一边操作示范机器；同时劝导对方买下来，但他如果一点儿也没有改变心意的意思，我们就必须想办法游说，或作个长期计划，先慢慢成为对方的朋友，再逐步进行推销事宜。

2.“我一直在××那里购买，我没打算更换供应商。”

如果对方这样回答，你可能认为这一瓶颈根本无法突破，事实上并不是这样。因为，虽然对方对目前的供货商很满意，但这并不代表供应商的产品和服务是最好的。此时，如果你能让对方继续说下去的话，其实也很容易找到机会，找到突破口。

然而，任何问题的出现都是有理由的，对方满意现在的供应商，说明一个问题：此供应商的产品质量和服务态度都让他满意，这就是为什么对方与供应商合作这么长时间的原因，而这也是他为什么拒绝你的原因。找出这一问题，我们也就能逐步解决这一难题了。

我们在了解了这些原因之后就应该采取以下语言策略：

（1）提出专业性的建议。这些建议必须是中肯的，例如，你可以说：“王总，你也知道销售行业竞争是多么激烈，有竞争就有比较，有比较就会产生差别，就比如供货商，即使我们现在的供货商已经合作了很多年，但我们还是需要另外一家供应商当做参考，以保证自己得到的是最合理的价格、最好的产品。”

（2）问清对方选择的原因：“您用什么标准来衡量您的供应商？”

(3)激将与劝导双管齐下:“刘董事长，作为一名企业家，我想您应该积极寻找为公司节约成本的办法。”

(4)让客户了解产品的优势。比如，你可以为对方算一笔经济账:“张经理，您可能也知道，我们这份报纸在全国的发行量都是相当大的，因此贵些。可是如果您在其他小报上做几个广告，这些小报合起来的发行量还不如我们一家报社，费用却高多了，您说是吧?”

口才心理：

商务活动中，被拒绝是正常的事。对于拒绝，我们应调整好自己的心态，不要因为对方一次的拒绝而退缩，要自信、真诚地向对方讲解，找到对方拒绝的原因，解开心结，最终达成交易。

看懂人心，适当用点以退为进的语言策略

在商务活动过程中，在准确理解对方利益的前提下，努力寻求双方各种互利的解决方案是一种通过正常渠道达成协议的方式。但在解决一些棘手的利益冲突问题时，如双方就某一个利益问题争执不下，就应该采取以退为进的策略。例如，在国际贸易中的交货期长短问题，最终的价格条款的谈判问题等，此时，作为代表一方利益的代表者，如果你死守自己的立场，不肯退步的话，那么，你迎来的不是交易的失败就是僵局。

一般来说，人们在交易中，都不太敢用“退”要挟对方，生怕谈崩了弄得鸡飞蛋打。而那些有经验的人都会“不择手段”地揣摸对方的真实意图，摸清了对方底细，然后再大胆地采用以退为进的语言计谋，那么，交易的达成也就变得顺利得多!

小杨是一家电子公司的销售经理。几天前，他曾代表公司和另外一家公司的采购部主任进行过洽谈，客户对他们公司的商品很感兴趣。这天，他

第二次拜访这位客户,想敲定这趟生意。在经过一番寒暄之后,双方谈到了价格问题。

销售方:“您觉得还有什么问题吗?”

客户:“你们的产品质量的确不错,不过我还是觉得贵了点。如果能再优惠一些我会考虑的。”

销售方:“这样,每件电子配件我们再降10元,这个价格已经很低了,不能再降了。”

客户:“这个价格也不低啊,能再降一些吗?”

销售方:“这样,我们电子配件单价的降价范围是不能超过20元的。说实话,对于那些合作多年的老客户,我们也始终没有超过这个范围。如果您真的想要我们公司的产品,我就给您个特惠价,每件电子配件我们给您降20元,就权当您是我们的老客户了,您看怎么样?”

客户:“哦,那好,就这样吧。”

交易过程中,无疑会碰到讨价还价的事,让步也不足为奇,适当的让步有助于缓和紧张的销售氛围。可以说,案例中的销售经理小杨让步的策略就是正确的,寥寥数语中,他便表明了让步的立场,让客户明白他做出的让步已经是情理之外了。这样,即使客户还想讨价还价,也不好提出了。

当然,让步也需要讲究方法。如果我们的让步过早,或者每次的让步幅度过大,不能正确把握让步的尺度,不给自己的销售留退路,就很可能陷入两难的境地,从而给接下来的销售工作带来影响。

可见,运用好语言策略进行让步在交易工作中非常重要。事实上,很多时候,我们交易工作的失败,就是因为我们缺乏变通,不懂得“以退为进”,浪费了不少口舌却得不到对方的点头。

具体来说,我们在使用这一语言策略的时候,需要注意以下两点。

1. 先洞悉对方的底细

在对方心里必定有个理想的成交条件,一般成交的时候,也不会悬殊很大。如果我们能把握住对方理想的成交条件,那么,交易的达成将会轻松得多。比如,在销售产品时,我们通常并不容易揣摩或是洞悉客户的价格标准，但是我们可以通过其他的途径来分析获得。比如，通过客户周边的人了解客户的购买习惯，擅不擅长还价，在同类产品上的购买状况等。当我们清楚客户心中的价格标准后再采取措施，就能有的放矢，更好地把握退让的“度”，从而更快成交。

2. 把握“退”的尺度

我们一定要记住，永远也不要做没有利润的交易。如果你的让步已经使自己无利润可赚，那么就算成交了也是一种失败，所以“以退为进”这一语言策略并非无条件的让步，一定要把握一个“度”。比如，在价格商谈中，每次降价的幅度都不能太大，这样才能使自己始终处在主动地位，从而保证获得利润。

口才心理：

有位营销专家曾经说过：“谈判并非是一条直线，而是一个圆，销售员处于这个圆上的某一点，我们的目标是到达圆内的另一点。当我们无法朝着一个方向直线前往的时候，我们完全可以转个身，退后几步，从另一个方向跨越障碍到达目的地。”这就是以退为进、欲擒故纵的交易法。而交易离不开语言，如果我们能使用以退为进的语言计谋，那么很多交易中的问题的商定就不是难题。

第10章

灵巧社交，结交朋友就要说话动听

随着社会的发展，人与人之间的交往日益频繁。社交作为人们相互沟通交往的纽带和桥梁，显得更加重要。正如一句名言中所说的那样："一个人成功的因素，归纳起来，15%得益于他的专业知识，85%得益于良好的社交能力。"可以毫不夸张地说，社交会成就一个人，同样也会毁了一个人。而社交是心与心的碰撞，心理学在人际交往中具有十分重要的作用。因此，掌握一些心理说话术会帮助你成为一个深谙交际语言的人，从而帮助你成功获得良好的社交关系。

第一次见面,言语得体给对方留下好印象

有一位心理学家曾做过一个实验:把被试者分为两组,同看一张照片。对甲组说,这是一位屡教不改的罪犯;对乙组说,这是位著名的科学家。看完后让被试者根据这个人的外貌来分析其性格特征。结果甲组说:深陷的眼睛藏着险恶,高耸的额头表明了他死不改悔的决心。乙组说:深沉的目光表明他思维深邃,高耸的额头说明了科学家探索的意志。

这个实验充分说明了第一印象在人际交往中的重要性。这种影响是两方面的,如果第一印象形成的是肯定的心理定式,那么,在日后的相处过程中,人们会逐渐发现其很多美好的品质;而相反,这一心理定式如果是否定的,那么,则会使人在后续的了解中发现其诸多不好的品质。

所谓第一印象,指的是人们在短时间内、根据一些片面的资料对某些人、事、物产生的印象。第一印象一般都是先入为主的,并且,这种印象带有明显的主观倾向,还会直接影响到以后的一系列行为。

第一印象效应是一个妇孺皆知的道理,为官者总是很注意烧好上任之初的“三把火”,平民百姓也深知“下马威”的妙用,每个人都力图给别人留下良好的“第一印象”。

为此,在人们的日常交往中,尤其是与别人的初次交往时,一定要注意给别人留下美好的印象。

当然,要想给对方留下良好的第一印象,我们除了要注意自己的衣着打扮和行为之外,还需要注意的一点就是言语。初次结识,一声温馨的问候,几句深入人心的话语,都能给对方留下美好的第一印象,而且这种良好的印象将会持续保留下去。

因此,无论是求职面试、交友,还是商务社交,我们都应该重视自己的谈吐,从而为日后进一步深交打下良好的基础。

有时候，第一印象可以决定一个人的前程甚至命运。而第一印象即心理学所说的“首因效应”，首因效应体现在先入为主上。这种先入为主给人带来的第一印象是鲜明的、强烈的、过目不忘的。对方也最容易将你的第一印象存进他的大脑档案，留下难以磨灭的印象。虽然我们也知道仅凭一次谈话就给对方下结论为时过早，并不完全可靠，甚至还有可能会出现很大的差错，但是，绝大多数的人还是会下意识地跟着感觉走。所以说，我们若想在人际交往中获得别人的好感和认可，就应当给别人留下良好的第一印象。

通常来说，人际交往多半体现在语言上，初次交谈中的语言，更是体现着尤为重要的作用。可见，在结交朋友的时候，由语言而产生的第一印象总是十分重要的。为此，根据首因效应，在与人初次交谈的过程中，我们需要这样说话来让对方产生积极正面的印象。

1. 多使用礼貌语

俗话说：“礼多人不怪”。“你好”、“谢谢你”、“对不起”和“请”这些礼貌用语，如使用恰当，对调和及融洽人际关系会起到意想不到的作用。比如“谢谢”，无论别人给予你的帮助是多么微不足道，你都应该诚恳地说声“谢谢”。正确地运用“谢谢”一词，会使你的语言充满魅力，使对方倍感温暖。当然，道谢时要及时注意对方的反应，对方对你的感谢感到茫然时，你要用简洁的语言向他说明致谢的原因。对他人的道谢要答谢，答谢可以用“没什么，别客气”、“我很乐意帮忙”、“应该的”来回答。

2. 在你的语言中注入正面积极的情感

你说出的每一句话都是你精神面貌的体现，因此，说话时要开朗、热情，让人感觉随和亲切，平易近人，容易接触。另外，在说话的时候，你应放松心情，保持自己的既有特点而不要故意矫揉造作。而有的人在亮相时语言气势逼人，跟人接触时过分热情……这样故作姿态，不仅会令别人难受，连你自己也觉得别扭。

口才心理：

心理学研究发现，与一个人初次会面，45 秒钟内就能产生第一印象。这一最先的印象对他人的社会直觉产生较强的影响,并且在对方的头脑中形成并占据着主导地位。首因效应也叫首次效应、优先效应或“第一印象”效应。它是指当人们第一次与某物或某人相接触时会留下深刻印象。第一印象作用最强,持续的时间也长,比以后得到的信息对于事物整个印象产生的作用更强。

说话投其所好,更易走进人心

一个人的内心需要最后往往会化为他相应的行为,这种现象就是钓鱼效应。钓鱼时没有鱼饵是钓不上来鱼的,人也一样。著名的口才大师卡耐基说:“即使你喜欢吃香蕉、三明治,但是你不能用这些去钓鱼,因为鱼不喜欢它们,你想钓到鱼就必须下鱼饵才行。”的确,人际交往中,说话之难,难就难在对象可以犹如变色龙般捉摸不定,你若一言面对所有人,那就算你“不会说话”了。要和对方和平相处,并得到对方的认同,甚至化解自己的危机,就要彻底地了解对方的所“好”,知己知彼,真正做到迎合对方,投其所好。

在人与人交流中,说话投其所好是一种高超的表达技巧。俗话说:“话不投机半句多”、“人逢知己千言少。”要想和他人顺利交往,首先就要学会针对对方感兴趣的话题说话,用动听的语言打开对方的心房。一般而言,当人们的意见、观点一致时,彼此就会相互肯定、信任,反之,就会彼此否定,产生防备心理。所以,那些人际关系高手在与他人沟通之前总是先细细揣摩对方的喜好,然后尽量迎合他,满足他的欲望。事实也证明了这一点。谈话中,没有人会对自己不感兴趣的话题投入过多的热情,而如果遇到自己感兴趣的话题,他们常常会情绪激昂地参与进来。因此,在与对方谈话时,我们就可以抓住对方的这种心理,深刻了解对方,并与对方和谐相处,从而实现进一步的交流。

卡耐基也曾经说过，如果想要和他人顺利沟通，并成功地获得他人的好感和认同，最好的方法就是和对方谈论他感兴趣的话题。事实也是这样。

一句话说的好不好是有技巧的，这并不是要我们巧舌如簧，而是要懂得把话说到对方心坎里去，这就是投其所好。对方高兴了，自然愿意听你的意见。而首先，我们必须要猜透对方心理。

所谓猜透对方心理，无外乎以下两个原则。

1. 饰其所矜

那些他认为骄傲的、值得夸赞的地方，你一定要渲染一下，以提高他的听话兴趣。

2. 减其所耻

他自认为不足的、过去所做过的亏心事等，你要会为其辩解，从而使其放心。

站在他人的立场上分析问题，能给他人一种为他着想的感觉，这种投其所好的技巧常常具有极强的说服力。要做到这一点，“知己知彼”十分重要。唯先知彼，而后方能从对方立场上考虑问题。

此外，在交流过程中，我们也要学会通过对方的手势、姿势、表情以及当时的整个反应，去分析对方的感情变化，体会对方的话语意义。要知道对方说话时的感受要比他的话语本身更重要。

口才心理：

在谈话中，如果双方所交谈的话题是交谈者自己感兴趣的话题，他就会投入十二分的热情，但是如果他对所说的话题没有丝毫兴趣，即使场面再热闹，对方热情再高涨，他也会觉得寡淡无趣的。要和对方和平相处，并得到对方的认同，甚至化解自己的危机，就要彻底地了解对方的所“好”，知己知彼，真正做到迎合对方，投其所好。

多说积极和赞美的话,让对方心情愉悦

人人都喜欢正面刺激,而不喜欢负面刺激,这是人类的天性。美国著名社会活动家曾推出一条“给人一个好名声”原则,让他们去达到它。他们宁愿做出惊人的努力,也不会使你失望。因为人们是不会拒绝那些肯定自己能力和价值的正面夸奖的。

有这样一个心理实验:

某几位专家学者到一所学校做实验,到某班时,随意点出几个学生并很认真地对老师们说:“他们几个将有很大潜力可以挖掘。”果不其然,几年之后,本来表现一般的这几位学生真的成为了学校的佼佼者。

原因很简单,专家学者将暗示转给了老师,老师对这些学生时常充满信心。而正是积极的心理暗示,使他们的情绪始终处于积极向上的亢奋状态,所以,结果就如人们所看到的。

这个实验向我们展示了鼓励和夸奖的力量。之所以如此,最主要的原因在于夸奖他人能满足他们的自我。如果你能真心实意地赞赏一个人,那么,对方必然会因此受到鼓舞,从而更愿意与你结交、合作。这正如美国有位学者曾经所说:“我们应努力去发现那些人们值得夸奖的事,哪怕这件事情再小,若我们能及时指出来,也能使我们与他人的关系变得更加和谐。”

同样,与人交往中,如果人人都乐于赞赏他人,善于夸奖他人的长处,那么,人际间的愉快度将会大大增加。赞美他人会使别人愉快,更会使自己身心健康。被赞美者的良性回报会使我们更为自信,也会使我们更有魅力,形成人际关系的良性循环。吝惜于夸奖他人者常会难以获得朋友,得不到他人的拥戴,从而加重自身的自卑。

而实际上,人们往往习惯并专长于寻找别人的缺点,其实只要我们用心去发现并形成习惯,便会很容易看到别人的长处。

有一位很善于挖掘孩子优点的小学老师，他为了让班级里的孩子都自信起来，让所有的同学都写下“我眼里的全班之最”，将班里同学最优秀、最突出的特点都写下来，并将这些“最”都收集起来。这里，我们也可以发现，人都是有优点的，只要我们愿意去寻找。

有一位心理医生在银行排队取款时，看到前面有一位老先生满面愁苦，这位心理医生暗想，我要让他开朗起来。于是他一边排队一边寻找老先生的优点，终于他看到，老先生虽然年近70岁，驼背哈腰，却长着一头漂亮的金发。当这位老先生办完事情走到心理医生对面时，心理医生衷心地赞美道：“先生，您的头发真漂亮！”老先生一向以一头漂亮的头发而自豪，听到心理医生的赞美非常高兴，顿时面容开朗起来，挺了挺腰，道声谢后一路哼着小曲地走开了。

可见，一句简单的夸奖给别人带来了多大的好处！事实上，我们每个人的内心，都希望得到别人的肯定，我们甚至愿意付出很多努力去得到他人的认同和赞赏。而遗憾的是，我们生活的周围，能理解人们这一心理特点的人似乎并不多，这也是令人奇怪的。因为表示赞赏是非常容易的，不需要任何代价，而我们在赞美别人后自己得到的报偿却是多方面的。如果你对下属说：“大家知道，你是很能干的，最近单位人力紧张，我们希望得到你的帮助，辛苦你了。”这样一来，你的下属不会不为你分忧，即使一人干了两个人的活也不会有任何怨言。

当然，夸奖他人并不意味可以毫无顾忌，以下两个原则是要注意的。

1. 真诚

夸奖别人要出于真心，所夸奖的内容是对方确实具有或即将具有的优良品质和特点，不要让别人感到你言不由衷，另有所图。如夸奖一位身材矮小者长相魁梧，恐怕真要出现“拍马屁拍在蹄子上了”的情况了。

2. 具体

西方有句俗话说：“每天早晨大夸你的朋友，还不如诅咒他。”因此，我们的赞美都必须是恰如其分的，也就是要具体的。空泛、含混、夸大的赞美是起不到效果甚至会产生反面作用的。实际上，我们赞扬别人时不一定非要是一件大事不可，别人的一个很小的优点或长处，只要我们能给予恰如其分的赞美,同样能收到好的效果。比如一位你所熟悉的美貌女士,你可以对她说:“你真美。”这样她可能会感激你对她的赞美;但如果你对一位其貌不扬的女士说这句话,则可能会引起她的反感。

口才心理:

鼓励和夸奖他人,是我们在日常沟通中常常碰到的情况。要建立良好的人际关系,恰当地夸赞别人是必不可少的。这是人们的一种心理需要,是对他人尊敬的一种表现。恰当地夸赞别人,会给人以舒适感,同时也会改善我们的人际关系。

有碍人际关系的言语禁忌绝不能说

人际交往,并非单纯的与人说话交流,更多的是一种技巧性的沟通。因此,当你与别人谈话时,始终要意识到,你对对方扮演的是双重角色。言语交流也是具有双向性的,也就是说,你的责任不仅是把自己的思想表达清楚,还应考虑怎样谈才能使对方产生兴趣,易于理解,并根据对方的各种反馈信息来调整自己的讲话内容和方式。而做到这一切的前提,都依赖于一个先决条件——不触及到人际交流中的禁忌。

我们来看下面的一个真实故事:

1972 年 2 月 16 日,日本知县的一位小学老师突然杀死自己的岳母和妻子。原因是他不堪忍受岳母的咒骂:“你这蠢货!不但不能好好养家糊口,竟然还四处借债。最好你请个邻居作证人,顺便把房子卖掉,夫妇俩离婚,只怕你还做不到。”

故事中的小学老师,之所以会做出如此过激的行为,引发这一悲剧,是因为其岳母对其进行了人格羞辱,其自尊心受到极大伤害而造成的。因此,决不能随意伤害他人的自尊心,要谨慎地选择言语。

当然，现实交际中，不慎言谈并不会引起如此恶劣的后果，但会损害人际关系，疏远人际间的距离。那么，除此之外，在交际中，我们还该注意哪些交谈禁忌呢？

1. 意识形态、宗教类话题

因为上述话题都具有强烈的立场，一旦谈起来可能会引起激烈的争辩，因而要尽量避免谈及此类话题。

2. 隐私类话题

所谓隐私，着眼点就在"隐"，指的就是人们不愿意说出来的、公开的情况，也就是秘密。任何一个人，即使再外向，也都有不希望他人知道的隐私。同时，在极为重视隐私权的现代社会，人们即使交朋友，也希望自己的朋友能和自己保持一定的心理距离。如果你的朋友愿意向你透露他的隐私，那么，这是因为他信任你，你应该感到荣幸。但是你若不能保守秘密，则会使朋友伤心，甚至让他离你而去。

的确，隐私是人的心灵深处最敏感、最易被激怒、最易刺痛的角落。无论是当面还是在背后都应回避这样的话题。

如果询问对方有关生活部分的隐私，如"恋爱了吗""收入怎么样"之类的话题，便很可能让对方觉得尴尬，因此，最好不要随便提及。

3. 不便回答的话题

比如，你在逛街时遇到一个女同事，你会随便问一句："你怎么在这儿？"或"你要去哪里？"而实际上，你可能没想到的是，你这样的问题，对方是不便回答的，因为有时候对方可能并不想告知你他的目的地。另外，有些多心的人对于"去哪里"这样的问题是极为反感的，因为他们会认为："这是我的隐私，与你何干？"

4. 敏感话题

一般来说，这些话题包括女士的年龄和体重、婚姻问题、收入问题等。比如，当你无意中告诉一位女士"你胖了"，她会担心自己是不是体态走样了。相对的，也许你说他（她）瘦了，刚好那时对方正受到疾病的困扰，又没有顾及人家的伤心事。总之，个人想法、立场不同，某些话题也许你认为没什么，却可能是别人的禁忌,特别是别人身体上的改变,尽量少拿来做寒暄的话题。

对待敏感话题反应一定要快。有人会想,以前谈及这一类话题都没问题,现在必定也一样。这种“轻忽”态度很不合适。

除此之外,大家应该了解的一个原则是:特定的场合有着特定的敏感话题,不要“误踩地雷”。例如,在一些喜庆场合,千万不要谈论晦气的话题;相对的,在葬礼等场合,就不应该谈论开心的话题。

在某次结婚典礼即将结束时,忽然有个人谈起了离婚的话题:“千万不要离婚。我离过三次婚,对这一点太有体会了,所以我要对你们提出忠告……”这人实在是大煞风景。

那么,怎样才能避免类似的错误呢?最好的方法就是“设身处地”地站在他人的立场来看待自己的言谈。

总之,我们在与人交往的时候,要注意交谈规则,规避交谈禁忌,注意用恰当的方式把该说的话说好,使语言沟通成为人际关系的“润滑剂”。

口才心理:

交谈已逐渐成为一门艺术,被众多的人所推崇。“说对话”是我们搞好与对方关系的关键,这要求我们要学会恰到好处地运用语言技巧,准确、巧妙地表达自己的意思,说对方需要听、喜欢听的话,而不是说对方避讳的话。当然,这需要我们在与人交谈的时候机智、灵活,要能察言观色,注意如何“说对话”。

用你的爽朗言辞获取对方好感

人们常说“言为心声”,人际交往中,与人交流最重要的是要以情感人,没有感情就等于人没有生命。从表面上看,口才不过是用嘴巴去叙述,而实际上,是用心、用感情去和听众进行交流。而要做到言谈间透露真情,就必须要做到真诚爽朗。因此，真诚是人际交往的“指南针”。的确，没有人喜欢与那些说话拐弯抹角、不坦诚相待的人交往。在《人性的弱点》中，卡耐基教读者要“真诚地尊重别人”。只有真诚，朋友、同事才愿意和你交往，乐于和你交往，彼此之间的关系才能够长久。

绍斌是一家大型健身器材公司的业务经理，可能是他本身性格的关系——老实本分，不善言谈，他带领的团队业绩一直不理想。面临销售瓶颈，他的直属上司给他下了一个死命令——必须做出新的销售方案，解决现下的销售问题。苦思冥想后的他终于做出了一套销售方案。在他向上司汇报工作方案并征求其意见时，上司却让他自己去找解决办法。可见，绍斌的方案并没有让上司满意。令绍斌不解和气恼的是，他明显感觉到最近一段时间，上司好像跟自己有仇似的，即使是别的部门出现了一些故障，开例会的时候，上司也总是拿他出气，这些传到下属耳朵里，让他很没面子。绍斌思前想后，自己并未得罪过上司啊，那他为什么几次拒绝自己的销售方案，也并不给一点意见呢？他到底想怎样？绍斌觉得自己肯定是要被炒鱿鱼了，想到这些，他就烦躁不安。于是，他决定豁出去，跟上司摊牌。

这天，他坐在自己的办公椅上，远远看到上司笑眯眯地进了他自己的办公室，看起来上司心情不错。于是，他鼓足了勇气敲开了上司办公室的门，并表明自己有一些不解的问题要请教。上司请他坐下后，他告诉上司，他很喜欢这个工作，也很热爱自己的团队和公司，更希望在上司的带领下好好发展和提高自己，并把公司的销售业绩上升到一个新的台阶，同时也希望自己可以帮助上司一起将公司发展壮大。上司一听绍斌有这样的想法，高兴得直点头。绍斌一看上司已经在心理上接受了自己，就开始慢慢诚恳地陈述自己最近心头的一些疑惑，希望上司能真心地帮助自己，并给自己今后的工作方案之类的东西以更为明确的指示和指导。

听到这时，上司明白了绍斌的真正来意，哈哈大笑，然后说：“你每次让我给你提建议时总是笼统地问这个计划行不行、那个问题怎么解决，由于我不在第一线，所以没办法给你具体的指导，只好叫你自己去找办法了。”

这次开诚布公的面谈让绍斌明白了自己与上司沟通不畅的症结所在。

他知道是自己诚恳自然的表达让上司了解了自己。这时,他一下子感觉工作轻松了,原来的困惑与不安都被抛到了九霄云外。

故事中的下属绍斌的做法很明显是对的,也是值得学习的。当他诚恳地要求主管领导一步一步、仔细具体地告诉他正确的做法和方向时,领导也进入了角色。如此开诚布公的交谈,上下级之间的关系自然会更紧密,于人于己都有益。

实际上,坦诚的交流是解决人际关系中问题的关键,更是打开他人心灵的钥匙。人的心灵好像对温度有强烈的敏感,遇见抑郁的、冰冷的语言就凝结了起来,变硬了起来;但遇见了欢乐的、温暖的语言就柔软了、融化了、活泼了。所以,真诚的、舒畅的、悦耳的声调,就像明媚的阳光一样,使一切欣欣向荣,使谈话进行得生动活泼,使大家谈笑风生、心旷神怡。

具体说来,我们要使语言产生真诚爽朗的效果,需要做到以下几点。

1. 少讲客套话

无论你和交际对方的关系如何,都不能过分客气。不知道你是否有这样的境遇:你接受朋友的邀请,到朋友家里做客,但朋友不但把你奉为上宾,还对你异常客气。你每说一句话,他都谨慎回答;和你说话时,总是满口客套,唯恐你不高兴,唯恐开罪于你。如此一来,你一定觉得如针芒刺背,坐立不安。

客套也需要有个度,开始见面时寒暄几句并不为过,但继续说个不停就太不妥当了。谈话的目的在于沟通双方的情感,增加双方的谈话兴趣。而太过客套,则难免会阻碍双方"掏心窝子"地说话。如果谁都客客气气,那还有什么可谈?

2. 不可忸怩作态、怪声怪调

生活中,就是有这样一些人,为了表示一种轻蔑或鄙视,故意阴阳怪气地说话,结果是反而落得一阵嬉笑;有的人觉得某一艺人的声音特别好听,便刻意去模仿人家或浑厚、或粗犷、或甜美、或悦耳的嗓音,结果邯郸学步,十分造作,令人作呕。

口才心理：

人们都希望自己在人际交往中是吸引人的，但真正的魅力往往是建立在真诚的基础上的。人们往往对那些说话坦率、不故作姿态的人更有好感。因此，不要认为卖关子总能吊别人胃口，你有没有想过，一旦倒了别人的胃口，恐怕会引起对方永久性的厌恶。

说话谦虚温和，更容易结交朋友

人们之间的交往、交流离不开语言，要相互交流成功，达到预期的目的和结果，很大程度上取决于运用语言的艺术。孔子说："文质彬彬，然后君子。"说话人人都会，但语言显然有文雅粗俗之分。具备现代文明修养的我们，要在人际交往中交到朋友，就要在交流中彰显自己的谈吐，表现自己谦和之态度。

的确，我们不难发现，那些性情宽厚豁达、说话谦和热情的人易受欢迎，易建立良好的人际关系。相反，心胸狭窄、性情孤僻的人，说话尖酸刻薄，人际关系必然紧张。与人交往，对人宽容，不斤斤计较，才能与他人相处融洽，自己也会更快乐、自在。一团和气，微笑的脸，诚恳的眼神，谦卑的神态，温言软语，不管是提出请求、要求，还是表示赞赏、批评，又有谁能够拒绝呢？

当然，语言谦和绝不是说一些不着边际的客气话，也不是要如好好先生一般唯唯诺诺，更不是任人欺凌。谦和有礼是一方面，真诚地尊重对方、关心对方的需要，尽力避免伤害对方，虚心地听取别人的意见，关心别人的感受和反应是另一方面。

巴西曾经有一位总统深得民心，民众在接受采访时说："我们之所以极力认同这样一位总统，就是因为他是一个时刻为老百姓着想的政府官员。我们老百姓日夜盼望的，也正是这样的一位国家领袖。"而这位国家领袖是怎样看待自己的呢？他这样说："他们说的一点没错，我的确是一个喜欢为别人着想的人。小时候,我时常为兄弟姐妹着想,什么事情都让着他们;同时也为父母着想,尽可能地不给他们添麻烦,为了减轻他们的负担,我很小的时候就学会自食其力,利用假期赚学费;长大以后,我在政府部门工作,我常常为老百姓着想,通过降低税收等方式减轻他们的负担。他们说选我当总统是因为我时刻想着为老百姓谋利,我非常高兴。”

我们不得不敬佩巴西的那位总统,因为他为人谦和,时刻为他人着想,受到巴西人民的爱戴,同时也创造了辉煌的人生。“见事知长短,听话品高低”。同样,人际交往中,与人交谈,也应该处处考虑他人的感受,表现自己的谦和之态,因为我们所说的每一句话都会成为交际对方为我们打分的标准。

那么,具体来说,我们该如何通过谦和的语言打动他人呢?为此,你需要掌握以下“五不要”。

1.不可傲慢无礼

那些说话夸夸其谈、目中无人者是令人讨厌的,为此,我们要做到态度自然、和蔼。

2.注意你声音的分贝

与人交谈时,不要认为高声谈笑就是真实自然的表现,声音分贝过大,不仅会影响到别人,让别人觉得刺耳,这还是一种无礼的表现。因此,你说话应轻声轻语,声音大小以对方能听清为宜。

3.不要卖弄你的口才

即使遇到意见不合的问题,也不可高声辩论,不要当面指责,更不要冷嘲热讽,甚至恶语伤人,而应语气委婉,各抒己见,尽量说服对方或求同存异。

4.不要顾此失彼

在和多人交谈对,千万不要只关注一个人而冷落了其他人。最好是用一个话题唤起大家的兴趣,让每个人都发表自己的意见。

5.不要打断别人的谈话

别人讲话时,话题突然被打断,会让对方产生不满或怀疑的心理:认为你没有修养,水平低,见识浅;认为你讨厌、反感这类话题;认为你不尊重人,没有修养。

当然，语言谦和也要把握好度的问题，说话只是表达思想、说明事情，没有必要靠语言来乞讨怜悯或掠取威严。你不必要唯恐别人不高兴，极力表现出毕恭毕敬的样子，唯唯诺诺、点头哈腰，堆砌一大套客套话，其实这只会被人瞧不起；而盛气凌人、出口伤人，摆出一副傲慢的姿态，会令人敬而远之，或觉得这人不知天高地厚、浅薄至极。正确的方法是不卑不亢、客气大方、讲究实在、有理有节。

口才心理：

心理学研究表明：情感引导行动。积极的情感，比如谦和、大度等往往能产生理解、接纳、合作的行为效果；而消极的情感，如傲慢、无礼等，则会带来排斥和拒绝。所以，若是你想要人们相信你是对的，并愿意与你结交，那么，你就首先要以礼待人，让对方感受到你积极的情感。

针对年龄和性格，采用不同的交谈方式

中国人常说："到什么山上唱什么歌。"俄罗斯也有谚语："语言不是蜜，却可以粘住一切东西"。这两句话的意思都是说，与人交往，说话要有针对性，要有的放矢，说话时要看对象，根据交际对象来说话。这就要求我们在说话时，能够注意听话人的性别、性格、文化程度、文化背景、心理状态等因素。忽视了任何一个因素，都可能导致"无的放矢"，甚至还会给自己当头一击。

古时有一个书呆子，说话不看对象，总爱卖弄学问。有一次睡觉被蝎子蜇了，便摇头晃脑地喊道："贤妻，速燃银烛，你夫为虫所袭！"一连说了几遍，他的妻子怎么也听不明白。

他更着急了，说道："身如琵琶，尾似钢锥，叫声贤妻，打个亮儿，看是什

么东西。”

他的妻子还是不明白怎么回事。结果他痛得熬不住了,一气之下道:“老婆,快点灯,蝎子蜇了我啦!痛死我了!”

这则笑话提示我们,讲话时一定要先看对象,这一点是绝不能忽视的。

语言的内容是我们平时非常重视的,说话时不能只照着自己的思路走,要考虑对方对自己说的话是否有兴趣,要考虑对方的立场,以及自己的观点能够被接受的程度。能看对象说话的人绝对是精明人。因此,有经验的人都知道,针对不同的对象、不同的事情、在不同的时机,说话的方式不一样。就说话对象的年龄和性格这两个要素,我们需要注意以下两点。

1.年龄

说话对象的年龄是我们不可忽视的重要因素。对小孩或同龄人,说话要坦诚、亲切;对老年人或自己的师长,则要尊重他们,让人感觉到你是有教养、懂礼貌的晚辈。

比如询问年龄时,如果发问者是一个十几岁的学生,那么,他对不同年龄的人询问年龄,应该选择不同的发问方式。

如果问比自己小的孩子,可问:“你几岁了?”

问同龄人,可问:“你多大年纪?”

问中青年,可问:“您多大年纪了?”

问老人,则可问:“您高寿?”或“您高龄?”

恰当使用不同的问语,就能取得满意的效果。

和老年人谈话要谦虚。我们常听到长辈教育后辈时说:“我走过的桥比你走过的路还多。”这是很有道理的,老年人虽然接受的新知识比你少,可是他的经验比你丰富。因此与老年人谈话时,必须谦虚。另外,老年人不喜欢别人说自己年纪大,他们喜欢显得比真实年龄更年轻,或努力获得一个青年人的活力和健康的神气。所以与老年人谈话时,首先,不必直接涉及他的年纪,只提起他所干过的事,这一话题就能深入他的心,他也会觉得你非常惹人喜欢。

和年幼人的人交谈,不可降低自己的身份。年幼者,他们有些思想太超前，有些懂得没有你多。和他们交流是没有问题的，但不要跟他们争辩，深沉一点才会让人尊敬你，才能一直维护自己的尊严。要知道，人们总是因你自己看重自己才尊重你，尤其是那些比你年幼的人。

2. 性格

（1）与沉默寡言者交谈。这种人的性格特点是出言谨慎，反应冷漠，一问三不知，不轻易表明自己的想法，甚至你说什么，他都点头说好；遇事没有主见，往往消极被动，难以做出决定。面对这种人，首先，你需要主动出击，把握交谈的主动权，并充满自信地运用说话的技巧，多运用肯定性用语，多站在对方的立场来表达自己的观点，指出积极的建议。其次，不要强迫他说话，应该顺着他的性格，轻声说话，多提一些容易回答的问题来拉动他的谈话兴趣。

（2）与夸夸其谈、先入为主的人交谈。这类人的性格特点是以自我为中心，喜欢在别人面前夸耀、吹牛，并且说话的时候喜欢带有针对性，以挖苦他人、贬低他人为乐。与这种人交谈，我们不能卑下，必须在肯定自己高贵尊严的基础上适当的肯定。另外，根据他们爱炫耀的特点，你不妨成全他，恭维他，表示想跟他交朋友。你可以赞扬别人对他们的看法，以及他们与人相处融洽的能力。

（3）与生性多疑的人交谈。这种性格的人，对你所说的话皆持有怀疑态度，总喜欢追问："是吗？""为什么？"与之进行交流时，态度要平和，言辞要恳切，而且要观察出他心里的矛盾之处所在，尽量避免存在矛盾的问题，以免双方发生争执，不欢而散。当他对你所说的话提出质疑的时候，你可以适当地去迎合他的思想，比如你可以这样说："您的问题真是切中要害，我也有过这种想法，不过要很好地解决这个问题，我们还得多多交换意见。"

口才心理：

话总是说给别人听的，说得好不好，是否有口才，不仅要看话语是不是恰到好处地表达了自己的思想感情，尤其要看别人能不能准确理解，乐于接受。而听话的对象是不同的，因此，懂得因人而异地说话不仅能表现出自己的素质修养，更能让对方在与你的谈话中感受到尊重与信任，这一点不可不知、不可不学。

与异性交往,要注意使用有技巧的语言

在谈情说爱的阶段,我们大都很会说话,因为对方是我们的恋人,对对方是比较了解的,即使说了不恰当的话,也会获得原谅。而异性朋友之间,对异性乱说话或说了不恰当的话,不但会产生相反的不如意的结果,有时甚至会演变成一场灾祸。因此,异性朋友之间说话,必须要掌握一定的语言技巧,应以自然大方为准则。

小森是个活泼的男士,办公室中,其他男同事为了避嫌,似乎总是很少和女同事来往。而小森则不同,他周围有一大群女性朋友,并且,他和这些女同事相处得极为融洽,也并没有传来什么是是非非。这一点,令周围的男同胞们很是羡慕,当他们问小森是如何做到的,小森坦言:“大大方方即可。”这句话令众人不明就里。

小森看这一情形,继续说:“看在哥们儿今天高兴的份上,给你们指点一二吧。瞧见没有,她们正在茶水间倒水呢,要是你们,你们过去说什么?”

“不知道。说声‘你好’呗。”一个男同事搭腔。

“然后呢?”

“然后、然后……”这个男同事无话可说了。

“谈时事政治吧,应该大家都挺喜欢的。”另一个同事说。

“你能保证每一个女人都喜欢这样的话题吗?”小森反问道。

“这……”

“那如果是你,你怎么插话呢?”一个同事直接问小森。

我会说:“‘嗨,你们看最新出来的杂志没,外国最近发明了一种代替人造纤维的织造丝袜,可以久穿不坏。’我相信没有哪个女人不会问我哪里可以买得到这种产品的。”

“嗯，果真高明。”其他同事啧啧称赞。

可以说，案例中的小森是个善于和异性沟通的人，他能迅速找到让女同事打开话匣子的话题，并且能做到大大方方，不失男女之间的谈话礼仪。

在我国，由于长期以来受传统观点和习俗影响，男女交往尤其是已婚男女与其他异性的交往往往显得拘谨，不自然。实质上，这是因为人们存在一些观念上的误区，他们认为，男女之间没有纯真的友谊。实则不然，男女之间也可以有正常的交往。

因此，异性交往应尽量大大方方，或是用一句“你好”，或是用一个微笑来开始相互之间的讲话。尤其是已婚妇女同男性交往，讲话时更不能羞羞答答，显得过分多情，以致引起男性的紧张、轻视或嘲笑。

具体来说，需要我们做到以下几点。

1. 自然大方，态度诚恳

因此，首先要克服自卑感和怯场心理，你可以漫不经心地说一些眼前存在的事实，用声音引起对方的注意。接上话后，便可以谈下去，但谈话的内容不要太深入，仅作一般性的聊天，大多是没话找话。这时，最忌心情紧张或心中有鬼，否则，你会找不到话题，语无伦次。这就要看你的语言艺术和你的亲和力了。首先自己不能太死板；再有就是要注意抓住对方话语中对某些事情的关注点；也可以适当做一些兴趣试探问答，但是不要过于频繁，要尽量找到对方最感兴趣的谈话方向，只有这样你才能有针对性地寻找话题；再就是要根据对方的性格来判断应该由谁来做主导。应该从最浅显、最大众、最不牵扯个人隐私的方向开始，从最轻松的话题开始，逐步加深话题内容。

2. 慎重选择话题

异性交谈，主要考虑不同性别对谈话兴趣的不同。一般来说，男性似乎更喜欢谈军事、政治、体育等方面，而女性似乎喜欢谈美容、购物、家庭等方面。异性之间交谈，如果一味地只谈自己喜欢的话题，而忽视对方的兴趣，那么，只会让对方觉得无聊甚至产生厌烦情绪。

比如，和女性谈话时，你得先开个头，然后她就会接下去。例如，询问天气;询问她亲朋的健康;询问书籍、金鱼、花草或其他种种事物。总之,只要是她们感兴趣的话题。同时,切记一切以她们为中心,采取一种能增加对方感情的谈话口气、态度和方式,那么,你们的交谈就能愉悦而顺利地继续。

异性交谈的忌讳体现在:一忌交头接耳、窃窃私语,或发出令人莫名其妙的笑声;二忌谈隐私及与性有关的事情;三忌过分严肃或过分轻薄;四忌揭别人的短,尤其是女性忌讳别人说她矮胖、老丑等。

口才心理:

社交生活中,自然少不了异性之间的交往,我们的社会本身就是由男人和女人共同构成的。男女之间的交往是正常而又频繁的,同时因为性别差异又心存戒备,异性之间比同性之间的关系更微妙,更难以处理,处理不当,交际就会失败。与异性交往,应本着大方自然、光明磊落的态度。这一过程中,口语表达可充分发挥属于自己性别的语言特色,自然展现自己的语言风采,就能产生震撼人心的巨大魅力。

第11章

幸福婚姻，让家庭更和谐的说话策略

生活中的任何一个人，都希望自己有个幸福的家，家里有我们的爱人、孩子，父母。每当身心俱疲的时候，只要我们回家，就有了温暖。而人们常常说，家家有本难念的经，加上生活琐事太多，家中似乎总有一些不和谐的因素。此时，我们就需要发挥语言的力量，但前提是，我们需要站在对方的心理角度上，因为任何语言策略都只有产生心理作用才是成功的。当然，和谐温馨的家庭关系，需要每一个家庭成员的共同努力！

孝敬父母,多说让他们欣慰的话

我们每个人的一生中,都会经历友情、爱情、亲情,但唯有亲情是永恒的,尤其是父母对我们的爱,更是一种没有条件、不求回报的阳光沐浴。从婴儿呱呱坠地到哺育他长大成人,父母们花费了多少的心血与汗水,编织了多少个日日夜夜;从上小学到初中,乃至大学,又有多少父母呕心沥血。母亲的爱总是无微不至,父爱则是伟岸的,亲情最无私。而只有当我们体验了亲情的深度,才可能领略到友情的广度,拥有爱情的纯度,这样的人生,才称得上是名副其实的人生。

人们常说"百事孝为先",一个人能够孝顺,他就有一颗善良、仁慈的心,有了这份仁心,就可以利于许多的人。孝,首先要孝顺父母。如果世界存有爱,那么首先爱的应该是自己的父母,其次才谈到爱他人、爱集体、爱社会、爱祖国……有人说,等我有钱了,我会给父母买很多好吃的;也有人说,等我有时间了,我会带着父母环游世界!但"树欲静而风不止,子欲养而亲不待",父母有这么多时间来等你吗?对父母的孝心更应该在平时的生活中完成。

可怜天下父母心,任何父母,都倾其所有的为儿女付出,但他们同样有一种心理:希望孩子懂得感恩,并体会到父母的艰辛。其实,感恩父母,哪怕是一件微不足道的事,只要能让他们感到欣慰,就足矣。我们发现,那些懂得经营家庭生活、让父母感受到天伦之乐的人似乎总是有一项本领,那就是他们会时常说出一些令父母感到欣慰的话。的确,有时候,那些物质上的报偿远远不如一句贴心的话更能让父母感到幸福。可能我们都看过这样一则广告:

一个大眼睛的小男孩,吃力地端着一盆水,天真地对妈妈说:"妈妈,洗脚!"很多人为其流泪,不止为了可爱的男孩,也为了那一份至深的爱和发自内心的感恩。这样的事，每个人都能够做到，却没去做。身为子女的我们，感恩你真的懂吗？

实际上，即使你工作繁忙，生活负担重，很少有时间和精力去为父母做一些小事，那么，至少你可以从语言的角度表达对父母的感恩。相信“妈妈，您辛苦了”、“爸，以后少喝点酒”这些话都能让父母体会到你的关心。

曾经有个著名的音乐家在音乐会上这样表达对父亲的爱。

提到父亲，这位音乐家一度哽咽，她说：“很小的时候，都是父亲陪着我、看着我、逼着我练琴，那时候我常常心里很委屈，然而父亲的双手一直在我身后有力地托举着我，直到我取得今天的成绩。明天我父亲年满 80 岁，这场音乐会也算是回报给父亲的一份礼物，也希望现在像我小时候一样在心里偷偷抱怨父母的孩子们，能早点体会到父母的苦心。”

听完这段话，我们不禁会感叹，父母给予我们的爱是我们一辈子的财富。可是生活中，又有多少子女能和这位音乐家一样读懂细腻的亲情并懂得用心感恩呢？正如这位音乐家所说，日常生活中，很多时候，我们曾经抱怨过父母，不理解父母，甚至到为人父母之后依然不理解他们。但如果我们用心体会，那么，你会发现，无论他们做什么，一切初衷都是为了孩子好。

了解到这一点，我们在与父母沟通的时候，不妨也多说一些令人欣慰的话。那么，具体来说，我们该说哪些话呢？

1. 关心父母的话

实际上，任何一个父母何尝不希望自己的子女能在生活中多关心一点自己呢？那么，从现在起，每天不要忘了从生活细节上关心父母，关心他们的健康，关心他们的生活起居。比如你可以说：“爸妈，早点休息。”“妈，少吃点辣椒，容易上火。”这些看似微不足道的话语，却能让你的父母由衷地感到幸福。

2. 理解父母的话

居家过日子，难免磕磕碰碰，和父母也一样。有时候，父母的行为、语言可能导致了家庭纷争，但对此，你一定要保持良好的态度，对父母报以理解。比如，你可以说：“妈，我知道你这样做是为了我好……但是……”

3. 感谢父母的话

你是否还在享受母亲每天为你准备的晚餐?你的父亲是否还经常“接济”你?照顾你的孩子的重任是否一直是你的父母在承担?那么,你对父母说“谢谢了”吗?你对他们说“辛苦”了吗?不要以为父母对你的付出是理所当然的。

口才心理:

从我们呱呱落地的那一刻起,我们的生命就倾注了父母无尽的爱与祝福,父母为我们撑起了一片爱的天空。或许,父母不能给我们奢华的生活,但是,他们给予了我们一生中不可替代的——生命!但生活中的我们,你真的能体会父母的良苦用心吗?你感恩了吗?

婆媳相处,言语沟通要多些技巧

俗话说:“多年的媳妇熬成婆”,婆媳之间的关系,向来是中国人家庭关系中一个不可缺少的主题。婆媳之间为什么会有那么多矛盾呢?婆媳在一起真的就那么难以相处吗?实则不尽然,如果你爱你的孩子和家庭,就希望婚姻稳定。为了自己家庭的温馨稳定,就算婆媳之间有再大的矛盾,也不要发作出来,当然也不能对婆婆恶语相向。实际上,从心理学的角度看,如果你能掌握一些语言策略,并在日常生活中加以运用,那么,婆媳之间是完全可以相处融洽的。我们先来看下面一个案例:

这是一个很热闹的家庭,婆婆、儿媳、儿子三口人住在一起。俗话说:“三个女人一台戏”,这里两个女人,也打得不可开交。婆婆是急脾气,儿媳受不了,两个人天天闹矛盾;儿子是个好脾气,遇上婆媳吵架,他也不说什么,只哈哈一笑就算了。媳妇向他埋怨婆婆,他听着;妈妈向他说媳妇的不是,他也听着。

这样的家庭，是中国城乡千千万万个传统家庭的一个缩影。婆媳关系的丝线，剪不断，理还乱。像这样的家庭，为什么会有那么多婆媳之间的矛盾呢？这可以从心理动力学的角度做出说明。原来，在潜意识里，母亲是男孩亲近的第一个女性，也是他爱的第一个女性，男孩依恋母亲，需要一个和母亲具有类似特点的女性来结成伴侣，度过一生。于是，有了“小小子，坐门墩，哭着喊着要媳妇”的想法，人类也才一代代繁衍下去。男孩长大，真的娶了媳妇，儿媳也就常常具有某些和婆婆类似的特点。

俗话说：“同性相斥”，婆婆和儿媳都是女人，又有某些类似之处，因此，出现上面的案例中，婆婆和儿媳相互排斥的现象就不奇怪了。除了这些，还有更深层的原因。在内心深处，婆婆想得到儿子的爱，媳妇想独占丈夫的爱，于是两个人竞争着想要得到爱，谁也不想丧失被爱的幸福，遇到家庭结构本来就有一定问题的时候，婆媳之间也就不能不吵架了。

那么，在这样的家庭里，怎样处理婆媳之间的矛盾呢？

1. 多沟通，商量彼此都能接受的原则和方法

矛盾的产生大多是因为差异，婆媳间的矛盾大多也不是因为原则性的差异，而只是生活观念、消费观念、家庭事务、家人健康、孙子（女）抚养和教育问题等等方面的看法不同。而要消除这些产生矛盾的因素，婆媳间就必须做好沟通工作，商量双方都接纳的原则和方法。当然，如果婆媳双方能够拥有更多相同的兴趣爱好和生活习惯，则更能加快建立双方的合作模式，增进双方的感情。

2. 把焦点多投入到婆媳关系以外的世界

比如，作为儿媳，可以更加积极努力地工作，并增加与丈夫在一起的生活情趣，更关心丈夫，通过爱来抵消和疏泄不愉快的情绪。

3. 关心老人，满足老人的正常心理需求

比如，在家庭气氛比较愉快的时候，夫妻二人应放下手中的工作，多陪老人拉拉家常，听听“家史”。付出爱心，也就能得到人情味儿，让原本紧张的关系缓和下来。就好像往一锅沸腾的汤里倒了一瓢凉水，让家庭舒心、爽心、安心。

可见,沟通是联络感情的最好手段。跟自己的婆婆在某个闲暇的午后或晚餐后拉拉家常,听婆婆畅想过去的岁月,谈谈自己的感想,夸夸优秀的老公,聊聊可爱的孩子,双方的距离就会迅速拉近。婆媳之间的沟通应直接,大家开诚布公的交谈可以澄清很多误会,是婆媳之间最常用的方法,也是出现矛盾时最好的解决之道。

口才心理:

婆媳之间的微妙关系长期以来都是影响家庭关系的重要方面。谈恋爱是两个人的事,可婚姻却是一个家庭和另一个家庭之间的互相磨合。婆媳关系若是处理不好,将直接导致一段美好感情出现裂痕甚至最终分道扬镳。其实,在家庭中换位思考很重要,保有一颗宽容之心也很重要。同样都是女人,为什么不能做到静下心来互相体谅、互相疼爱呢?不为别的,就算为了这个双方都深爱着的男子,不让他为难,为了全家人能更加幸福快乐地相处,婆婆和媳妇们都应该好好研究婆媳相处的艺术。

你的夸奖是对孩子最大的鼓励

对于任何一个家庭来说,孩子是否能健康、愉快地成长,是家庭是否幸福、和谐的重要因素之一。但对于如何教育孩子却成为困扰很多家长的问题。随着教育理念的更新,家长对孩子的教育也从以前的严厉批评、严格管教变成了现在的“赏识教育”,这对于孩子来说无疑是一件幸事。孩子天生需要赏识,就如同花草需要阳光和雨露,鱼儿需要溪流和江河。

心理学家曾经做过一个关于“孩子最怕什么”的调查,结果表明:孩子最怕的不是生活上苦、学习上累,而是人格受挫、面子丢光。美国心理学家威谱·詹姆斯有句名言:“人性最深刻的原则就是希望别人对自己加以赏识。”孩子是处于生理、心理变化关键时期的特殊群体,他们尚未形成独立的自我意识，非常在乎他人对自己的看法。因此，对孩子进行“赏识教育”、尊重孩子、相信孩子、鼓励孩子，不仅可以及时发现他们身上的优点和长处，挖掘隐藏在其身上巨大的、不可估量的潜力，而且能够缩短家长和孩子的距离，从而促进孩子的健康成长。

可能很多人都听说过周婷婷的故事：

周婷婷是个先天性耳聋的孩子，1 岁半的时候因发烧打了一针庆大霉素，犹如雪上加霜导致双耳全聋。父亲周弘历经千辛万苦，四处寻医问诊，最后得出的结论是双耳全聋的孩子在全世界都属康复禁区，无法救治。为了不使女儿在心理上存在差异，父亲在婷婷 4 岁半的时候便把她送进了正常儿童的幼儿园；6 岁认识了两千多汉字，进入普通小学，并连跳两级；8 岁背诵了圆周率小数点后一千位，打破了当时吉尼斯世界纪录；11 岁被评为全国十佳少先队员；16 岁考入了世界名牌大学哈佛大学，成为中国第一位聋人少年大学生。

那么，周弘是怎样培养婷婷的呢？这就是赏识、信任和尊重，简单地说就是坚信自己的孩子是天才。婷婷学习桌子的玻璃台板下压着一张纸——《天才行为表》，只要婷婷读书忘了吃饭和睡觉，他马上指着表格第一条大声对女儿说：“你看，天才就是这样废寝忘食，你不是天才，谁是天才呢？”他就是这样给孩子积极的暗示。

婷婷上二年级了，一天晚上，老师布置做十道应用题，而她只做对了一道。面对这种情况，有的家长早已一巴掌上去，可是周弘没有这么做，他在做对的一道题下打了一个大大的勾。对于女儿做对的一道题，他想到的是鼓励，想到的是女儿小时蹒跚学步时他欢欣鼓舞的情景，想到女儿第一声喊他爸爸时，他泪流满面的情景，于是周弘满怀深情地对女儿说：“简直不可思议，这么小的年纪做这么难的题，第一次居然就做对了一道。”女儿露出喜悦的表情，她还想进一步证明自己，问：“爸爸呀，你小时候会不会做？”周弘说：“不会，像你这个年龄，这么难的题，爸爸连碰都不敢碰。”女儿顿时信心倍增，仿佛插上了飞翔的翅膀，自由地翱翔在数学知识的天空里，仅用了三年的时间就学完了小学六年的课程。

这些只是周婷成长的点滴,但是却告诉我们:即便是那些先天不足或后天不足的孩子身上也蕴藏着巨大的潜力,更何况我们身边健康的孩子呢?

所以家长一定要好好运用“赏识”这个法宝,不要因为孩子做好了、学好了是应该的事而疏于表扬,渴望被人赏识是人的天性。大人们也是如此,就连美国著名的作家马克·吐温先生也曾经说过:“凭一句动听的表扬,我能快活上半个月。”

很多家长说:“我该怎么夸孩子呢?总不能一天到晚说‘好啊,乖啊’。”这里就谈到了赏识教育的中心话题,鼓励孩子,让孩子在“我是好孩子”的心态中觉醒,同时一定要注意表达的方式和内容。

具体来说,你的赏识必须满足以下两个要求。

1. 真实的

赏识教育一定要不动声色,一定不能被别人发现,不能太虚伪,首先它必须是真实的,并且是自然流露出来的,不是直接说出来的。

2. 具体的、细节化的

有时,有的家长虽然也给予了孩子一些赞美,但是由于心理的标尺太高,高于孩子的现实,夸奖时常喜欢加一条小尾巴,比如说:“你做这件事很对,但是……”自以为很聪明,先扬后拍,让孩子高高兴兴地接受教训。其实,孩子对这类表扬很敏感,他会认为“噢,他原来就是为了后面一段话才假惺惺地表扬我几句。”因此,对孩子表扬要真诚大方,讲究实效,讲究细节。比如:“孩子,你今天被子叠得真整齐。”“孩子,你真孝顺,帮妈妈把牙膏挤好了。”“今天你表现得真不错,妈妈注意到你向周爷爷问好的时候,脸上笑眯眯的。”……

口才心理:

什么是赏识呢?所谓“赏”,就是欣赏赞美,“识”,就是认识和发现,综合起来的意思就是,家长们要认识和发现自己孩子所特有的长处和优点,并加以有目的的引导,勿使其压抑和埋没。

对孩子的批评要巧妙温婉

教育是家庭生活的重要部分，孩子犯错了，批评管教少不得，而孩子心灵也该得到保护，怎么拿捏其中的分寸呢？对于众多家长，一些心理权威人士称，家长们保护孩子自尊的意识强了，可有时，却把“对孩子的尊重”和“管教孩子”这两件事给对立起来了，好像保护孩子的尊严，就要放弃最基本的管教和批评。其实，如果我们了解孩子在不同的年龄段对批评的接受方式，就完全可以根据他的承受能力进行适当的批评。并且，在孩子做错事时，明确地告诉他“这件事你做得不对”是非常必要的，不能因为担心伤害，就不批评、不管教。

但任何批评都必须要讲方法，如果孩子一旦犯错就采取谩骂、呵斥的方式，那么，不但不能让孩子接受并改正错误，还会给家庭生活带来很多困扰。

该吃饭了，四岁的儿子拿着玩具不肯放，叫了几遍也没反应，小琳决定来点硬的。儿子哭闹着不肯放玩具，挣扎间竟用玩具把妈妈的头给敲出了个大包。小琳这下可火了，生气地把孩子说了一顿。可是，说完之后，看着儿子哭得可怜兮兮的，小琳又心软了，开始后怕，自己这样批评孩子，会不会给他留下心理阴影？

和小琳一样，不少做妈妈的都有类似的困扰：孩子难免会犯错，不批评是不可能的，可我的批评会不会过火呢？或者说，怎样批评才能既起到教育的作用，又不伤害孩子呢？

心理专家告诉我们，在批评和尊重之间，了解孩子的承受能力，并选择适合的批评方式，会帮助父母找到平衡，但父母们必须掌握以下几个在批评孩子时说话的原则。

1. 注意时间和场合

在时间上，批评孩子应照顾孩子会产生的情绪。若在清晨批评孩子，可能会破坏孩子一天的好心情；吃饭时批评孩子，会影响孩子的食欲，长此以往会对孩子的身体健康不利;睡觉前批评孩子,会影响孩子的睡眠,不利于孩子的身体发育。因此,批评孩子尽量不要在清晨、吃饭时、睡觉前。

在场合上,批评孩子不应在公共场合或当着孩子同学朋友的面,当着众多亲朋的面。因为孩子的自尊心往往很强,在人多的地方批评孩子,会让孩子觉得没面子,也会打击孩子的自信心,甚至影响亲子之间的关系。

2. 批评孩子之前先冷静,找出自己的过失

任何父母对孩子犯错都会生气,但千万不要在冲动之下批评孩子,说一些伤害孩子的话。你应该做的是,先冷静下来,然后找到自己做得不足的地方,告诉你的孩子,比如,“这事也不全怪你,妈妈也有责任”;“只怪爸爸平时工作太忙,对你不够关心”等等,会让家长和孩子的心理距离一下子拉得很近,会让孩子更乐意接受父母的批评,还可以培养孩子勇于承担责任、勇于自我批评的良好品质。

3. 给孩子申诉的机会

大人尚且经常犯错误,更何况孩子。他们犯错误,有可能是有意为之,也有可能是无心所致;有可能是态度问题,也可能是能力不足等等。所以,当孩子犯错后,不要剥夺孩子说话的权利,要给孩子一个申诉的机会,让孩子把自己想说的话和盘托出,这样家长会对孩子所犯的错误有一个更全面、更清楚的认识,也才知道孩子为何犯错,批评才会起作用。

4. 批评之后进行心理安慰

没有人喜欢被批评,孩子的自信心更容易受到伤害。因此,父母在批评孩子后,应及时给孩子一些心理上的安慰,从语言上来安慰孩子,比如说“没关系,知道错了改正就行”;“我知道你是个聪明的孩子,自己会知道怎么做”;“爸爸妈妈也有犯错的时候,重新再来”之类的话。

口才心理:

孩子的心灵是脆弱的,他们对批评的心理承受能力远远不如成人。作为父母,在批评孩子的时候,必须掌握一些方法,才能让孩子接受批评并改正自己的错误。

妻子要学会和丈夫聪明对话

谈到婚姻，男人说：“幸福的婚姻有一个共同点，妻子都特别好。”女人不同意：“男人在干吗？”男人又说：“好男人是靠培养的，所以有‘好女人是一所学校’这句话。”的确，因为女人聪明，女人心细，女人在家庭中占的分量更重，婚姻便成了一支以女人为主的交谊舞，舞跳得好不好，很大程度上取决于女人怎么带。到底什么样的女人才最能打动男人的心呢？很多女人认为，是女人的善良、温柔、勤勉。诚然，这是好妻子的表现，但真正聪明的女人除了具备以上的品性外，还有个重要的特质，那就是会说话。她们很善于抓住男人的心，巧妙地将自己在生活中的情感、愿望、意图表达出来。

那么，女人到底应该怎样对丈夫说话呢？

1. 偶尔撒撒娇

我们先来看看这样一个生活中的场景：

妻子下班回来说：“喂，我今天要做活，你去接孩子，回来做饭！”

丈夫一听也火了：“你没见我正忙着吗？”

妻子也不是等闲之辈：“忙，就你忙，难道这个家的事都我一人包了？”

结果，一来二去两个人就吵起来了，各自装了一肚子怒气。

这样的例子在生活中不胜枚举，从人们的接受心理看，盛气凌人最容易引起对方的反感。妻子希望丈夫做饭、接孩子，完全可以利用女性的性别优势，对丈夫撒撒娇，或许会是不一样的结果。比如：

妻子从单位回来，对正在看书的丈夫说：“晚上我得去单位加班，我知道你不想让你老婆累死，那今天你能不能帮我接接孩子，再做做饭？”

这种撒娇式的商讨口吻，对方是很乐意接受的。

丈夫说：“行，我这就去。”

这样说不但达到了目的，而且还可使彼此的关系更加和谐融洽。的确，一般情况下,能让人欣然答应的事情,通常是通过商讨的语气来达成的。当你需要丈夫的帮助时,切莫用生硬的命令口吻,应委婉柔和一些,撒娇就不失为其中良好的方法之一。

2. 附和丈夫的兴趣爱好

有个妻子在与自己的闺蜜谈心时聊到:“有一个休息天,丈夫在和电脑下围棋,我擦地板,擦到他那儿,我让他挪挪位置,他露出一副紧张的样子说:‘别动,别动,我马上就要赢了。’因为知道他下围棋从没赢过电脑,这次快赢了,我也很来劲,二话没说,放下拖把就凑过去看,还和他一起计算最后的一步。一番厮杀后,他果真赢了。那一刻,他高兴地吻了我。接着他一边兴奋地和我讨论围棋,一边又帮我拖地板,还提议晚上出去吃饭——我只在他感兴趣的事上附和了他一下,他竟然会这么喜出望外。那晚,坐在点着蜡烛的餐桌前,忽然想,如果下午我硬是让他挪位子而让他输了棋,或许就没有这样一个浪漫的夜晚了。”

案例中的这位妻子就是聪明的,任何一个男人都有自己的一点兴趣爱好,作为妻子,如果你能放下手中的家务活,和丈夫一起聊聊它,那么,丈夫一定认为你不仅是一个好妻子,还是一个知心人,对你就更疼爱有加了。

3. 不要责怪

女人真的很喜欢说这句话:“都怪你!”虽然作为老婆,这么说的本意是撒娇,但是男人却会把它理解成一种责怪。男人会心想:“我怎么这么吃力不讨好啊。每次遇到什么事情,都要问我怎么办,出了什么问题又要怪我。下次你跟我咨询任何事情,我还是闭嘴好了。”要知道,主意是男人出的,但是作决定的还是女人自己,没理由让男人来承担失败的后果。如果还想拥有老公这个“军师”,就别再总是说“都怪你”了。

口才心理:

婚姻“围城”需要的是夫妻双方共同的经营,也难免潜伏着两个人的矛盾,在战争一触即发之际,是火上浇油,还是春风化雨,往往取决于妻子的言语。有时候,恰到好处的一句话,不仅能平息争端、掌握住局面,还能增进夫妻感情。

丈夫的妙语最能讨得妻子欢心

可能很多男人在婚前都对女友百般疼爱，尤其是在追求爱情的过程中更是使出浑身解数，说尽各种甜言蜜语，但一旦结婚，似乎就有一种“既成事实”的感觉，认为只需要赚钱养家，给老婆充足的物质生活即可。实际上，婚姻中的女人同样需要各种“情话”，会说话的男人总是能讨得欢心，婚姻生活也更幸福。

周末，小晴被女友约出去逛街了，出门的时候，老公正好也不在家，也就没有和他打招呼。没想到，兴致勃勃的她一回家，老公就丢下一句：“上哪儿去了?”小晴逛街回来热情洋溢的心一下就冷了。她本来正要拿出购物的时候给丈夫买的衬衫，结果被这句话噎得火冒三丈。

“我去哪里要你管吗?”

可能很多男人都遇到过这样的情况，那么，别怪老婆这样回你。因为她在你的这句话里听到的，除了怀疑就是质问。男人从来都不懂得温柔，即使本意是出于关心。其实，如果在结尾加上一句“老婆，我好担心你”，也许效果会好很多。

的确，任何一个女人，都是听觉动物，她们更希望自己的丈夫有一张会说话的嘴，这远比名牌衣服、高档房屋更让她们觉得有幸福感。为此，男人必须掌握以下一些讨老婆欢心的窍门。

1. 不可沉默

有些男性会想：“只要我闭上嘴不说话，就万事大吉了。”然而，设想一下，你在打乒乓球时既没有对手，也没有接球员，一个人不得不在发球之后，自己去捡回来，那种感觉如何？当男性一言不发、三缄其口时，妻子的感觉就是这样。

对于女人来说，沉默是很可怕的，因为她很重视别人的回应。所以，一个女人在说话,另一个女人总会夸张地发出“天哪”之类的声音。这样的声音是在告诉说话的女人,“我一直在听着呢”。可是在吵架的时候,老公却常常亮出沉默这个杀手锏。“他为什么不说话?是不是不屑于跟我说话?还是有什么事情瞒着我?他不再爱我了吗?”不要怪老婆的联想没逻辑,因为老公的沉默吓到她了。

2. 说些关心、爱护的话

你的妻子是辛苦的,除了和你一样需要面临社会的竞争,还需要照顾好家庭,你感受到了吗?那么,你不妨展示一下一个男子汉的担当吧,看到老婆回家累了还要做饭的时候,你要说:“这么辛苦,我来养你吧!”明智的老婆也会想到你的辛苦,得到了关心和承认,老婆的工作干劲会更大!

3. 别忘了说“我爱你”

在适当的时候或心情愉悦的时候总是真诚地对老婆说:“我爱你!”、“爱你的一切!”看到这里,也许有人会嗤之以鼻:“老套!”但究竟有几个人做到呢?

4. 说些假话

那么,一个老公可以对老婆说哪些假话呢?

(1)年龄。你老婆本来已经四十有余、略显苍老,不过你不能将这一真实情况直言相告,而只能说“老婆看起来就是三十多岁”。这句话有双重效果:一是夸奖了老婆的形象,使老婆大人暗暗窃喜;二是顺便就可淡化老婆生气的情绪。

(2)厨艺。你可能会经常说:“我真的不想吃这个东西,不好吃。”试想一下,老婆辛辛苦苦在厨房忙碌了两个小时,你却说了这么一句。这话真是像盆冰水似的,透心凉啊!老婆不崩溃才怪。男人有男人的尊严,女人也有女人的面子。而且女人更善于想象和夸大问题。你说老婆做的东西不好吃,她就会认为“你不是对我有什么不满,就是觉得我不够贤惠”。以后再遇到这种情况,你一定要锻炼一下演技,难吃归难吃,挤出一丝笑容也不难嘛。先夸一下老婆,然后说:“如果能再加点盐就更好啦。”目的同样可以达到,还照顾了老婆的心情,何乐而不为呢?

口才心理：

一项婚姻调查显示，现代婚姻的最大杀手不是第三者、家庭暴力或生理问题，而是无法与对方沟通。语言似乎是夫妻之间普遍欠缺的技巧，而女性是通过语言来感受爱的。因此只有充分交流，才能有彼此融入的感觉，从而建立信任与真诚。

夫妻间要沟通的妙语

日常生活中，夫妻之间少不了要就家庭、工作、教育等一些问题进行沟通。很多的交流都是随意的，非正式的，基本属于一种“说话”的本能需要。看似很简单的交流，也蕴藏着很深的道理，也有一定的讲究。如果不明白其中的道理，把握不好原则和方法，也会交流出矛盾来。很多夫妻之间的“疙瘩”就是在这看似简单的几乎没有什么艺术可言的交流之中结成的。

夫妻之间沟通，首先要把握的原则就是注意态度。“态度决定一切”，态度诚恳、友善、平和，沟通就成功了一半；反之就会适得其反，越沟通越僵。日常生活中我们常听到的一句话是“瞧你那态度！”这句话的潜台词是：我反感的不是你说话的内容，而是你说话时的态度。所以沟通时态度非常重要，不可不注意。态度好给人的感觉如沐春风，态度不好给人的感觉如寒风刺骨。谁愿意在“刺骨的寒风”中站立？因此，从心理学的角度看，夫妻双方之间在沟通任何问题时，都必须注意自己的态度。

小黄和小梅经过一段时间的了解，双方都对对方感到满意。在双方父母的祝福下，他们结婚了。

一天晚上，小梅很晚还没回家，小黄就给小梅的几个朋友打电话，结果他们都不知道小梅在哪。小黄索性就坐在沙发上等，直到十点半，小梅才回来。

见到小梅，小黄劈头就问：“你到哪儿去了，这么晚才回来？梅，你知道我爱你，你可不能对不起我呀！”

小梅听了这话就很生气，说：“我怎么对不起你了？我在单位加班了，你如果不信任我，那咱俩就离婚！”

结果，结婚还不到一个月的小两口就离婚了。

的确，爱情与婚姻都是建立在真诚、理解和信任的基础上的。上例中，不能说小黄不爱妻子，但由于他表达不当，在别人看来，却是质疑的态度。他倘能在小梅回来后，说出“梅，你这么晚回来真让我担心。现在社会治安不好，以后如果没要紧的事，晚上尽量早点回来，好吗”等关爱的话，对方听后感动都来不及，又怎么会心生反感？

那么，具体来说，夫妻间沟通时，应本着怎样的态度呢？

1. 以尊重为前提

人都是要面子的，夫妻之间即便朝夕相处，也是独立的个体，而不是彼此的一部分，因此，在交流中，切不可伤害对方的自尊。事实上，很多夫妻遭遇婚姻沟通问题，都是因为忽视了这一问题。而只要在交流中不突破这个底线，基本上就不会出现问题。只要你心中有尊重，你就会注意自己说话的态度和措辞，就不会说话不过脑子，信口开河，逮着什么说什么，把语言当成武器来伤害自己最亲近的爱人了。

2. 不要涉及对方的“交流雷区”

生活中，每个人都有一些不愿他人提及的事，这些事或许是自己身体上的不足，或许是曾经一些丢面子的事。夫妻生活日久，应该都非常熟悉彼此的“交流禁地”，所以在日常交流过程中应懂得适可而止，不要踏入对方的“交流雷区”。

3. 注意说话的语气

夫妻之间，是最熟悉彼此的人，正因为熟悉，他们在说话时便不再拿彼此当“外人”了，便不注意态度和方式方法了，变得不讲理了，没有了顾忌，有时还会骂骂咧咧，话也不好好说，开口就是讽刺、挖苦、打击、揭短，语言粗俗，态度蛮横。尤其是家中的“大男子主义”、“女权主义”者，甚至当着外人的面也口不留情，常常弄得爱人窘迫异常，下不来台。这样的交流后果可想而知，无须多言。

夫妻之间在日常交流中把握好上述三点，如果再加上点幽默、风趣，交流便会成为夫妻日常生活中的一道靓丽风景线。

口才心理：

婚姻中，夫妻双方并不是彼此的一部分，而是独立的。在交流中，任何一方都应该考虑对方的感受，注意自己沟通的态度，只有善意的、有理的沟通，才能让对方接受。

用妙言化解家庭矛盾

任何人都知道，家庭生活中，成员之间免不了磕磕碰碰，可能有不少人在与家人互相指责时都扮演了受害者的角色，但指责的话刚脱口而出，你就后悔了。和对方说话总是生硬的，或者你的本意也许是好的，可说出来却全变了味——这时一场争执往往在所难免，错误信息的传递眼看就要引发家庭大战。这时候，就需要你改变说话的方式来化解矛盾。我们先来看下面两个故事：

史密斯夫妇吵架之后，互不理睬。在晚上就寝前，丈夫递给妻子一张字条，上面写着："明天早上七点叫醒我。"第二天，丈夫醒来时已是九点半。他急忙穿衣，只见床上放着一张字条，上面写着："七点了，快起床！"

又有一位先生下班回家后，发现他的妻子正在收拾行李。"你在干什么？"他问。

"我再也待不下去了，"她喊道，"一年到头老是争吵不休，我要离开这个家！"

先生困惑地站在那儿，望着他的妻子提着皮箱走出门去。忽然，他跑进卧室,从架子上抓起一个箱子。“等一等,”他喊道:“我也待不下去了,我和你一起走!”

夫妻难免也会发生口角,但又不是快刀斩乱麻般地断绝情义。在这种“割不断,理还乱”的感情状况下,无论哪一方来点幽默,都能化解矛盾,让对方破涕为笑。

其实,可能每个家庭每天都在上演各种战争,婆媳间、夫妻间、子女间,实际上,语言的小小改变就能令你所表达的意思有很大的不同。关键在于调节你的情绪不要带着火气和抱怨,这才是创造和谐关系的秘密所在。

西西是一个很可爱的小女孩,一直以来,她都喜欢扮演家庭调解员的身份来“瓦解”家庭里的任何“不法行为”,有“破坏”家庭温馨氛围的人首当其冲就会成为她“批判”的对象。

其实,西西经常调节的事情,无非就是谁把东西乱放唠叨几句,谁总是忘事提醒几句,谁太袒护孩子叮嘱两句。总之,都是小到根本不算矛盾的琐事。可是,这一切,在孩子眼里,那可是大事。大人总是要求孩子之间要相亲相爱,不能打架吵架,不能推推嚷嚷,为什么大人就可以想来点脾气就来点脾气呢?西西觉得不公平,所以她会抗议,她要维护家庭的和睦。

这不,有一天,西西奶奶的胃不舒服,因为老太太太节俭,舍不得把吃剩下的东西扔了。爸爸很生气,怪奶奶不听话,总是要去吃冷饭。奶奶也气了,怪爸爸态度不好。西西很会察言观色,她觉得这个矛盾是爸爸引起的,就开始批评爸爸,说“爸爸不要说奶奶,说米菲的爷爷嘛!”西西总是以米菲的爷爷来做挡箭牌,让我们赶紧把矛盾转移到动画人物米菲的爷爷身上。其实,她这方法真的很管用,只要她把这话一说,没人再敢批评谁了。

这里,我们看到的是一个很可爱、懂得调节家庭矛盾的孩子。那么,为人长辈的我们,是不是也该掌握一些调节家庭矛盾的方法呢?为此,我们在与家人产生矛盾而进行沟通时,需要掌握以下原则。

1.冷静下来,不要带着情绪沟通

情绪会直接影响着你的沟通态度,进而影响着沟通的效果。据说拿破仑的军队有一条纪律,士兵犯了错误后,作为军队指挥者,不可马上批评,因为此时的指挥官是带有情绪的，批评就会受到情绪的影响，如放一放再批评效果更好。家庭生活中的沟通亦是如此，带着情绪沟通，就很容易使沟通走偏。

2. 站在彼此的角度，给予必要的理解

矛盾既然产生，就必定是因为意见不一导致的，对方也必定有自己的理由和考虑，你应该理解。如果你表示一下理解，那么在情感上就相当于给了对方一个极大的安慰，使其郁积在胸中的不良情绪也得到缓解和疏通。

3. 要诚恳地道歉

不要认为自己没有错，其实，矛盾的产生就已经说明你有一定的错处。一个巴掌能拍得响吗？退一万步说，即使真的没有错，那么因为你和对方发生了矛盾进而伤害了家人的感情，这是不是错呢？所以你只要想道歉，就一定能找出道歉的理由。理解和道歉之后，你再把自己的理由和道理讲出来，对方便会容易接受。

口才心理：

家庭成员间意见不统一，有了矛盾之后，必须要及时地进行沟通。只有通过沟通统一了认识，化解了矛盾，才能使“梗阻”的家庭关系通畅起来。而沟通又是有一定方法的，只有掌握了这其中的道理、技艺，才能使沟通取得良好的效果。

第12章

灵巧处世，揣摩他人轻松交际的妙语

在人这一生中，我们需要通过正常的人际交往与这个社会保持联系。健康正常的互访活动，对于建立、加深这种联系，交流信息，沟通感情，都有着其他方式所不可替代的作用。而语言的交流与运用，又在拜访活动中起着至关重要的作用，因此我们应当给予足够重视。实际上，任何一个交际高手都善于揣摩他人的心理，因此，成功的语言交流都必须以对方的心理为出发点，任何应酬语言也只有说到对方心坎里，才能起到积极、有效的作用。

社交处世一定要会说几句客套话

中国是一个有着悠久历史的国家,是一个礼仪之邦。从心理学的角度看,人们都喜欢与知晓礼数的人交谈。而会不会说客套话是一个人懂不懂礼数的重要表现,更是一个人社交能力的体现。为此,客套话可以说是敲开陌生人心里大门的一个重要方面。与人见面之初,往往可能陷入无话可说的尴尬场面,这时你不妨以一些“客套话”开头,比如:“天气似乎热了点!”或者“最近忙些什么呢”等。虽然这些“场面话”大部分并不重要,然而,正是这些话才使彼此免于尴尬的沉默。

在古典名著《红楼梦》中,就有许多经典的场面话。在《刘姥姥进大观园》一回中,刘姥姥找到周瑞的娘子时,两人就用了许多场面话来进行寒暄。

周瑞娘子迎出来问:“是哪位?”刘姥姥忙迎上来问道:“好呀,周嫂子!”周瑞娘子认了半天,方笑道:“刘姥姥,你好呀!你说说才几年呀,我就忘了。请家里来坐吧。”刘姥姥边走边笑道:“你老是贵人多忘事,哪里还记得我们呢。”来至房中,周瑞娘子命小丫头倒上茶来吃,再问些别后闲话后,又问姥姥:“今日是路过,还是特来的?”刘姥姥便说:“原是特来瞧瞧嫂子你,二则也请请姑太太的安。若可以领我见一见更好,若不能,便借嫂子转达致意罢了。”

在这段对话中,刘姥姥与周瑞娘子说的大部分都是客套话。刘姥姥通过一番场面话,让周瑞娘子觉得,刘姥姥虽然是个出身寒酸的人,但还是很懂礼数的。而同时,刘姥姥也化解了自己寒酸的身份,之后双方再聊起正题就显得亲切许多,自然,周瑞娘子也会给刘姥姥一个见主子的机会。一些本来不好开口的话,经过场面话的客套之后,听起来就舒服多了。因此,在交际过程中,一定要重视客套话的作用,特别是当你与陌生的人或不熟悉的人交往时,场面话无疑是打破距离障碍的第一把钥匙。

在交际过程中，经常使用客套话、场面话和寒暄语，可以消除陌生心理，促成彼此间的良好交往。正如培根说过的："得体的客套和美好的仪容，都是交际艺术中不可缺少的。"所以，会交际的人应当像司机精通交通规则一样，熟悉和掌握好各种客套话。

一般来说，"客套话"有以下几种。

1. 当面称赞人的话

诸如称赞小孩子可爱聪明，称赞女士的衣服大方漂亮，称赞某人教子有方……这种场面话所说的有的是实情，有的则与事实有相当的差距，但只要不太离谱，听的人十之八九都感到高兴，而且旁人越多他越高兴。因为事实上，每个人都愿意听赞美的话，尤其是公开赞美的话，对方接受起来也更乐意。

2. 当面答应人的话

和陌生人交往，如果对方希望你帮什么忙，即使你不能帮忙，也不能当面拒绝。因为场面会很难堪，而且会马上得罪人。你可以说一些场面话，诸如"我全力帮忙"、"有什么问题尽管来找我"等。给足对方面子，不至于让他下不来台，他也会觉得你是个顾全大局的人。

另外，我们要记住一些特定场合下有针对性的客套话。比如在打扰别人或者给对方添麻烦时，要真诚地说一声"对不起"、"不好意思"，一旦没有了这句话，对方可能很长时间还对此事耿耿于怀；在求人办事后，要真诚地说声"谢谢"、"拜托您了"，如果没有这句客套，对方会认为你求人的态度不够真诚或者认为你不懂礼节，对你的印象大打折扣；在作报告或者讲话时，可以先这样客套一下："我的讲话水平不高，讲得不好，还请大家见谅"，"如果讲得不好，还望大家多多指正"……这类客套话表面上看似是随口而出，实际上确实起到了表现自身涵养的作用。

下面是一些特定场合的客套话：

(1)初次见面说"久仰"，久别再见时"久违"；

(2)未及欢迎说"失迎"，起身告别说"告辞"；

(3)等候宾客说"恭候"，客人到来说"光临"；

(4)看望他人说“拜访”,请人勿送说“留步”;

(5)请人办事说“拜托”,盼人指点说“赐教”;

(6)求人帮忙说“劳驾”,请人解答说“请教”;

(7)求人方便说“借光”,麻烦别人说“打扰”;

(8)陪伴朋友说“奉陪”,中途告辞说“失陪”;

(9)向人祝贺说“恭喜”,赞赏他人说“高见”。

因此,在与陌生人说话的时候,我们需要掌握一些“客套话”的说法,在三言两语之间,就能轻松让对方为我们打开心门!

口才心理:

千百年来,人们在与人打交道的时候,都有一套约定俗成的套路,这其中也包括客套话。所谓“客套话”,顾名思义,就是为表示客气所说的话。作为领导者,无论在工作还是生活中,都免不了要与各种各样的人接触,于是,学会客套就显得尤为重要。

恰到好处的恭维给对方留下深刻印象

人类都有一个共同的心理,那就是希望自我价值被肯定,自尊心和荣誉感被满足。有位企业家说过:“人都是活在掌声中的,当部属被上司肯定,他才会更加卖力地工作。”根据这一心理,我们在为人处世的过程中,嘴甜一点,把赞美、恭维人的话说到对方心里去,会让他人喜欢与我们相处。

法国的拿破仑就非常知道恭维的力量,而且他也具有高超的统帅和领导艺术。他主张对士兵要“不用皮鞭而用荣誉来进行管理”。他认为:一个在伙伴面前受到体罚的人,是不可能愿意为你效命疆场的。为了激发和培养士兵的荣誉感,拿破仑对每一位立过功的士兵都加官晋爵,而且还会在全军进行广泛的通报宣传。通过这些赞美和变相赞美,去激励士兵勇敢地战斗。

的确，人人都喜欢正面刺激，不喜欢负面刺激。人际交往中的恭维，也是有规律可循的。很多人在恭维他人的时候，因为恭维不到位，或恭维语言不当而弄巧成拙，让他人感觉有奉承之嫌。真正会说话的人，会巧妙运用恭维的艺术，在不显山露水间表达自己的赞美之意。

有一位先生，听说外国人都喜欢听别人的赞美，尤其是女士，最喜欢听别人说她漂亮。后来，他出国了，便想试着去赞美别人。

一次，他去逛超市，迎面走来一位很胖的妇女。他习惯性地对这位妇女说："女士，您真是太漂亮了！"

不料，这位妇女狠狠地瞪了他一眼，毫不客气地说："先生，你是不是离家太久了？"

这位先生，可以说是好心办了坏事，原本想对这位女士赞美一番，却招来别人的厌恶，可谓无辜。而出现这一情况，就在于他不善赞美。

人们喜欢被恭维，但对于那些肉麻的奉承则会感到恶心。那么，人们究竟希望得到什么样的赞美呢？我们又该如何去巧妙地赞美他人呢？

1. 把握恭维的度，话要说得恰如其分

真诚的赞美应该是恰如其分的，不空泛，不夸大，不含糊，具体，确切。而且，所要赞美的事情也并非一定是大事，即使是别人的一个很小的优点，只要给予恰如其分的赞美，就不属于"拍马屁"。

2. 发自内心的恭维

当我们真诚地赞美别人时，对方也会由衷地感到高兴，并对我们产生一种好感。所以，要想缓和增进双方的关系，拉近彼此的距离，不妨对其使用真诚的赞美。

如果我们对一个 60 岁的老太太说："您的皮肤真是和 20 岁的姑娘一样好啊！"对方一定会认为我们精神有问题，因为这些话好像和她没有一点关系。

3. 背后恭维

要赞美一个人，直接赞美固然能起到作用，但间接赞美的效果更明显。

比如,如果我们当面说别人好话,说得不当可能会被认为我们在奉承他、讨好他;然而在背后说这些相同的好话时,被赞美者就容易接受我们的赞美之词,也容易领情。你不要担心这些赞美的话对方听不到,语言传递的力量是我们无法估量的。

4. 恭维的话要说得具体

赞美要具体,不能含糊其辞,否则可能会让对方感到混乱和窘迫。赞美越具体,说明你对被赞美者越了解,也更容易让对方接受你的赞美。

克莱斯勒公司为罗斯福总统制造了一辆汽车,因为他下肢瘫痪,不能使用普通的小汽车。工程师将汽车送到白宫,总统立即对它产生了极大的兴趣:"我觉得简直不可思议,只需按按钮,车子就能跑起来,真是太奇妙了!"

他的朋友们也在一旁欣赏汽车,总统当着大家的面夸奖:"我真感激你们花费时间和精力研制了这辆车,这是件了不起的事!"总统接着欣赏了车的散热器、车灯等。也就是说,他提到了车的每一个细节,并坚持让夫人和他的朋友们注意这些装置。

这些具体的赞美,让人感到了他的真心和诚意。

口才心理:

任何人都拒绝不了恭维,因为恭维是一种对自我价值的认定和赞同。然而若是恭维不当,就如同隔靴搔痒,不仅起不到好的作用,反而更像"拍马屁",引起对方反感。

社交尴尬不必怕,幽默言语巧打圆场

生活中,我们与人初次交往,都希望双方的交谈能在轻松愉快的氛围中进行,使每个人都身心愉悦,从而希望随着交谈的深入,双方的关系能进一步加深。但实际上,人们在处理人际关系的时候,也会因经验或能力的不足

而面临尴尬的局面，或与客户争吵，或被上司批评，或被同级嘲笑等。此时，如果我们能巧妙地打圆场，帮彼此找到一个台阶，从而摆脱难堪的局面，那么，对方一定会对我们产生好感，从而有利于交谈的进一步进行。

老诗人严阵和一位青年女作家访问美国，在一所博物馆广场散步时，恰巧有两位美国老人在旁休息，看见中国人来，他们很热情地迎上来交谈。其中一位老人为表达对中国人的感情，热烈地拥抱那位女作家，并亲吻了一下，女作家十分尴尬，不知所措。另一位老人也抱怨那老人说，中国人不习惯这样，那拥抱过女作家的老人像犯了错误似的呆立一旁。老诗人严阵赶快上前微笑着说："呵，尊敬的老先生，你刚才吻的不是这位女士，而是中国，对吗？"那老人马上笑道："对，对！我吻的是中国！"尴尬气氛在笑声中烟消云散了。

老诗人严阵的一句打圆场的话，解除了因错误亲吻而带来的尴尬。而从这个犯错的外国老人的角度看，他一定也从心里感激严阵给他的这个台阶。而所谓打圆场，是指交际人双方争吵或处于尴尬处境时，由第三者出面进行调解的一种方法。打圆场运用得好，有利于打破僵局，解决问题，还可以融洽气氛、消除误会、缓和矛盾、平息争端、联络感情。

可见，交际中遇到尴尬的场面时，做到审时度势，准确把握双方的心理，然后运用说话技巧，借助恰到好处的话语及时出面打圆场，化解尴尬，维护交际活动的正常进行，就显得十分重要和宝贵，也确实是十分必要和值得重视的。那么，我们在交际中，怎样才能不失时机地打好圆场呢？

1. 找个借口，给对方台阶下

人们之所以会在交际场合陷入尴尬境地，是因为他们在某种些场合做了不合时宜的事，说了不合情理的话等。而要打破这一僵局，可以从人们不容易看到的方面就这些有悖常理的话和行为做出另一番解释，以证明他的行为和语言是合理的、无可厚非的。这样一来，对方的尴尬解除了，正常的人际关系也能得以继续下去了。而我们在无形中也多交了一个朋友。

2. 侧面点拨

即不直言相告，而是从侧面委婉地点拨对方，使其明白自己的不满，打消失当的念头。这一技巧通常借助于问句的形式表达出来。

小李与小王是一对好朋友,彼此都视对方为知己。有一次,本单位的青年小张对小李说:"小李,我总觉得小王这小子为人有点太认真了,简直到了顽固的地步,你说是不是?"小李一听小张的话顿生反感,心想:你这小子在背地里贬损我的好朋友缺德不缺德?但他又不好发作,于是假装一本正经地说:"小张,我先问你,我在背后和你议论我的好朋友,他要是知道了会不会和我反目为仇?"小张一听这话,脸"唰"地一红,不吭声了。

这里,小李就使用了委婉点拨的技巧。面对小张的发问,他没有直接回答"是"还是"不是",而是话题一转,给对方出了个难题,而这个难题又正好能起到点拨对方的作用,既暗示了"小王是我的好朋友,我是不会和你合伙议论他的",又隐含了对小张背后议论、贬损小王的不满。同时,由于这种点拨较委婉含蓄,所以也不致让对方太难堪。

3. 审时度势,让各方都满意

交际场合,产生矛盾的双方若就某一问题争论起来,此时,是很难说清楚谁对谁错。而作为调解者,在调解时应一碗水端平,不可厚此薄彼,以免加深双方的差异,要对双方的优势和价值都予以肯定,在一定程度上满足他们的自我实现心理;在这个基础上,再提出双方都能接受的建设性意见,这样就容易为双方所接受。

4. 转移话题,制造轻松气氛

当尴尬或僵局出现时,有些人由于情绪上的激动,往往会在一些问题上互不相让。在打圆场时,不妨岔开他们的话题,转移他们的注意力。如朋友之间为了某个问题争得面红耳赤,僵持不下时,可以适时说一句"要把这个问题争得明白,比国家足球队赢球还难";或者说一个笑话,让双方的情绪平缓下来,在轻松的气氛中让尴尬消失殆尽,使交际活动得以顺利进行。

口才心理:

打圆场是一种语言艺术,但打圆场必须从善意的角度出发,以特定的话语去缓和紧张气氛,调节人际关系。而从我们自身来说,掌握交际双方的心理,运用说话技巧,帮人找回面子,也可以使我们在交际场合左右逢源。

用自嘲轻松化解他人刁难

生活中，我们与人交往，经常会遇到一些不善之辈，他们会给我们设置一些语言陷阱。此时，我们只有思维敏捷，迅速意识到对方的言外之意，并让自己的思维展开飞翔的翅膀，运用自嘲的方式，就能巧妙地粉碎他人的挑衅，让我们从这种尴尬中解脱出来。

在你身边，什么样的人最受欢迎？你一定会回答：有幽默感的人。而最受欢迎的幽默方式是什么？答案一定是自嘲。它是一种生活的艺术，还是一种自我嘲解、自我帮助，也是对人生挫折和逆境的一种积极、乐观的态度。自我解嘲并不是像人们所说的逆来顺受、不思进取，而是一种随遇而安的心态，对于那种可望不可即的目标做一下重新调整，设计出符合当下自己的目标，追求新的目标。正是因为这样，人们都对善于自嘲的人钦佩有加，并愿意与他们打交道。

当然，与人交往，并不是每个人都心存善意。面对不善的交谈，愚者出拳头，智者则能运用智慧为自己找到交际的出口。而人们要想做到自我解嘲，就要保持一颗平常的心，但这一点也是最重要的。平常的心，就是不被名利所累，不为世俗所牵绊，不以物喜，不以己悲。这不是很容易就能做到的。只有树立了正确的人生观、价值观，对名利地位、物质待遇等等采取超然物外的态度，才能心怀坦荡、乐观豁达，才谈得上自我解嘲，精神上才可以轻松起来，自己才可以更加的潇洒和充实。

具体来说，我们在自嘲时，可以针对以下方面。

1.笑笑自己的长相

笑自己的长相，或笑自己做得不很漂亮的事情，会使我们变得较有人性，并给人一种和蔼可亲的感觉。如果你碰巧长得英俊或美丽，那就试试你的其他缺点。如果你真的没有什么缺点就虚构一个，缺点通常不难找到。

一位大学足球队的教练,有人向他问起某位明星球员。这位教练说:“他是大四学生,很不错的球员。但是有一个缺点,就是他已经大四了。”

一个人要出国进修,他的妻子半开玩笑地说:“你到了那个花花世界,说不定会有其他的女人投怀送抱呢!”他笑道:“你瞧瞧我这副尊容:冬瓜脸,罗圈腿,站在路上怕是人家眼角都不撩呢!”一句话便把妻子逗乐了。

人人都很忌讳他人提及自己长相上的缺陷,可这位丈夫却能够很平静地接受自己的先天不足,并不在意揭丑。这样的自嘲体现了一种人生智慧,比一本正经地向妻子发誓决不拈花惹草效果更好。此时,他在妻子眼里,一定是一个完美的丈夫。

2. 笑笑自己的缺点

有时你陷入难堪是由于自身的原因造成的,如外貌的缺陷、自身的缺点、言行的失误等等。自信的人能较好地维护自尊,自卑的人往往陷入难堪。对影响自身形象的种种不足之处大胆巧妙地加以自嘲,能出人意料地展示你的自信,在迅速摆脱窘境的同时显示你潇洒不羁的交际魅力。如你“海拔不高”,不妨说自己是体积小脑力大,浓缩的都是高科技;如丑陋的你找了一个美丽的她,不妨说“我很丑但我很温柔”;即便你如刘靖一样背上扣个小罗锅,也不妨说你是背弯人不弓。

可能你会认为,嘲笑自己的缺点和愚蠢,是幽默的最高境界。然而,伴随着这种嘲笑的情绪是不同的。如果我们尖刻地嘲笑自己,他人会觉得我们犯了愚蠢的错误,活该受到惩罚,那只会让我们感到屈辱。因为这种态度背后的潜在意识就是相信我们应该比实际的更好,而如此人生态度正是我们超脱的障碍。如果我们内心充满了爱来嘲笑自己,就能达到某种和蔼可亲的超脱。因为我们自认愚蠢,但不顾影自怜。

口才心理:

幽默一直被人们称为只有聪明人才能驾驭的语言艺术,而自嘲又被称为幽默的最高境界。在社交场合中,自嘲是不可多得的灵丹妙药。在遇到他人的刁难时,不妨拿自己来开涮,至少自己骂自己是安全的,一般不会讨人嫌。智者的金科玉律便是：不论你想笑别人怎样，先笑你自己。

用大家都熟悉的话题来挑热气氛

社交场合，人们都希望交谈能在轻松、和谐的氛围中进行。而是否能达到良好的交谈效果，直接取决于交际场合大家交谈话题的合适与否。因为从心理学的角度看，人们对于那些与自己有共同话题和兴趣的人更容易产生交流的欲望，也更愿意与之结交。因此，恰当、有趣的话题能使大家循着交谈的轨迹逐步加深感情，从而建立友谊。如果运气好，你与陌生人的偶遇还可能发展成为终生不渝的友谊。仔细想来，我们哪个朋友原来不是陌生人呢？可见，话题在应酬中的重要性。

在印度有个叫贝尔纳·拉迪埃的销售员，他不同于一般的销售员，他的工作是推销空中客车飞机。当他被推荐到空中客车公司时，面临的第一项挑战就是向印度销售飞机。

这是一件棘手的任务，因为这笔交易已由印度政府初审，未被批准，能否重新寻找到合作的机会，全看销售代表的谈判本领了。作为销售代表，拉迪埃深知肩上的重任。他稍做准备就立即飞往新德里。接待他的是印度航空公司的主席拉尔少将。拉迪埃到印度后，见到他的谈判对手后说的第一句话是："正因为你，使我有机会在我生日这一天又回到了我的出生地，谢谢你！"

贝尔纳·拉迪埃的这句开场白是别开生面的，这个话题的选定，迅速拉近了与谈判对手的距离。这句话，虽然只有短短的几十个字，但是却蕴涵着丰富的内容。它表达了好几层意思：感谢主人慷慨赐予的机会，让他在自己生日这个值得纪念的日子来到贵国，而且贵国是他的出生地。而实践证明，拉迪埃的印度之行取得了成功。拉迪埃靠着娴熟的销售技巧，为空中客车公司创下了辉煌的业绩：仅在 1979 年，他就创纪录地销售出 230 架飞机，价值420亿法郎。这当中,应该说也少不了他善于“拉拢人心”的功劳。

人与人交谈,都是围绕着一个话题展开的,而我们只有积极主动选择一个双方都感兴趣的话题,交谈才得以在一个轻松、愉快的氛围中进行。一般来讲,人们在交谈中,多选择以下几个话题。

1. 天气

天气是每个人都关心的问题,因为它事关每个人每天的生活。因此,若天气不好,不妨交换一下彼此的苦恼:“今天这天儿,我都穿得跟个企鹅似的。”“这鬼天气,我浑身上下都要起火了。”天气很好,不妨同声赞美:“今儿天气不错啊,心情也跟着好起来了。”如果某地遇到暴雨或者干旱等天气异常情况,也可以拿出来谈谈,因为那是人人都关心的话题。

2. 坦白自己的感受

比如,假若你参加了一个周围没有一个熟人的聚会,与其你自己在角落里一个人嘀咕“我太害羞了,与这种聚会格格不入”,还不如直接告诉坐在你身边的陌生人,或许对方也正有此感受。

一次,美国作家阿迪斯与写过另外一本书的心理学家谈话。阿迪斯通常对这类谈话都能应付自如,并会从中受益,所以当他发觉自己结结巴巴,不知怎样开口时,简直大吃一惊。最后阿迪斯说:“不知为什么我对你有点害怕”。结果,那位心理学家对阿迪斯的这个说法产生了兴趣,随即大家就自然地聊起来了。

3. 自己闹过的有些无伤大雅的笑话

比如,你可以拿买东西被骗、语言上的失误等此类的笑话来和对方分享一下。因为这些生活中的趣事,人们一般都爱听。在你谈论此类趣事时,可能对方也遇到过,你们之间就找到了共同的话题。另外,拿自己开涮,更体现出你的随和、平易近人。

有一次,阿迪斯听见一位太太对一个陌生的女士说:“你长得真好看。”也许,我们大多数人都没有说这种话的勇气,不过我们可以说:“我远远就看见你进来,我想……”或是“你正在看的那本书也是我最喜欢的。”如此,双方就能找到共同话题进行交谈了。

4. 以轰动一时的社会新闻为话题

生活中，我们每个人都会对近期发生的一些新闻进行谈论，这也是闲谈的资料。若你能就此发表自己的意见和看法，那就足可以把一批听众吸引在你的周围。

5. 家庭问题

关于每个家庭里需要知道的各方面的知识，例如家庭教育、购物经验、夫妇之间怎样相处、亲友之间的交际应酬、家庭布置等问题，也会使大多数人产生兴趣，家庭主妇们尤其关心这类问题。

当然，我们也应当避免问一些令人扫兴的话题。在初次交往中，各自都有一定的意图，所以纯属个人生活的事情不要多谈，可能没有人愿意听你高谈阔论，诸如狗、孩子、食物和菜谱、自己的健康、高尔夫球，以及家庭纠纷之类的事。但你可以对时下人们所共知的社会现象、热点问题等谈谈看法。

口才心理：

人们更愿意与人交流自己感兴趣的话题，对于那些在社交场合能兼顾大家感受而寻找共同话题的人也更容易产生好感。因此，如果你善于选择大家都能聊的话题，相信你会很快与他们建立起稳固的友谊。

祝酒词要说得有趣俏皮，得人欢心

酒文化在中国永远是一个既古老又新鲜的话题。中国人喝酒，喝的不仅是酒，还是一种意境和文化。自古以来，素有“行酒令”之传统，到了现代，人们的祝酒习惯有增无减，这也是酒桌上的一个礼仪。因此，我们在交际应酬的时候，除了要懂得如何喝酒，还要明白祝酒的学问。

人们常说“酒品看人品”，一个人在酒桌上的表现如何，直接关系到留给对方的印象的好坏。因此，从心理学的角度看，那些会祝酒的人往往能获得满堂彩,不失礼节又能让人刮目相看。而祝酒词带有很强的随机性和变化性,因此,祝酒也考验了一个人在应酬的时候的变通、见机行事的能力。当然,祝酒也并不是毫无章法、毫无规则的,我们要根据不同的场合、时间、地点以及当时的喝酒氛围来祝酒。这门学问涉及方方面面。

(1)面对突如其来的“邀请”。酒桌上,有时候你毫无准备,却被推举出来祝酒,此时,你可能显得很局促,不知从何说起,那么,不妨直接说出你的感受。祝酒词不用长篇大论,可以表达你的敬意和祝愿等。当然,如果你想表现得更有风度,更有口才,你就要增加一些回忆、赞美,以及相关的故事或笑话。

(2)一般来说,祝酒词是男女主人公的优先权,而假若无人祝酒,客人便可提议向主人祝酒,如果其中一位主人第一个祝酒,一位客人可以第二个祝酒。

(3)重要的仪式场合,一般是由司仪祝酒,在没有司仪的情况下,组委会主席会在就餐结束,开始发言前,致必要的祝酒词。在不太正式的场合,可以在葡萄酒和香槟酒上来之后,就提议祝酒。祝酒者并不必把酒杯里的酒喝干,每次喝一小口足矣。

(4)而假若你完全不会喝酒,甚至连含酒精的饮料都不喝时,你可以谢绝对方的好意,在祝酒时举起装着苏打水的高脚杯。以前,除非是酒精饮料,否则不祝酒,但是今天各种饮料都可以用来祝酒。即使你不喝酒,也应加入到这项活动中来,不然则显得失礼。

他人祝酒,你不必将酒都喝光,而只是站起来喝一些,并道“谢谢”,同时向对方祝酒。如果愿意的话,女性可以非常自由地敬酒,而且回答敬酒只要笑一笑,或向祝酒者的方向点头示意就足够了。

具体的祝酒词是轻松和谐的,但我们在祝酒的时候要避免庸俗,否则,会让对方感觉难堪甚至鄙夷,这样,我们原本为了活跃气氛的本意就被倒置了。

另外,祝酒词应当与场合相吻合。例如,在婚礼上的祝酒词应该侧重于情感方面,向退休员工表达敬意的祝酒词则应当侧重于怀旧,诸如此类。

有以下一些经典的祝酒词:

男人不喝酒,交不到好朋友;感情深一口闷,感情浅舔一舔;宁可胃上烂个洞，不叫感情裂条缝；感情厚，喝不够；感情薄，喝不着；感情铁，喝出血。一两二两漱漱口，三两四两不算酒，五两六两扶墙走，七两八两还在吼……

但大多数酒宴宾客都较多，所以应尽量多谈论一些大部分人能够参与的话题，得到多数人的认同。因为每个人的身份地位、知识面以及兴趣爱好都有不同，谈话的内容太偏也许会赢得某个人的好感，但却遭到更多人的排斥，影响喝酒的效果。其次，在喝酒的时候，要瞄准宾主、把握大局、分清主次，不要单纯地为了喝酒而喝酒，而失去交友的好机会。

在酒桌上，我们最重要的是聪明，学会灵活掌握，熟练运用，不然，只会被别人“排山倒海”的祝酒词攻击。当别人劝酒的时候，我们可以反客为主，说“怎么能让您敬我酒呢，应该是我向您敬一杯才对。”然后起立举杯，说敬全体一杯，这样，他们接下来就不好意思挨个你劝酒了，就可以少喝很多杯。

可见，在酒桌上学会祝酒是何等的重要。才思敏捷、善于利用祝酒加深感情，又能“保护”自己的人往往能让宾主尽欢，于微醉微醒中达到喝酒的目的！

口才心理：

餐桌上祝酒，可以渲染吃饭气氛，使整个宴席的气氛活跃起来。或许你比较木讷，不大会说，其实很简单，生意人祝他生意兴隆，老人祝他越活越年轻，年轻人祝他前程似锦，女孩祝她越长越漂亮。只要你把祝酒词说到位，就能顺利让餐桌上的人对你赞赏有加！

祝语贺词由心而发，深入心坎

俗话说：“人逢喜事精神爽。”人们在遇到喜事的时候自然心情愉悦。而且人类还有一个共同的心理，那就是乐于分享自己的喜悦。这就是为什么日常生活中人们在升职、加薪、结婚之际，喜欢宴请宾朋的原因了。而出于礼仪的需要，我们自然需要祝贺。但绝不能无视环境，乱讲一通。否则，非但不起作用,反而徒令对方败兴。要得偿所愿,就要掌握祝贺的语言技巧,只有把祝贺的话说到对方心坎里,产生积极的心理作用,才是有效的。我们先来看下面一个故事:

某退休老教授七十岁寿诞,在某酒店大摆筵席,宴会上高朋满座,其乐融融。宴会进行到一半的时候,一个学生出于礼貌,举杯祝贺老寿星。他说:"王教授一直是我们最和蔼可亲的老师,每当我深夜看书的时候,我总是会想起他的音容笑貌。"当他这一番话说完后,整个宴会厅鸦雀无声,此人好不尴尬。

故事中,祝贺的人本是出于好意,但却用错了字眼,制造了一出令人尴尬的闹剧。一般来说,对于已逝的人,才会用"音容笑貌",在寿诞上,使用这一词语明显很扫兴。

祝贺的方式有多种多样,口头祝贺、书信祝贺、赠礼祝贺等等,都有自己特定的适用范围。在多数情况下,几种方式也可以同时并用。一般说来,口头祝贺,是人们用到最多的一种祝贺方式。

其中,如何使用口头祝贺,就明显体验了我们说话的技巧。具体来说,要把祝贺的话语说到对方心坎里,需要遵循以下几个原则。

1. 祝贺的时机需要审慎地选择

生活中,适逢亲朋好友结婚、生育、乔迁、获奖、晋职、过生日等应当及时向其表示自己为对方而高兴;不然,就有疏远双方关系、心存不满或妒忌之嫌。碰上节日,出于礼貌,向亲朋好友道贺也是必要的。对新开业、扩店、周年纪念等,也应予以祝贺。

2. 区分对象

口头祝贺要简洁、热情、友善并饱含感情色彩,同时要区分对象,回避对方之所忌。

对不同的对象,在不同的时刻,道贺之语的选择应有所不同。

在祝贺同行开业时,"事业兴旺"、"大展宏图"、"日新月异"、"生意兴隆"、"财源茂盛"等,都是很吉利的贺词。

在祝贺生日时,除了"生日快乐"可广泛使用外,"寿比南山,福如东海"等是老寿星爱听的祝词,就不宜用于祝贺年轻人,尤其是孩子们。

对新婚夫妇，使用“天长地久”、“比翼双飞”，“白头偕老”、“百年好合”、“互敬互爱”、“早生贵子”之类的祝贺语，能使对方更加陶醉在幸福与憧憬之中。

另外，有些话本意不错，但可能是一些人的忌讳，故宜加以回避。例如，香港人不爱听别人祝他“快乐”——爱讨“口彩”的他们，往往把“快乐”听成了与之发音一样的“快落”，那样岂不是太不吉利了。

若明知一位小姐才疏学浅，事业上难有重大进展，那么就不宜用“事业有成”，免得让人家“感时花溅泪”，代之以“生活幸福美满”，或许能让她芳心大悦。

3. 遵循一些约定俗成的语言

例如，“恭喜，恭喜”、“我真为您而高兴”就是常用的道贺之语。“事业成功”、“学习进步”、“工作顺利”、“一帆风顺”、“身体健康”、“心情愉快”、“生活幸福”、“合家平安”、“心想事成”、“恭喜发财”之类的吉祥话，大家也人人耳熟能详。

总之，在“人逢喜事”之时，一句得体的祝贺，可以把你的喜悦之情也传达给对方，从而促进人际间的友谊。

口才心理：

祝贺，就是向他人道喜。每当亲朋好友在工作与生活中取得了进展，或是恰逢节日喜庆之时，对其致以热烈且富有感情色彩的吉语佳言，会使对方的心情更为舒畅，双方的关系更为密切。

招待客人要会些迎来送往的寒暄话

古人云：“有朋自远方来，不亦乐乎？”、“杀猪宰羊且为乐”，这是中国人好客的真实写照。请客吃饭或者参加宴会，自然少不了迎来送往。而在迎来送往这一问题上能否言语得当,直接关系到我们给对方留下的印象的好坏以及彼此之间关系是否能进一步发展。因为从心理学的角度看,参加任何宴会,任何一个宾客都希望自己受到重视,而这一点往往就体现在那些细节问题上。我们先来看看下面的故事:

小春原先有个非常要好的朋友,现在却没什么联系了,原因就是数年前小春去他家做了一次客。小春这样回忆这件事:

“那天我和爱人受朋友之约,带着礼品准时敲响了他家的大门。去了才知道,那天他邀请的不只我们,还有一位局长。开席的时间已到,那局长还迟迟未见身影,打电话一问,才知是临时有事不来了。朋友很懊恼,席间不断抱怨那位局长不该失约。在我看来,他是心疼那一桌子菜没达到预期目的罢了。酒足饭饱,该回去了,他们一家人把我们夫妻送出大门,可还没等我们的摩托车起火,就听身后‘咣当’一声,大门关上了,我隐约听见朋友骂了一句。我知道朋友不满的是那位失约的局长,但那‘咣当’一声和那句谩骂让我心中拧起了疙瘩,以至于渐渐和朋友疏远了。他也许永远也不明白我们的交情是怎么淡薄下来的吧。”

故事中的主人公小春为什么不愿意和他的朋友再来往了?因为他的朋友在局长没有如约而至而心有不悦的情况下,完全没有考虑到小春的心理感受,在小春正离开他家时谩骂了一句,而让小春心里起了疙瘩。

可见,迎来送往是我们的传统,迎来与送往同样重要。可是有些人只注重迎客,而忽视了送客,这是待客一大忌。

其实,无论设家宴还是在酒店请客,一般都是“四部曲”:

第一是发请柬,非正式场合打个电话也可以。

第二是迎宾,无论朋友是否携礼物到来,都是你请到的客人,都应以礼相待,恭请客人入席就座。

迎宾是宴请中尤为重要的一步,俗话说,万事开头难,主客相遇,是否彼此相得,关键在作为东道主的我们是否懂得打破僵局,这就需要寒暄。它能缩短人际距离,向交谈对象表示自己的敬意,或是借以向对方表示乐于结交之意。选用适当的寒暄语,往往会为双方进一步的交谈、增进彼此之间的感情，做好良好的铺垫。

而相反的是，若宾客到来，在本需要我们迎接的时候却一言不发，则是极其无礼的。即使我们与宾客的关系再熟，也要寒暄一两句，若视而不见，不置一词，难免显得自己妄自尊大。

宾客参加宴席，热情洋溢地迎接宾客，加上到位的寒暄，才能让对方感觉到“宾至如归”；但和客人交谈，最好是挑些轻松愉快的话题，这就需要我们学会适当地与宾客寒暄。

(1)跟初次见面的人寒暄，一定要记住双方的身份、熟悉程度，尽量用一些简单的寒暄语，诸如“你好”“很高兴能认识您”“见到您非常荣幸”。当然，也可以轻松、随便一点，如：“某某经常跟我谈起您”，或是“我早就拜读过您的大作”、“我听过您作的报告”等。

(2)双方已经熟络，寒暄语可亲切一点。

你可以说：“今天天气真好，很适合郊游呢。”“好久没见了”、“您气色很好”等。

(3)寒暄语应当删繁就简，还应有友好、尊重之意。

寒暄语不一定具有实质性内容，而且可长可短，需要因人、因时、因地而异，而它却不能不具备简洁、友好与尊重的特征。

例如，两人初次见面，一个人说：“久闻大名，如雷贯耳，今日得见，三生有幸”，另一个人则道：“岂敢，岂敢！”搞得像演古装戏一样，就大可不必了。

寒暄语应带有友好之意、敬重之心，既不容许敷衍了事般的打哈哈，也不可用以戏弄对方。“来了”，“瞧您那德性”，“喂，您又长膘了”等，自然均应禁用。

(4)牵涉个人私生活、个人禁忌等方面的话语，最好别拿出来“献丑”。

例如，一见面就问候人家“跟朋友吹了没有”，或是“现在还吃不吃中药”，都会令对方反感至极。

第三是喝酒吃饭，酒菜的档次要看你的经济实力、宴请的什么人物，席间要对客人的到来表示感谢，给每位客人敬酒。

第四就是送客，这是非常关键的一个环节。朋友相聚，为的就是增加感情,加强了解,这次相聚甚欢,才能成为再聚的铺垫,所以应把客人送出大门,逐一握手再见,直到朋友远去,方可转身回家,这才是迎来送往的全部过程。

口才心理:

请客吃饭,就需要迎来送往,这是一门艺术,更是为人处世过程中成功攻克人际心理距离的方式之一。细节决定了你交际应酬的成败,学会迎来送往的艺术,能一下子拉近你和客人之间的距离,与人之间的情感也就能加深,我们请客吃饭的目的也就自然而然地达到了。

第13章

求人办事，悦人心的话语助事水到渠成

我们知道，这个世界没有人是万能的，有些事情仅靠我们自己的力量去办，是很难成功的。所以，有些时候我们必须寻求他人的合作才能成功。求人办事就是寻求合作的一种方式。要想打动对方，让对方尽力来帮助你，就需要良好的口才艺术，巧妙地运用对症下药的方法，成功攻克对方的心理防线。如果你能用语言的魅力感染人，用亲切的话语说服人，用发自肺腑的真诚打动人……你的人生就会增添无限光彩，你寻求与他人合作的路子就会越走越宽。

言辞恳切,让对方不忍心拒绝你

人是社会的人,任何人的一生,都不可能不求助于人,真正成大事者,往往懂得借助他人的力量,而善借外力,必懂攻心谋略;善攻心者,必能用言语感动人。因为人都是感情的动物,世间之事也逃不过一个"情"字,求人办事时更是如此。情真方能动人,再铁石心肠的人也难免为真情所动。

当然,在求人办事时,说动情的话的方式是多种多样的,但前提必须是要掌握对方的心理,说对味的话,才能真正起到以情动人的目的。通常来说,我们可以从以下几个方面努力。

1. 申述自己的处境,以表示求助于人是不得已之举

20世纪90年代,某工厂某车间接到国库券认购任务。这是一个有上百号工人的大厂子,因此,几百名工人认购了不同的数额,但工厂偏偏有几个不愿认购的"老顽固"。这几个拥有三十年左右工龄的老工人,任凭车间主任磨破了嘴皮,依然不肯认购:

"不是说要自愿吗? 我不自愿!"

前后已经开了三次动员会,依然毫无结果。下班时,车间主任把这几位老工人送到车间门口,轻声说:"我只讲最后一句:我现在很为难,请大家帮个忙。"

奇怪的是,原先态度还强硬的老工人听了这句语重心长的话,竟纷纷表示:"主任,我们不会让你为难。"说完,大家立即转身回去签名认购。

很快,国库券的认购任务就完成了。

一句充满人情味的求助话,居然比通盘大道理更具有说服力。作为老工人,虽然文化水平不高,但重情义。现在,领导不是讲大道理,而是请他们帮忙。他们想:"领导看得上咱,岂能不给面子?"就这样,他们的气一下顺了。那位车间主任,在正面强攻不下的情况下,改用避实就虚、迂回包抄的

战术，先了解对方的心理需求，然后由虚而实，从而达到目的。可见，诚恳的请求，实为有效的说服方法。

2. 充分阐明自己所请求之事并非与被请求者无关，以使对方不能无动于衷、袖手旁观

当然，表现“情”时不能冷冰冰的毫无感情，也不能表现得过度热情。求人办事时，“情”的展现也只是一种客套而已。怎么恰当地“客套”是值得注意的。“朱欲知其人，先善其思！”意思就是说只有先了解了对方的心里所思，才能在语言、行为上知其客套，赢得对方的好感。

口才心理：

用情打动别人这一求人办事的方法，一般用于比较大的或较为重要的事情上，需要我们把对人的请求融入到动情的叙述中。通常来说，一句富有人情味的话，往往比那些大道理更具有说服力。

做好铺垫，让求人办事变得容易

生活中，人们都有这样的心理：对于那些关系一般或者不熟识的人都是心怀戒备的，并且，也觉得没有必要答应对方的请求；而一旦对对方产生好感，并愿意与之结交后，对于对方提出的请求也就会欣然答应了。因此，在求人办事时，倘若向特别要好和熟悉的人求助，可以直截了当、随便一点。但有时求助于关系一般的人、生人或社会地位较高的人时，则常常需要一个“导入”的过程。这个导入过程可长可短，得视情况而定。

刘先生最近公司资金状况出了点问题，他原本想通过向银行贷款解决这一问题，但被银行拒绝了，随后，他想到了某大老板张先生。但问题又出现了，据说，张先生是个出了名的铁公鸡，从不愿意借钱给别人，怎么办呢？

刘先生深知用一般的方法来向他借钱，绝无成功的可能。他经过片刻

思考后,就下定了决心,打电话给张先生,约好见面的时间和地点。这天,刘先生并没有开车,而是搭乘公共汽车前往,然而在离张先生家还有150米时,他就下车开始全速跑向张先生家。

那时虽是春天,但天已经开始热起来了,刘先生跑到的时候,已经是大汗淋漓,张先生见了他非常诧异地问:“你怎么回事?一身汗!”

“我怕赶不上时间嘛,只好跑着来!”

“你怎么不打车呢?”

“其实,我很早就出发了,上了公共汽车后,却又遇到堵车,没办法,我看时间不够了,就只好下车跑过来了!”

“像你这种人也会坐公共汽车吗?”

“怎么?您不知道我这个人很注重节约的,不过别人都说我吝啬,我怎么会坐计程车呢?坐公共汽车既便宜又方便,而且自己没有私车的话,也省了请司机的开销。其实,还是用双脚最好,碰到赶时间的时候,只要用它们跑就可以,既不花钱,又可强身,多好啊!我这种吝啬的人哪会像你们大老板一样有自己的私车呢?”

“我也很小气啊!所以,我也没有自家的车子。”张先生谦逊地说。

“您那叫节俭,我这叫小气,所以才有‘小气鬼’的绰号。”

“但是我从来没听说过你是这种人。其实,我才真的被人认为是吝啬鬼。”

“张先生,人不吝啬的话是无法创业的,所以,人不能太慷慨。我们做事业的人都是向银行或他人贷款来创业的,当然应该节俭,千万不能随便地浪费钱啊!我们要尽量地赚钱,好报答投资的人。钱财只会聚集在喜欢它、节俭它的人身上……我经常对下属这么说。”

刘先生的这些话使张先生产生了共鸣,于是很反常地借钱给这个相见恨晚的刘先生。

刘先生在求人办事上的这一套手法着实很耐人寻味,面对一个吝啬的人,他一反常人的做法,说明吝啬的好处,引起了对方的同感,继而成功借到对方的钱,挽救了他的事业。

求人办事时，对方能不能答应你的要求，能不能全力帮助你把事情办成，关键在什么？关键在他心里是怎么想的。他的心里怎么想问题，就决定了他对你提出的事是给办还是不给办。一般来说，如果你和所求之人是陌生人或关系不熟，那么，你就不能急于切入正题，而应该先拉近双方的距离，让一切看来水到渠成。

那么，具体说来，求人办事的过程中，我们该怎样逐步"导入"正题呢？

1. 先找到共同的话题。

面对不熟悉的人，一开始最好避免开门见山地直述自己要达到的目的，迂回地谈些其他事情，比如天气、足球、服装、电影……从中找到共同兴趣点，然后才在共同感兴趣的话题上不露痕迹地、自然地转入到正题上去。这样可以取得很好的效果。

2. 秉持"说三分，听七分"的原则

许多善于说话的人都强调"听"的重要性，因为只有善于倾听才能达到目的。听人说话的本意在于了解对方的心意，把握对方的想法和要求。而对方是商谈的主角，所以应让对方多说，以对方为中心，而自己多听，从而更能掌握对方。

3. "导入"正题时注意运用容易为对方所接受的说法

一句内容和中心思想完全一样的话，由于说法不同，产生的效果可能会有所不同。有的可能会让人觉得亲切、易于接受，有的则让人觉得生硬。通常反复强调你的想法未必能发挥太大的作用。

另外，还要尽量防止自己的话无意间冒犯到对方。所以，在有求于人时应事先对对方有所了解，若无意中冲撞了对方，岂非前功尽弃？

口才心理：

人们对于自己不熟悉的人或事，往往都持有一种排斥的心理。因此，任何请求，如果直截了当，会显得突兀，让对方难以接受。而如果我们能巧妙铺垫，然后再导入主题，对方会更易接受。

求人办事真诚大方，不必害羞扭捏

人生在世，没有谁只活在自己的世界里，社会是一个集体，谁都少不了求人办事。为此，你就必须得舍得下面子，如果羞于表达的话，恐怕是没有人愿意答应你的请求的。从心理学的角度看，谁都愿意听顺耳的话，何况是在被人求的时候。同时，人们对那些大胆、真诚，说话情真意切的人，往往更愿意伸出援助之手。

的确，日常生活中，有太多无奈，你不得不去求人。假如你是一个下属，希望能升职加薪；假如你是一名病人，希望能找到一个医术高超的医生解除你的病痛；假如你是还为工作发愁，希望能找到一份如意的工作；假如你急需用钱，希望能筹借到这笔钱……这许许多多、大大小小的希望便构成了生活。生活会迫使你不得不去求助于别人。但有些人一提到求人就皱眉头，甚至羞于告人，他们对求人怀有一定的偏见，认为那一定是卑躬屈膝、低三下四的。其实不然，人身为社会人，就不可能做到万事靠自己，寻求帮助是一种生存方式，而且，向别人求取帮助是以自尊、自重、自爱为前提的，是要做到求而不卑、求而不倚，也没有什么丢脸的。

求人有多种多样的方式，其中很大部分是由口头提出的。人们不难发现，同样的请求内容，不同的人，用不同的方法和语言表达出来，得到的结果常常是不一样的。那么，怎样开口才显真诚呢？

1. 求人语言要诚恳

所谓诚恳是指要让被请求者感到你是发自内心地求助于他，从而重视你的请求。这是求人成功的先决条件。

2. 求人语言要礼貌

所谓礼貌是指应该尽量选用被请求者乐意接受的称呼，像在问路、请求让座时，这一点就显得非常重要。问路时，称对方为“老头”、“小孩子”，那你肯定一无所获；若改用“老人家”、“小朋友”等，效果就会好些。有这样一个故事：

有个年轻人骑马赶路，见一位老汉在路边休息，他便在马上高声喊道：“喂！老头儿，离客店还有多远？”老汉回答：“五里！”年轻人策马飞奔，急忙赶路去了。结果一口气跑了十多里，仍不见人烟。他暗想，这老头儿真可恶，说谎话骗人，非得回去教训他一下不可。他一边想着，一边自言自语道：“五里，五里，什么五里？”猛然，他醒悟过来了，这“五里”，不就是“无礼”的谐音吗？于是他掉转马头往回赶，追上了那位老人，急忙翻身下马，恭敬地叫声“老大爷”，话没说完，老人便说：“天已黑了，如不嫌弃，可到我家一住。”

这是一则流传很广的故事，它通俗而明白地告诉人们在人际交往过程中说话要讲究礼貌的重要性。

3. 不强加于人

不强加于人是指不用命令、祈使的语气，而多用委婉、征询的口气。例如，尽可能地使用“麻烦……”“劳驾……”“可以……吗”这类句式，即使对相识者也不妨这样。

4. 求人时，语言一定要简明扼要

不需要刻意雕琢言语，故意咬文嚼字，要尽量抛弃那些造作的、文绉绉的词汇；而且说话要有真意，不粉饰，少做作，表现朴素、自然，以平易近人的语言把话说得自然、通畅。

世界著名演讲艺术家弗尔特说：“你应该时常说话，但不必说得太长，少叙述故事，除了真正贴切而简短之外，不讲为妙。”

简明扼要的表达是实现一语中的、妙语如珠、赢得他人侧耳聆听的基础。同时，还要忌讳说话含糊其辞。语言表达必须准确，说话前要谨慎思考，避免过于犀利或不文雅的言语。

5. 避开忌讳

每个人因个性和生活经历不同，对某些言辞和举动有所顾忌，因此千万不要去冒犯。《孙子兵法》上讲：“知己知彼，百战不殆。”这句话同样适用于求人的技巧。当我们有求于人的时候，首先不妨对那个人的嗜好、性情、学识和经历等做一番侦察,然后从容前往,将会得到意想不到的效果。

口才心理:

人生在世,既有风雨也有晴天,所以谁都需要别人的“搀扶”。我们在求人办事的时候,要大胆开口,但同时要做到求而不卑、求而不倚!

求人办事也要让对方感到有利可图

我们都知道,人是三分理智、七分感情的动物,友善会孕育友善,付出会孕育付出,所以生活中你怎样对待别人,别人就会怎样对待你。这就是心理学上人们常说的互惠原则。根据这一原则,我们在求人办事时若不忘表示愿意给对方以某种回报,或将牢记对方所提供的好处,即使不能马上回报对方,也一定会在对方用得着自己的时候鼎力相助。配以“互利”的承诺,让对方觉得他的付出值得,同时也会对求助者多一分好感。

某年,由于市场竞争激烈,木材市场十分不景气,木材的价格又大幅下跌,很多大型林场都遇到了危机。面对这样的情况,某林场场长决心带领大家从夹缝中冲出去。为此,他亲自到欧美一些国家做市场调查,搜集信息,寻找合作对象,开辟新市场。

在国外,场长找到一家著名的家具生产集团。场长开门见山说明来意,希望那家公司能够把他们的林场作为原料采购基地。对方公司总经理说:“现在我们的原料供应系统很稳定,你有什么优势让我们把别的公司辞掉,而选用你们的木材?”

场长对此不卑不亢地列举了该林场三大优势:第一,我们林场的木材质量有保证,有很高的信誉;第二,我们可以长期合作,保证长期供货,长期供应价格上给予一定的优惠;第三,我们林场有自备码头,保证货运及时,并有良好的售后服务,更重要的一点是保证信守合同。场长在大谈林场的三大优势后，还不紧不慢地对外方总经理说，林场刚刚与国际上另一家知名公司签订了供货合同。那位经理听说连那样的大公司都与中方的这家林场签订了合同，看来林场实力不弱啊！他立即同意就供货问题正式洽谈。签订合同之前对木材进行现场检测。经检测，木林质地良好，是家具原材料的上上之选，经过一番讨论，双方终于正式签订了合同，该林场在国际市场上也站稳了脚。

这里，林场场长是怎么让这家公司答应与之合作的？很简单，他在自身力量较弱，处于劣势的情况下，采取了往自己脸上贴金，玩个把戏把身价抬高，继而让对方看到与之合作会有利可图。

的确，一般人求人，态度一定会低三下四，让对方可怜，好像只有这样才容易获得救助。但是这种人对方可能见得比较多，也就会见怪不怪了。同时，一些人在看不到帮助你之后得到的利益的情况下，是不会对你伸出援助之手的。如果你一反常规，多谈及对方在帮助你之后会获得的利益，那么，综合权衡之下，让对方答应请求的概率会大大增加。

那么，具体来说，我们该怎样运用互惠原则来求人办事呢？

1. 为自己贴金，让对方看到你的潜力

正如上例中，那位场长没有刻意地恭维对方而是底气十足地向对方提出要求，紧接着在不经意中道出自己与另一家公司签订了合同，无形中抬高了林场木材的身价，令对方对他刮目相看，如此一来事情自然好办多了。

很多场合，双方情况都是虚虚实实，谁也无法完全摸清对方的底细。在这种大环境下，如果你势力弱而又想借助对方的力量的话，那么你就应该多往自己脸上贴金，抬高身价，至少给对方一个你实力强大的假象，让对方看到你潜在的实力，进而愿意助你一臂之力。

2. 承诺给予对方一定的利益

其实，人们在遇到他人求助于自己的时候，总是在寻找心理平衡：帮助他是不是值得？我能得到什么好处？他会不会记得我帮助过他？在这些疑问存在的情况下，人们是不愿意下帮助你的决定的。此时，如果你对其许下承诺，保证会给其一定的利益报酬，那么，就等于给对方吃了一粒定心丸，帮助你的可能性也就提高了。

口才心理:

“互惠原则”是指受人恩惠就要回报,主要表现为生活中人们经常会以相同的方式,回报他人为自己所付出的一切,即行为孕育同样的行为,友善孕育同样的友善,付出也会孕育同样的付出。你怎样对待别人,别人就会怎样对待你。因为,当人们给予他人好处后,他人心中会有负债感,并且希望能够通过同一方式或者其他方式还这份人情。

把对方抬高,让其不好意思拒绝你

生活中,每个人都喜欢听好话,这也就是人们所说的赞美,它会激发听者的自豪和骄傲。从我们自身来说,赞美完全可以是求人办事时最好的手段之一。我们赞美的时候,先把对方捧高,让其不好意思拒绝你的要求。比如,我们可以给对方一个超过事实的美名,让其自我感觉良好。这样在跟他说话的时候他就会在心里有一种自己是很值得人尊敬的感觉,对于你的请求,他又怎么好意思拒绝呢?

一位妇女抱着小孩上火车,车上位子已经被坐满,而这位妇女旁边,一位小伙子却躺着睡觉,占了两个人的位子。孩子哭闹着要座位,并指着要他让座。小伙子假装没听见。这时,小孩的妈妈说话了:“这位叔叔太累了,等他睡一会儿,他就会让给你的。”

几分钟后,小伙子起来客气地让了座。

这位妇女无疑处于“求人”的地位,她能靠一句话求人成功,聪明之处正在于以一个“礼”字把对方架在了很高的位置:他应该休息,而且他是个好人,因为如果他不“睡”了,他会主动让给你的。显然,一个再无礼的人面对这样的礼貌也不会无动于衷。我们再来看下面一则故事:

某工程机械制造厂的科长对其部属说：“小李，你看起来气色蛮好的嘛，听说最近挺清闲的？你看人家小张，多忙！在这个社会上，总是能者多劳的。不过听说你的英文很棒，反正闲着也是闲着，帮我翻译一下这篇稿子，这个礼拜就要！”

“这礼拜？我恐怕要跟你说声抱歉。下星期一我有一个会议，必须准备一些相关资料，所以可能没时间为你翻译。科长不也是大学毕业的吗？我看根本不用托我嘛，反正我正职的工作都做不好，就别说翻译这么重要的事情了。”

“啊，我知道了，算了，不求你也罢。”

这里，这位科长求人办事的方法实在不对，找部属替自己翻译，是要去说服而不是贬低他。拿对方同别人相比，言辞间流露出批评之意，甚至还批评对方工作没做好。如此一来，对方哪还会想替你做事，这实在是糟糕透顶的谈话。事实上许多人都是这样子，在求人办事的时候，不懂得抬高对方，反而伤害了他人的自尊，却还一副若无其事的样子。碍于上司与下属间的关系，对方即使受到伤害，也不至于当场和你翻脸。但是长期下来，部属心中对上司的不满久而久之也会忍不住要溢于言表了。

如果这位科长像下面这样说话，就不会碰壁了：“小李，你最近有空吗？听说跟你同期的小张最近很忙。知识经济时代，真是能者多劳啊。下周又要开会，你现在一定也很忙吧！我曾听人说你的英文不错，不知能否抽空帮我翻译一下这篇文章呢？是非常重要的资料，急着要的，行吗？”

如此和气的请托，谁会忍心拒绝呢？为什么换一种说法小李的情绪就和前例迥然不同呢？这是因为他的自尊心得到了极大的满足。无论是谁，对自身的东西都会有一种自豪、珍惜之情。尊重这份感情，也就能赢得对方的信赖，获得对方的帮助。

那么，年轻人要怎样表现自己对老前辈的尊敬呢？

1. 了解对方，给对方戴一顶最适合的“高帽子”

每个人都有其最自豪的地方，我们抬高别人之前，就要先找出对方最值得赞扬的地方，然后加以赞赏，必然会得到他的好感，要说服他或者请他帮忙也就不再是难事了。

2. 不着痕迹地夸大别人的优点

抬高别人,难免要说一些奉承话、恭维之辞,把对方的优点加以拔高、放大。这样的话有明显讨好之意。因此,我们在抬高别人的时候,一定要说得巧妙,最高明的做法是自然而然,不露痕迹。

3. 适当示弱求帮助

用商量的口吻向对方说出自己要办的事是一种巧妙的办法。装作自己没有任何把握,将建议与请求等慢慢表达出来,给对方和自己留下一条退路。比如说:"这件事我办起来很困难,你试试如何?"

口才心理:

所谓的"抬高对方",在求人办事时就是"捧",是指对所求的人的恰到好处、实事求是的称赞,并不包括那种漫无边际、肉麻的吹捧。求人时说点对方乐意听的话,尤其是顺便就与所求的事有关的方面称赞一下对方,也不失为一种求人的好办法。

对事情的挑战性激发对方斗志

生活中,有时候,我们求人办事,正面劝说的结果似乎总是事与愿违。但我们可能忽视了一点,那就是人们都有不服输的心理,越是被否定,越是要证明自己;越是受压迫,越是要反抗等。如果我们告诉对方事情存在一定难度,他可能办不到时,那么,便能激起对方的挑战欲,从而愿意一试。

《三国演义》中有这样一个故事:

马超率兵攻打葭萌关的时候,张飞主动请求出战。

诸葛亮却佯装没听见,对刘备说:"马超智勇双全,无人可敌,除非往荆州唤云长来,方能对敌。"

张飞说："军师为什么小瞧我？我曾单人独骑抗拒曹操百万大军，难道还怕马超这个匹夫！"

诸葛亮说："你在当阳桥抗曹，是因为曹操不知道虚实，若知虚实，你怎能安然无事？马超英勇无比，天下的人都知道，他在渭桥大战曹操，把曹操杀得割须弃袍，差一点丧命，绝非等闲之辈，就是云长来也未必能胜他。"

张飞说："我今天就去，如战胜不了马超，甘当军令！"

诸葛亮看"激将法"起了作用，便顺水推舟地说："既然你肯立军令状，便可以为先锋！"

实际上，在《三国演义》中，诸葛亮常用这种方法来"激"张飞，因为他深知张飞是个火暴脾气，于是，每当遇到重要战事，先说他担当不了此任，或说怕他贪杯酒后误事，激他立下军令状，增强他的责任感和紧迫感，激发他的斗志和勇气，清除他轻敌的思想。

求别人办事的时候，倘若能够明白对方属于哪种类型的人，说起话来就比较容易了。

1960年，美国黑人富豪约翰逊意欲在芝加哥为公司总部创建一所办公大楼，为此他跑了多家银行，但始终没有贷到款。问题的严重性在于承包商已经聘请好了，一切已经如火如荼地开始了，此时，工程所需费用还差500万美元。假如钱用完了而他仍然拿不到抵押贷款，工程就得停工。

这天，约翰逊和大都会人寿保险公司的一个主管在纽约市一起吃晚饭。

约翰逊拿出经常带在身边的一张蓝图，正准备将蓝图摊在餐桌上时，那位主管对他说："在这儿我们不便谈，明天到我的办公室来。"

第二天，当约翰逊断定大都会公司很有希望给他抵押贷款时，说："好极了，唯一的问题是今天我就需要得到贷款的承诺。"

"你一定在开玩笑，我们从来没有在一天之内给过这样贷款的承诺。"主管回答。

约翰逊把椅子拉近主管，说："你是这个部门的主管，也许你应该试试看你有无足够的权力，能把这件事在一天之内办妥。"

主管微笑着说："你这是让我为难，不过，还是让我试试看吧。"

结果非常理想,约翰逊成功地达到了自己的目的。

约翰的话明显是对那位主管能力和权威的一种挑战,尽管这位主管不一定真的有那么大的权力,于是,为了证明自己能完成这一有难度的任务,主管自然会答应。以激将法说服别人,务必找到并击中对方的要害,迫使他就范。就这件事来说,要害是那位主管对他自己权力的威严感。

可见,巧言激将,一定要根据不同的交谈对象,采用不同的激将法,才能收到满意的效果。犹如治病,对症下药才有疗效。因此,总的来说,在运用这一心理策略的时候,要注意以下几个方面。

1. 了解对方的弱点

逆反心理能否起到应有的作用,就要求我们必须了解对方的弱点。“请将不如激将”,也要了解“将”的“致命伤”。比如那些爱表现的人,我们不妨从反面说:“我知道您也是能力有限……”这样一激,对方肯定答应了你的请求。

2. 因人而用

我们在运用这一心理策略的时候,要先了解对方,因人而用。要对对方的心理承受能力有所了解,如果激而无效,那么也是白费力气。

3. 掌握火候,语言不能“过”

如果说话平淡,就不能产生激励效果;如果言语过于尖刻,就会让对方反感。语言不能过急,也不能过缓。过急,欲速则不达;过缓,对方无动于衷,无法激起对方的好胜心,也就达不到目的。

口才心理:

在求人办事的过程中,有时别人并不应允,如果只用直截了当的语言请求他们,他们也许会一再拒绝。在这种情况下,巧用激将法则会收到原本难以达到的效果。因为人类都是有逆反心理的,尤其是自己的权威、能力受到了质疑的时候,他们的自尊心、自信心就会被激发起来。

登门槛效应，让对方逐渐认可你

心理学家认为，在一般情况下，人们都不愿接受较高较难的要求，因为它费时费力又难以成功。相反，人们却乐于接受较小的、较易完成的要求，在实现了较小的要求后，人们才慢慢地接受较大的要求，这就是“登门坎效应”对人的影响。其实，生活中，“登门槛效应”的应用实例并不少见。比如，男性追求女性，直截了当地求爱可能会吓跑女方，但如果从朋友做起，则更易达成目标。我们求人办事，因为事情的难度，对方很可能会拒绝。但换言之，我们让对方帮个小忙，对方会欣然接受，也就是这个道理。

心理学家查尔迪尼做了这样一个实验：他代替某个慈善机构进行了一次募捐活动。在募捐时，他对一些人说了这样一句话：“哪怕一分钱也好”，而对另外一些人则没有说这句话。结果，前者的募捐比后者要多两倍。

这就是说向人们提出一个微不足道的小要求时，人们很难拒绝，否则就太不通人情了。“登门槛效应”的要义在于先进门槛再逐步登高，得寸就步步进尺。为了留下前后一致的印象，人们就容易接受更高的要求。

一次，一个旅游团不经意地走进了一家糖果店。他们在参观一番后，并没有购买糖果的打算。临走的时候，服务员将一盘精美的糖果捧到了他们面前，并且柔声慢语道：“这是我们店刚进的新品种，清香可口，甜而不腻，请您随便品尝，千万不要客气。”如此盛情难却，恭敬不如从命。旅游团成员觉得既然免费尝到了甜头，不买点什么，确实有点过意不去，于是每人买了一大包，在服务员“欢迎再来”的送别声中离去。

实际上，这也是“登门坎效应”的应用。根据“登门槛效应”，在人际交往中，当我们要求某人做某件较大的事情又担心他不愿意做时，可以先向他提出做一件类似的、较小的事情。当他接受了我们这一小要求时，我们就有可能让他答应更大的请求，也就是说想“进尺”，不妨先“得寸”。

但我们在运用“登门槛效应”时,还应注意以下几点。

1.“门槛”不能太高,否则无法“得寸”。

一般情况下,人们不会拒绝那些举手之劳的事。因此,我们在提出正式要求之前,要做充分的准备,将对方的实力调查清楚,否则,可能你所谓的小要求,对于对方来说都很难达成。

比如,你是个管理者,你高估了某位下属的能力,你交给他一件你认为的小事,他也没有办好,这主要是因为你没有事先了解清楚他的能力。相反,当你了解他的做事习惯、办事能力后,你不妨先提出一个只要比过去稍有进步的小要求,当他达到这个要求后,再通过鼓励,逐步向其提出更高的要求,这样他容易接受,预期目标也容易实现。

2. 注意“进尺”的尺度

现实生活中,我们经常会将那些进门之后,直接向我们推销产品的推销员拒之于千里之外。当销售员向我们获得特许,“登门槛”也“得寸”后,便得意忘形,将销售议程提上案。事实上,此时,我们的内心世界还并没有消除对销售员的戒备状态,可想而知,我们是不会买他的账的。

社交生活中,也是如此,我们求人办事或向别人提请求时,也不能急功近利,否则,只会事倍功半。

3. 确定对方是否能接受你“得寸”,从而让你“进尺”

生活中,一般人都能接受“登门槛效应”,人们都希望在别人面前保持一个比较一致的形象,不希望别人把自己看作“变化无常”的人。因而,在接受别人的要求、对别人提供帮助之后,再拒绝别人就变得更加困难了。如果这种要求给自己造成损失并不大的话,人们往往会有一种“反正都已经帮了,再帮一次又何妨”的心理。于是,“登门坎效应”就发生作用了。

但事实上,也有一部分人,“登门槛效应”对他们根本起不了作用。对于这一类人,我们应该做的是“另寻出路”。

可以说,“登门槛效应”是一种求人办事的迂回措施,当“引诱”对方先同意我们的小要求后,对方答应我们的大要求的成功性也就更大!

口才心理：

“登门槛效应”又称得寸进尺效应，是指一个人一旦接受了他人的一个微不足道的要求，为了避免认知上的不协调，想给他人以前后一致的印象，就有可能接受更大的要求。这种现象，犹如登门坎时要一级台阶一级台阶地登，这样能更容易、更顺利地登上高处。

难开口的请求要在最合适的时机说出

我们都知道，求人办事能否成功，往往和对方的心情有关。如果对方高兴，很可能会二话不说答应你；但如果对方心情不悦，那么，求人办事的过程也会变得艰辛很多。因此，那些善于掌握他人心理的人，往往都会选择对方心情愉悦的时候提出自己的请求。因为从心理学的角度看，人们在心情愉悦的时候，对于他人的请求的排斥度会大大减小。可能这就是为什么那些销售人员会选择客户公司庆典、结婚纪念日、升职加薪日上门推销的原因了。当然，有时候，我们可以为客户“制造”一个心情愉悦的时刻。

有位先生和朋友去拜访一位教授，希望这个教授能为自己的学业指点迷津。那个教授为人严肃，平时不苟言笑，坐了半天，除了开头说了几句应酬话，剩下的只是让人尴尬的沉默。

忽然，那位先生看到教授家养的热带鱼，其中几条色彩斑斓，游起来让人眼花缭乱。那位先生知道这鱼叫“地图”，自己也养了几条，还很得意地为朋友介绍过。教授见那位先生神情专注，就笑着问：“还可以吧？才买的，见过吗？”只听那位先生说：“还真没见过。叫什么名字？明儿我也打算养几条呢！”当时他的朋友不解地看看他，心想装什么糊涂，不是上星期才到你家看过吗？

可教授一听，来了兴致，神采飞扬，大谈了一通养鱼经，那位先生听得频频点头。那位教授像是遇到了知音，说说笑笑，如数家珍地给他讲每条鱼的来历、名称、特征,又拉着他到书房看他收集的各类名贵热带鱼的照片,气氛顿时活跃起来。他们一直聊到吃过晚饭才走,教授也答应下次让这位先生带上不懂的书籍登门拜访,朋友才突然领悟到那位先生说谎话的用意。

一句谎话使教授前后判若两人,本来几乎陷入僵局的交谈又顺利地进行下去了。若据实相告,那很可能就会继续"尴尬"下去的。

可见,求人办事的过程中,对方的心情在事情成败过程中所起的作用。如果你不顾对方心情与感受,打一个招呼就开始讲自己的来意,迫不及待地反复强调自己的想法是如何如何,以及帮助自己有什么好处,这样往往事与愿违。因此有经验的求人者并不是一开始就切入正题的,而是先勘察现场气氛。

那么,具体来说,我们该如何说话,才能制造出一个有利于我们开口的时机呢?

1. 多提及对方喜欢的事

那些求人办事成功者,往往都有一个经验,那就是多提及对方关心、喜欢或者自豪的事情,因为渴望被人重视是每一个人的心理。为此,我们有必要多花心思研究对方,对他的喜好、品位有所了解,这样才能顺水推舟。

可能你们都迷恋球鞋;提及对方的工作,或许他的工作需要你的支援;提及时事问题,可能对教育与政治的问题你们观点一致;提及孩子等家庭之事,大家都有着一本难念的经;提及体育运动,也许你们都喜欢棒球;提及对方的故乡及所就读的学校,极有可能你们是同校同乡……

2. 交流以对方为中心

在求人的过程中,要明白主角永远是对方,而你必须自始至终完全扮演配角才可以。如果本末倒置,在商谈过程中以自己为中心,只是洋洋自得地反复谈论自己的事情、自己的爱好,只管发表自己的看法,而不从对方的角度来考虑,这样难免会引起对方不快,很有可能断送这笔交易。所以,求人者应尽可能寻找彼此间共同关心的问题。

3. 适时提出自己的请求

当然,这一切必须显得水到渠成,不可过于急切。如果对方还是对你心存疑虑,那么,就不可操之过急,而应该继续与对方进行一些相互了解的谈话。如果彼此之间已经相谈甚欢，你便可以提出自己的请求，但还是必须注意要用商谈的口吻，注意自己的措辞。

口才心理：

求人成事的过程就是说话的过程，要设法在言谈中让对方不自觉答应你的要求。不论你引入什么话题，从一开始打招呼到正式商谈，每一过程都应注意说话要巧妙、得体。只有适逢时机地提及你的问题，才能提高求人办事的成功率。

第14章

演讲口才，开口就能抓住听众的智语

演讲是一门语言艺术，它的主要形式是“讲”，即运用有声语言并追求言辞的表现力和声音的感染力，使讲话“艺术化”起来，从而产生一种特殊的艺术魅力。而演讲的成功与否，取决于演讲者是否能用鲜明的观点、自己独到的见解和看法以及深刻的思想打动观众，是否能用流畅生动、深刻风趣的语言和恰当的修辞感染听众。因此，演讲者在演讲的过程中，要致力于从听众的心理角度出发，带动听众的情绪，使听众主动进入与演讲者的同向思维，从而达到演讲的效果。

根据演讲类型,使用不同的言辞基调

演讲是一种以有声语言为主、无声语言(态势语)为辅进行思想交流和宣传的有力工具。它的形式是丰富多样的。一个出色的演说家,都有自己的演说风格,并且,这种演说风格并不是一成不变的,他们会根据演讲的类型,定好演讲的基调。他们都站在众人面前,或慷慨激昂,或朴实无华,或幽默调侃等,将他们需要传达的观点以自己独有的方式传达给了听者,起到良好的表达效果。

在心理学上,有个著名的手表定理,所指的另一层含义在于每个人都不能同时挑选两种不同的价值观,否则,你的行为将陷于混乱。同样,任何一次演讲中,演说者能否达到成功打动听众的效果,就必须要定好自己演说的基调,混乱的演说风格是无法深入人心的。如果演说中都不能明确定位演讲的类型,又怎么能抓住听众的心呢?

那么,我们如何对演讲进行分类呢?当然,分类角度不同,分类结果也不同。演讲学研究至今尚无公认的分类标准,也没有建立分类标准的必要。

从演讲风格上讲,不同的演讲者、不同的演讲内容,与之相应的演讲风格也是不同的。比如,一个性格内向、不善言辞的女孩不适于上台背诵慷慨激昂的演讲词;在宣读沉痛的哀悼词时就不能开喜剧式的玩笑。

从演讲场所上讲,公众和环境的特殊性要求演讲者运用不同的演讲技巧。如法庭上,律师和法官的言辞就要注重逻辑的严密;而课堂演讲则要注重语言的深入浅出,以听众能听懂、接受为主。

从演讲的结构形式上讲,不同的结构形式也要求演讲者在选择材料、构筑框架进行演讲准备。比如,即兴演讲的语言就要简单明了、不可啰嗦。

总之,演讲者需要根据不同的场合、听众、演讲内容等,在构思演讲时努力做到内容和形式的协调与统一。

具体来说，这些演说的基调可以分为以下几种。

1. 严谨型

这类演讲语言一般都经过比较细致与严谨的推敲与加工，因而逻辑性很强。演讲者在演讲的时候，也会用重复、反复强调重要内容，并加以说明。因为演讲氛围较演讲者无论站立还是端坐，肢体都会相对的稳定。这种演讲多在隆重场合进行。

2. 谈话型

顾名思义，就是演讲者在演讲时，好似与听众在谈话一般。这要求你在演讲的时候，做到：说话平易近人，语言通俗易懂；音色自然朴实，语气亲切委婉、清新自然，不加雕饰；表情轻松随和，语意语境纯净、真诚、厚重，形象亲切，生动感人；动作与平时习惯无异，进行与听众拉家常似的漫谈。

3. 激昂型

这类演讲语言的风格是澎湃宏阔、激越高昂、豪壮刚健、英武奔放。因此，你在演讲的时候要音域宽广、音色响亮、精神饱满、手势幅度较大，给人以奋发向上、朝气蓬勃的振奋感觉。那么，怎么才能达到这一演讲效果呢？调理呼吸、科学发声是关键，尤其是将在胸腔、腹腔、颅腔的共鸣做到合理分配。

4. 柔和型

一些具备天赋的女士在演讲方面采用这种方式效果是很好的。因为女性的嗓音圆润甜美，吐字清晰准确，并且具有亲切的微笑、柔和的眼神。

5. 绚丽型演讲风格

这是一种注重演讲辞藻和演讲气势的演讲风格。目前在学校、机关开展的演讲比赛，先进事迹宣讲活动多是采用这种风格的演讲。要达到这一演讲效果，演说者可以旁征博引，纵横古今，引用大量的名言警句、轶闻趣事、典故史实，以及某些新鲜有趣的材料。

6. 幽默型

这类演讲风格具有喜剧色彩。演讲者在演讲的时候，需要做到音调变化大，语言生动形象，逗人发笑，手势动作轻捷灵活。

以上六类演讲风格不是绝对泾渭分明，演说者可以以此为借鉴进行练习,从而最终形成自己的演讲风格。

口才心理:

只有一块手表,可以知道时间;拥有两块或者两块以上的手表并不能告诉一个人更准确的时间,反而会制造混乱,会让看表的人失去对准确时间的信心。这就是著名的手表定律。其深层含义在于:每个人都不能同时挑选两种不同的行为准则或者价值观念,否则他的工作和生活必将陷入混乱之中。

设计一个能够迅速吸引听众的开场白

开场白,顾名思义,就是一开场所说的话。开场白开得不好就等于白开场。俗话说:“好的开始是成功的一半”,所以开场白非常重要。对于演说者而言,开场白就是沟通自己和听众之间的第一座桥梁。作演讲时开场白最不易把握,要想三言两语抓住听众的心,并非易事。其原因有二:一是站在众多人的面前,即使准备充分,但也会紧张、怯场,事先虽然准备充分,一时不知从何说起,这样难免导致整场演讲的失败;其二,虽然演讲者没有怯场,但如果表现平平,没有在一两分钟内“震住”听众,这样的演讲也很难有十分理想的效果。

如果在演讲开始时听众对你的话就不感兴趣,注意力一旦被分散了,那后面再精彩的言论也将黯然失色。因此演讲者只要做出一个匠心独运的开场白,以其新颖、奇趣、敏慧之美,才能给听众留下深刻印象,才能立即控制场上气氛,在瞬间里集中听众注意力,从而为接下来的演讲内容顺利地搭梯架桥。

演讲成败的关键在于开场白能否吸引并集中听众的注意力。演讲时获取听众注意力的方式随演讲题材、听众和场景的不同而改变,一般可以运用事例、轶闻、经历、反诘、引言、幽默等手段达到此目的。那么,具体来说,演讲者怎样才能使演讲的开场白“精彩”起来呢？

1. 奇谈怪论，吸引眼球

演讲与一般的交流沟通不同，那些平庸、普通的语言与观点可能都不能引起听者的兴趣。对此，在演说前，演说者如能做一番准备工作，找出与众不同的论调，那么，必能出奇制胜，造成“此言一出，举座皆惊”的演讲效果，会立即震撼听众，使他们蓦然凝神、侧耳细听，寻求你的讲话内容，探询你演讲的原因。

钱钟书先生的小说《围城》中有一段故事，写方鸿渐到本县省立中学发表演讲，事先精心准备了讲稿，可是到场后却发现稿子不在手边，急也没用呀，听众已经在热烈鼓掌，方鸿渐只好上场了，但这开场白却来得很精彩——吕校长，诸位先生，诸位同学：诸位的鼓掌虽然出于好意，其实是最不合理的。因为鼓掌表示演讲听得满意，现在鄙人还没开口，诸位已经满意地鼓掌，鄙人何必再讲什么呢？诸位应该先听演讲，然后随意鼓几下掌，让鄙人有面子下台。现在鼓掌在先，鄙人的演讲当不起那样热烈的掌声，反觉到一种收了款子交不出货色的惶恐。

听了方鸿渐的演讲，听众大笑，记录的女孩也含着笑，走笔如飞。

需要注意的是，运用这种方式应掌握分寸，弄不好会变为哗众取宠，故作耸人之语。应结合听众心理、理解层次出奇制胜。再有，不能为了追求怪异而大发谬论、怪论，也不能生硬牵扯，胡乱升华；否则，极易引起听众的反感和厌倦。须知，无论多么新鲜的认识始终是建立在正确的主旨之上的。

2. 放下架子，自我解嘲

自嘲就是开自己的玩笑。对此，需要演讲者在演说过程中放下架子，运用诙谐的语言巧妙地自我介绍，这样会使听众倍感亲切，无形中缩短了与听众间的距离。

营销讲师金克言先生在一次有近千名观众参加的演讲会上准备演讲，可台下只响起了稀稀拉拉的掌声。于是他说：“从大家的掌声中可以发现两个问题：第一，大家不认识我；第二，大家对我的长相可能不太满意。”几句话就缩短了与听众的距离。台下大笑，掌声一片，反应强烈多了。他接着说：

"大家的掌声再次证明了我的观点!"话音刚落,台下笑得更厉害了,又是一阵热烈的掌声。这个开场白既活跃了场上气氛,又沟通了演讲者与听众的心理,一箭双雕,堪称一绝。

3. 贴切引用

演讲的开头如果恰到好处地引用大家不大熟悉的格言警句或诗词佳句,再加以解释,从而顺利入题,这样,演讲就会有声势、有威力,能迅速抓住听众的心。

一次,演说家李燕杰去首都一家大医院演讲,开端就朗诵了他创作的一首诗:

每当我忆起那病中的时光,
白衣战士就引起我深情的遐想。
他们那人格的诗,
心灵的美,
还有那圣洁的光,
给了我顽强生活的信心,
增添了我前进的力量!

随着朗诵的进行,看书的人逐渐抬起了头,说话、走动的人也停了下来,当朗诵完最后一个字时,全场也掌声大作。

恰到好处的引用,不仅新颖,而且拨动了听众的心弦,说出了他们的心声,所以引起了共鸣。

当然,吸引听众的方式有多种,有的是在开头采用幽默、发问、警句、格言、典故、谚语等以引起听众的兴趣;有的语言朴实无华,但提出的是党和国家的重大问题;有的语言则充满激情,具有振奋人心的作用。演讲者可根据具体的演讲主题,设计好一个新颖别致的开场,一开口就抓住听者的"神经",从而赢得一片掌声!

口才心理:

俗话说,良好的开端是成功的一半。精彩的开场白可以起到创造良好气氛、激发听众兴趣、说明演讲主题的作用。演讲学界曾有人指出：如果没有一个好的开头，想在整个演说过程中始终做到轻松、巧妙地与听众交流思想是颇为困难的。

多点互动，让听众有强烈的代入感

我们都知道，听众是演讲活动不可缺少的重要方面。演讲是演讲者与听众的双向交流活动。演讲者是信息的传播者，听众是信息的接受者。演讲者离开了听众就失去了对象，演讲活动就无法进行。可见，成功的演讲者既要使演讲成为听众的一部分，也要使听众成为他的演讲的一部分，而其中首要的便是要了解和掌握听众的心理特点。一般来说，如果听众对演讲内容有极大兴趣，便会采取积极、热情的合作态度；反之，则会采取冷漠甚至敌视的态度，演讲就不会成功。因此，演讲者必须在了解听众的基础上力求触发听众的兴奋点和创造欲，才能实现最终目的。而成功的演讲者在演讲前往往都会进行一番铺垫，与听众互动，以营造让听众乐于倾听的氛围。

在一次欢迎加拿大贵宾的宴会上，加拿大总理特鲁多致辞说：

昨天，我观赏了香山枫叶，使我想起了我们国家美丽的秋天。那枫叶也是我国秋天的美景，大家知道，枫叶还是加拿大国旗上的图案。我请大家尝尝宴会上的糖果，它是从枫叶中提炼出来的，是不是和北京东风市场上的果脯一样甜。

这样的讲话开头典雅、优美，尤其注意到用两国相通的事物来沟通演讲者和听众的情感，具有感人至深的最佳效果。

营造良好的演讲氛围，可以带动听众的积极性。那么怎样营造这种氛围呢？

1. 酝酿浓厚情感，以情动人

我们再来看下面一例：

曾经有名希望工程的发起者到北京某贵族学校演讲。还没等他开讲，台下这帮养尊处优的孩子便叽叽喳喳地闹成一片，乱成一锅粥。

此时，他见情形不妙，便大声喊了几句，但这种方法似乎根本不见效。于是，他叫来一个在现场的老师，将电闸关掉，礼堂突然漆黑一片，孩子们随之也安静了下来。

这时候，这位发起者啪的一声打开了幻灯机，银幕上顿时出现了那张有名的“大眼睛”照片。这些孩子们顿时也睁大了眼睛，看着幻灯片上的照片。

“同学们，你们家里有没有照相机啊?”发起者此时突然提问道:

“有!”下面齐声回答。

“你们会不会照相?”

“会!”

这时，发起者便指着下面的一位同学问:“请你说说看，照相有什么样的意义?”

“留着做个纪念呀。”

“好! 作为留念——那就请大家看看，老师给这些山里孩子们拍的留念照片吧!”

然后，他每放映一张照片，就介绍一个有关失学儿童的故事。

在这里，这位演讲者，就是利用讲述照片来历的故事，既抓住了同学们的注意力，又营造出一种与演讲内容相适应的肃然气氛，使同学们很快进入“规定情景”之中，激发了他们对贫困学生的关注和同情心。

当然，以情动人除了要求说话人自己要动真情之外，还要求说话人善于将自己的真情实感淋漓尽致地充分表达出来，迅速激起对方的共鸣。说话人必须善于体察对方的心境，用饱含浓情的言辞去拨动对方的心弦。

2. 敢于打破定势，善于标新立异

人都是有好奇心的，如果在演讲中加入一些能满足人们好奇心的因素，势必能营造出良好的演讲氛围。为此，你需要做到打破常规、标新立异，但前提是你需要尊重文化传统和思维习惯。

3. 给听众看一场“秀”，营造出亲切可信的气氛

生活中，我们经常看到一些减肥产品的宣传者当众说：“眼前站在你们面前的这个美女，她才45公斤，但你们知道吗，她曾经是个重达65公斤的‘圆球’！相信你们也一定能行！”

此话一出，听众肯定会翘首以待听她的“减肥真经”。可见，有时候，演讲的真正含义，并不完全在“讲”，还在于“演”，如果能给听众一场“秀”，与听众互动，就会给听众以亲切、真实、可信之感，这样调动起听众的热情，也就自然增强了演讲的感染力。

口才心理：

演讲中，有一种心理策略叫“营造气氛”。这里讲的“气氛”，就是要带动听众的情绪，和听众达到一种情感的共鸣。这里的气氛，可以是活泼的，可以是热烈的，可以是庄严的……演讲者要“营造气氛”，让听众跟随你的意志走，只有从主题出发，结合现场的具体情景，针对听众此时此刻的心态和情绪，灵活地调动种种语言手段才能达到如此效果！

言语简单生动，让听众过耳不忘

任何人参加演讲的目的就是要吸引、说服、鼓动、感召听众，也只有能引起听众共鸣的演讲，才是成功的演讲。这一点，也是演讲者最关注的问题。任何一个具备好口才的演讲者，都很注重自己演讲语言的精炼，尽量在演讲中做到言简意赅，以传达给听众最实用的信息。因为从心理角度看，人们觉得那些说话沉稳的人更值得信任，他们说的话也就更有权威，也就更愿意支持他们。而相反，如果为了能让听众接收到更多的演讲信息而不顾听众的感受，一味地表达自己的观点，那么，结果只能是事与愿违，让听众产生不耐烦的情绪。

那么，作为一名演讲者，在演讲中应该如何言简意赅地说话，才能提高

自己的威信度呢?为此,有以下几个演说要求。

(1)表达必要的信息,使用相应的简练词句,没有多余的信息。

从口语表达的角度看,演讲的语言必须要比一般情况下的表达更为精炼,这要求演讲者在演讲时做到发音正确、清晰、优美,词句流利、准确、易懂,语调贴切、自然、动情。因为句子说得短一些,不仅说起来轻松,听起来省力,吸引力也强。有些演讲者讲话滔滔不绝,其实絮絮叨叨,繁复冗长,这是一种令人生厌的恶习,应去之为快。

(2)无重复,即不说重复啰嗦的话,语言表达应言简意赅,举例精要,措辞精炼,思路清晰,不说套话、空话与口头禅。

当然,现实生活中,几乎不可避免的是每个人都会有自己常用的口头禅。也许大家没有意识到,这些自己根本没注意到的习惯,在日常交际中并不会对我们造成多少危害,但对于需要参加演讲的你来说,如果把这些语言习惯带到演讲中,则会传达给听众一些负面信息,比如:

①“听说、据说、听人说”。

这一口头语会让听众觉得你的演讲真实度不够。试想,谁会真正相信那些道听途说的语言呢?

②“说真的,老实说,的确,不骗你”。

演讲中,如果有此类口头语,会让听众觉得你说话急躁。

③“啊、呀、这个、这个、嗯、嗯”。

人们常在词汇少,或是思维慢时利用这些词作为间歇的方法,而演讲者在演说中,如果常伴有此类口头语,会给人一种反应较迟钝的印象。

④“可能是吧、或许是吧、大概是吧”。

这些口头语体现的是对自己言谈的极为不确定,也会给听众留下不可信任的印象。

(3)要正确使用词语,表达明确。

听众通过演讲活动接受信息主要诉诸听觉作用。演讲者借助口语发出的信息,听众要立即能理解。口语与书面语之间有较明显的差距。有人说,书面语是最后被理解,而口语则需立即被听懂。

因此，演说中往往忌用那些令人费解的词语，防止误解，避免歧义。说话不要吞吞吐吐，说一些似是而非的话，要一是一、二是二，把要表达的意思说清楚。

（4）说话一定要有条理，要吐字清晰，语速适当。

演讲语言常见的毛病有声音颤抖，飘忽不定；大声喊叫，音量过高；音节含糊，夹杂明显的气息声；声音忽高忽低，音响失度；朗诵腔调生硬呆板等。所有这些，都会影响听众对演讲内容的理解。

演讲要运用恰当的语速说话，这也是控制语调的主要技巧。在需要快说时，语速流畅，不急促，使人听得明白；在需要慢说时，不能拖沓，要声声入耳。语速徐疾、快慢有节，才能使言语富于节奏感。听者处在良好的倾听环境里，才能不废劳。

总之，如果你发表演讲，如果想让你的话能发生效力，一定要凝练自己的演讲语言，切不可为了将你的话一吐为快而忽视了“碎语”的负面作用。凝练演讲语言，要力求做到根据说话的内容，该轻则轻，该重则重，当快则快，当慢则慢，使人感到音节错落有致，舒服畅快。

口才心理：

简洁明晰的表达观点可以使听众获得演讲的准确信息，演讲者在演讲时应记住以下几个要点：简短的言语更有力；抓住所要表达观点的核心；言语表达有条理，分清层次；正确使用词汇，表达明确。

制造悬念，让听众心系你每一句言语

如果你参加过演讲，可能有这样的感触：一上台就开始正正经经地演讲，会给人生硬、突兀的感觉，让听众难以接受。而如果能在开场时卖卖关子，则能迅速吸引听者的注意力。这就是演讲过程中的悬念。演讲中的悬念是指听众的一种心理活动,这种心理的产生基础是听众对某种事物的认识有个大致的了解,但现在向他们传达的则是已经变化了的事物,他们对此产生了关心的情绪,甚而把想探个究竟的想法急切地表达出来。

可以说,悬念是打开成功演讲之门的金钥匙,这种心理活动的过程,如果能被演讲者在演讲时恰当利用,就会使听众产生一种听完后所得的愉悦感,真切理解演讲者的意图。

一位刑警队长向群众报告破获盗匪的经过,他开始就说:"盗匪们真的都有组织吗?是的,他们大都是有组织的,但是他们怎样组织的呢……"

这位刑警队长所用的开场白,就是先告诉听众一个事实,引起听众的好奇心,使听众有兴趣听下去,希望听一听盗匪组织的真实内幕。

制造悬念的开场白特别能够吸引听众的注意。所以,每一个预备当众演讲的人,都应该学习立刻抓住听众兴趣的技巧!

演说者在演讲开场白时使用悬念的方法如下。

1. 借用物品展示法

为了激发听众的强烈兴趣,可以在讲话之前,先拿出一件物品,这肯定会让在座的听众挺直身子。他们会猜想:"他要表演魔术吗?"这就引起了听众的好奇心。展示的物品可以是一幅画、一张照片或任何一件其他实物,只要有助于讲话者阐述思想,能引起话题即可。

2. 即景生情法

演讲者演讲时,不妨以眼前的人、事、物、景为话题并加以引申,把听众的注意力不知不觉地引入到演讲之中。当然,这个话题最好能生动有趣。这样即兴发挥,能给人耳目一新的感觉。

当然,即景生题不是故意绕圈子,不能离题万里、漫无边际地东拉西扯;否则会冲淡主题,也使听众感到倦怠和不耐烦。演讲者必须心中有数,还应注意内容必须与主题互相辉映,做到浑然一体,恰到好处地过渡。

3. 对比设疑法

演讲开场时,你可以用强烈的反差、对比来引出自己的题目,以期在人心目中留下深刻的印记。这主要指以对比、对照和映衬之类的修辞手法,来引领和导入自己的话题。

有一篇名为《论男子汉》的演讲，一开始，演讲者的话似乎跟一般的谦辞没什么两样，颇有离题之嫌。因为，他一口气就洋洋洒洒叙说了四个“为难”之处——“我一点也不明白主办者的意图何在，这使我感到为难，这是我遇到的第一个困难。今天，我是第一次来到你们学校，一切都是陌生的。在一个陌生的环境里，人容易有一种不适应的感觉，这是我遇到的第二个困难。况且，刚才前面的几位同学又作了精彩的演讲，热烈的掌声可以作证，这给我增加了压力，算是我遇到的第三个困难。不巧得很，我本想凭手中这么一张卡片作一次演讲，却忘了戴眼镜了，想把它放在桌上偷偷地看几眼也不成了，这就是我的第四个困难。”乍一看，这开场白颇有些饶舌的味道；岂料到，那演讲者讲罢“第四个为难”之后，话锋突然一转，便进入自己早已拟定的题目了——“但是，我并不胆怯；相反，我充满了信心。我相信，既然我站到了这个讲台上来，我就必定能够鼓起勇气，竭尽全力，让自己体面地走下台去！因为，我选择了这样一个演讲题目——《论男子汉》！”

这样《论男子汉》特有的“勇气”之题目，便同一开始的“胆怯”与“为难”形成鲜明对比和反差，巧妙、贴切而又风趣盎然，听来令人解颐。这样的入题，不是做到了“辞明义见”和“曲径通幽”的完美统一了吗？

4. 故事导入法

演讲者在演讲开始讲一个亲切感人的逸闻趣事，以此造成悬念吸引听众的注意力，所讲故事如果是亲身经历的，效果会更好。可供使用的故事一般有两类：幽默的故事和一般的故事。但使用幽默的故事一定要注意，讲话者需有幽默的禀赋，切不可平淡、呆板；而后一类故事，可以是现实生活中的轶事趣闻，也可以是中外历史上有影响的事件。无论使用哪一类故事，都应注意和自己的谈话内容相衔接。

1962 年，82 岁高龄的麦克阿瑟回到母校——西点军校。学校里的每一样东西，都令他眷恋不已，浮想联翩，仿佛又回到了青春时光。在授勋仪式上，他即席发表演讲，他这样说：“今天早上，我走出旅馆的时候，看门人问道：‘将军，你上哪儿去？’一听说我到西点时，他说：‘那可是个不错的地方，您从前去过吗？’”

这个故事情节极为简单，叙述也很平淡，朴实无华，但饱含的感情却是深沉的、丰富的，既说明了西点军校在人们心中非同寻常的地位，从而唤起听众强烈的自豪感，也表达了麦克阿瑟对母校的那种深深的眷恋之情。

接着，麦克阿瑟不露痕迹地过渡到“责任—荣誉—国家”这个主题上来，水到渠成，自然妥帖。

当然，在使用设置悬念法开场时，不能故弄玄虚，这一方法既不能频频使用，也不能悬而不解。在适当的时候应解开悬念，使听众的好奇心得到满足，而且也使前后内容互相照应，结构浑然一体。

口才心理：

人们都有好奇的天性，一旦有了疑虑，非得探明究竟不可。在开场白中制造悬念，能激发听众的强烈兴趣和好奇心，在适当的时候解开悬念，使听众的好奇心得到满足，也使演讲前后照应，浑然一体。

要打动听众心就要站在听众角度说话

演讲者发表演讲的目的就是要吸引、说服、鼓动、感召听众，也只有能引起听众共鸣的演讲，才是成功的演讲。这一点，也是演讲者最关注的问题。而如何引起听众的共鸣呢？关于这一点，很多成功的演讲家，大都是富有活力和精神抖擞的人，他们更善于从听众的角度说话，让听众内心的情绪迸发出来。因为人们都有这样的心理：在与人交谈的过程中，如果对方能感同身受，人们是愿意接纳对方的。因此，作为演讲者，如果你想你的话能发生效力，且非要将你的话一吐为快时，在演讲的时候就不应该单是报告一些事实，还该把自己的情感注入演讲中，并站在听众的角度说话，只有真情实感才能打动听众。

印度前总理英迪拉·甘地夫人本是个不善言谈的人，但她早年曾应邀做过一次演讲。

在那次会上，会议主持人梅农突然宣布甘地夫人要讲话，这使她惊讶万分。在那天之前，她只是在儿童时代的集会上讲过话，从来没有对成年听众发表过演说。此时的甘地夫人很害怕，尤其是会场又这么大，可能是卡克斯顿大厅吧，她当时简直连一点声音也发不出来！最后，她还是讲了几句，听众中有一个醉汉说，“她不是在讲话，她是在尖叫。”听他这么一说，听众当然哄堂大笑。“那次演讲后，我发誓以后再也不在公众面前讲话了。”甘地夫人后来回忆自己的经历时说。

但就在这次糟糕的演讲之后不久，甘地夫人又进行了一次极为出色的演讲。在非洲，她被邀请在大会堂进行一次讲话。

甘地夫人说：“噢，不行，我一句话也不准备讲，只有依了我这个条件，我才赴会。”

他们很吃惊，因为他们已经租下了会堂，而且一切都已安排就绪。最后，他们对甘地夫人说：“不管怎么样，你总得坐在讲台上。”还说，他们会设法为甘地夫人的保持沉默做些解释。

据甘地夫人自己回忆说：“那天的招待会在下午4点举行，整个上午我都在访问非洲铁路工人的生活区，那里的条件真是糟糕透顶，使我非常生气。招待会上，当宣布尼赫鲁小姐不讲话了的时候，我拍了一下桌子说：‘我倒要讲讲。’”

甘地夫人这番话，让会议主席大吃一惊，怔住了，没等他开口说话，甘地夫人已走到话筒前，她激动万分，讲了班图人和其他人的生活条件。“我的讲话在非洲报纸上刊登了出来。第二天，无论我走到哪里，都受到人群的欢呼。女的过来吻我，男的同我握手……”

甘地夫人的这次演讲是很成功的，她成功演讲的诀窍不在于她的口才，甚至可以说，她是个不善言辞的人，但她的感情为她迎来了掌声。正义的甘地夫人在访问了铁路工人的生活区后，情绪上产生了很大的变化。正是因为如此，她在发表演讲的时候，言语间代表的便是铁路工人的利益，是为他们说话的。本来没有很好的说话能力的她,这回却得到了人民群众的拥护。

演讲中,如果一个人丝毫不顾及听众的感受,只是对自己关心的问题侃侃而言,那么,自然很难流露出自己的热情和激情,也就无法打动听众。反之,如果他能切身考虑到听众的利益,说听众想听的话,那么此时登台,必会取得意想不到的结果。

那么,怎样才能做到这一点呢?

1.所讲问题应引起大家关注

在演讲时,每个听众最为感兴趣的话题是不同的,但却也有一些话题是大家共同关心的,比如新闻、体育、天气等。

2.所讲问题难度不可太大

一个善于演讲的人,不会一味地卖弄自己的专业水准,也不会故意设难刁难听众,而是想方设法地让听众与自己一起思考,一起讨论,对演讲保持持久关注。而要做到这一点,在向听众提问时,就要注意问题的难度,听众乐于回答,你的互动才是有效的。

3.所讲问题应让听众得到满足

很多时候,如果你的演讲的内容是就一些工作总结或者部署,那么,内容便是无聊的。此时,如果你依然不顾听众感受而只顾演讲的话,那么,是很难让听众接受的。为此,你就必须拿出一定的措施,而让听众得到心理满足就是一个好方法。谁都不愿意听不好的话,谁都不愿意为自己不感兴趣的话题浪费太多时间。可是,如果你进一步研究听众心理,讲那些听众非常关注的关键环节,而少讲一些大而空的东西,并且注意引导听众积极思考,结果肯定会不同。

口才心理:

“感人心者,莫先乎情。”成功的演讲离不开“情”,情感在演讲中就像桥梁一样,连接着演讲者和听众的心。以“情”动人心,就要求演讲者必须从听众的角度说话,这样的演讲才更耐听!

巧言妙用轻松化解说话卡壳

演讲中，由于演讲者不善表达或听众对演讲内容不感兴趣等各方面原因，会造成演讲的冷场。当然，这一局面出现的根本原因在于发言者的话没有吸引力。听者仅仅是出于纪律的约束或处世的礼貌而扮演一个“接受”的角色。对于演讲者而言，冷场无疑是一种“冰块”，会令其窘迫。这时，该如何应对呢？

1. 转换话题

所谓转换话题，指的是演讲者在当众讲话的过程中，如果遇到冷场或者某些尴尬的话题时，可以通过暂时变换话题的办法重新吸引听众的注意力，调动听众的情绪。这其中就包括穿插一些趣闻逸事。

遭遇冷场，演讲者如果能恰当而又适时地讲述一些趣闻逸事，便能抓住人们渴望趣味的视听倾向，会使混乱或呆板的演讲现场马上活跃起来，听众的注意力也被迅速地集中到演讲内容上。这时演讲者仍要回到原有的话题，效果就会理想得多了。因为趣闻轶事是人们在生活中津津乐道的闲谈资料，生活中的许多情趣即由此而来。

2. 让听众积极参与到演讲中来

造成演讲冷场的原因之一，就是演讲者单向地陈述问题，而听众被动地接受信息。也就是说，如果演讲者在以自己的演讲词和形象的语言来感染听众的同时，听众的积极回应也有利于推动演讲的顺利进行。

因此，要改变这种尴尬局面，可以从此处入手。比如，我们可以向听众提出富有针对性和启发性的问题，可以调动听众参与演讲活动的热情，使他们意识到，自己也是整个演讲的一个重要组成部分，这样会有效地避免冷场和打破冷场。

一位领导正在面向群众进行普法性质的演讲，由于话题具有一定的专业性，听众的注意力出现了分散，进而不少人开始交头接耳起来。这时，这位领导者及时提出了这样的话题："请开小差的同志们想想，如果我们自己的权益受到了侵害，我们又将怎样来寻求法律的帮助呢？"这样一来，交头接耳的听众也就能重新将注意力转移过来。

3. 适时地赞美听众

演讲者即兴演说的同时，如果忽略了听众，自然会出现冷场。此时，演讲者应当注意采用恰当的方式，拉近与听众的心理距离。贴近听众的一个有效方法就是发自内心地赞美听众，用中情中理的话语拨动听众的心弦，激起他共鸣，使他们又对演讲产生浓厚的兴趣，从而打破冷场的尴尬局面。

总之，只要我们能做到以上几点，当冷场出现时，及时采取控制手段，就能扭转局面，让演讲得以顺利进行！

口才心理：

一个高明的演讲者，总是能掌握听众的心理，即使在遇到"卡壳"的情况下，依然会活跃演讲气氛，一句轻松的话就能有效地吸引听众的注意力，使演讲内含的信息和情感得以准确传达，以起到化解演讲危机、让演讲者再度成为听众注目的中心的作用。

精彩的结尾，让听众意犹未尽

根据心理学上的首应效应，人们都了解开场白在演讲中的重要性。但似乎很少有人愿意在演讲结尾上雕琢更多。他们仅仅是轻描淡写地草草收场，结果可想而知：费尽口舌发表的长篇大论很快就被人们遗忘。要想使人记忆深刻，你的结尾必须像开场一样气势磅礴，掷地有声。演讲的结束语应该简洁有力，只有这样，才能做到首尾呼应。

俗语说得好："编筐编篓，重在收口。"演讲收尾部分往往是点睛之笔，既是收尾又是高峰；既水到渠成，又戛然而止；既铿锵有力，又余音袅袅；既别开生面不落俗套，又来得自然，能给人以强烈的印象。

有以下几种结尾的方式。

1. 总结演讲的中心内容和思想

人们演讲，总是有一定的主题。在演讲者一段慷慨激昂的陈词之后，可以用极其精练的语言，简明扼要地对自己阐述的思想和观点作一个高度概括性的总结，以起到突出中心、强化主题、首尾呼应、画龙点睛的作用。

2. 简洁而真诚的赞扬

俗话说："良言一句三冬暖。"在演讲结尾进行诚挚的赞颂，无形之中就充满了情感和力量，极容易拨响听众的感情之弦，引起听众的情感共鸣。

3. 含蓄幽默的结尾

用含蓄、幽默的言辞或动作作为演讲的结尾，意思虽未直接表露，但富有趣味，发人深省。听众在欢声笑语中情不自禁要去思考，领会演讲者含而未露的深刻用意。

一个演讲者能在结束时赢得笑声，不仅是自己演讲技巧十分成熟的表现，更能给本人和听众双方都留下愉快美好的回忆，也是演讲圆满结束的标志。

4. 留下疑问，以引起思考

在演讲结尾时，演讲者向听众提出问题，甚至是一系列的问题，让听众进行思考。这样的结尾方式的优点在于能更好地让观众参与到演讲中来，而且让人深入思考，做到以境感人。

1971年，智利作家巴勃罗·聂鲁达在题为《通向光辉之城》的诺贝尔文学奖受奖演说中提出，文学公开的推动力量在于提高诗人与公众联系的责任感，并承担社会进步变革的责任。这位智利获奖者用一个警句"诗是不会徒然吟唱的"结束了他的演讲。这样结尾既充满哲理，又给人鼓舞。

演讲者使用这种收尾方式突出重点时，应当注意，演说的目的重在鼓舞人心，而非危言耸听。

5. 提出号召和希望

演讲者用提希望或发号召的方式结尾,以慷慨激昂、扣人心弦的语言,对听众的理智和情感进行呼唤,或提出希望,或发出号召,或展示未来,以激起听众感情的波涛,使听众产生一种蓬勃向上的力量。

另外,演讲者在演讲收尾前,应早有准备,要熟记自己的结束语,这样在总结陈述时可以始终保持与听众的目光交流。结束讲话后,短暂地收回目光,然后重新与听众进行目光交流。这时,你会感到大家的注意力又从演讲内容转移到你身上。这时不要忘记为听众留下肯定的自我印象,从而不至于削弱最后一句话的效力。

口才心理:

演说收尾过程中,常出现以下两种情况:要么收尾拖沓冗长,犹豫不决;要么戛然而止,使听众不知道中间的空白是暂时停顿还是最后的结束。而精彩的演说在收尾时往往能斩钉截铁,并能揭示题旨,加深认识,给听众留下完整深刻的印象。只有这样才能使自己的演讲取得全面成功。

第15章

妙语谈判，使结果有利于自己的说话策略

现代社会，无论是生活还是工作中，无处不存在谈判。因为谈判是我们获得权力和利益的重要手段。任何参与过谈判的人都深知，谈判双方争夺的都是主动权，谁能掌控好情势，谁就会是最后的赢家！而谈判，最主要的部分自然是“谈”。但如何“谈”得成功，还需要你能抓住对方的心理，根据对方不同的利益需求，适时说出让对方毫无对策的话。只有这样，才能建立心理优势，从而使谈判结果有利于自己。

先认真倾听,再做最有力的回应

生活中,无处不存在谈判。而谈判中各种问题的较量,完全可以归结为心理的较量,而谈判过程中双方争夺的也就是主导权。但对此,一些人仍然存在误解,他们认为多说话,让对方无力还击,就能赢得谈判的成功。而事实上,言多必失。正因为如此,很多人在谈判中很容易处于劣势,处处显得很被动,其节奏也往往被对手所控制,最后频频让步,以至于还要去争取突破底线的条件,导致谈判破裂,达不成交易。聪明的谈判者,往往会把说话的机会先交给对手,通过倾听先掌握对方足够的心理信息,然后加以回应,这样的回应也才是有力的。

我们先来看下面这样一个案例:

陈颖是某大型卫浴公司的销售部经理,因此,她需要经常参加一些涉外商务谈判。她经常开玩笑说:"虽然是一个弱女子,但在和这帮老外谈判的时候,我可从来没有吃过亏。其实,谈判过程中,一定要保持冷静,摸清楚对方的心理再说话是很有必要的。"

陈颖是这么说的,也是这么做的。一次,有一个客户,给她下了100多万美元的单子,但却一直迟迟不肯签约。陈颖明白,对方是想杀价。关键不在于价格,而是对方的态度和气势,对方话里的意思很明显,他们认为中国的卫浴产品完全不值这个价。面对高高在上的对方,陈颖采取的态度反而是委婉:"不好意思,这个价格我还要考虑一下,但估计情况不会太乐观,因为我们卖的是品质。"最后这个客户一拍桌子站起身来就走了。

两天后,这位客户从欧洲飞回来,说一定要马上见陈颖,而陈颖给他的回复是:"抱歉,两三天后我才有时间。"后来,这笔生意以双赢的结果成交。

在这场谈判中,谈判对手本想以气势压倒陈颖,但陈颖并没有受到对方的影响,而是始终比较冷静,以从容委婉的态度去应对,简短的几句表达态度的话就扳回了谈判的主动权，最终实现了谈判结果的双赢。

从这里，你同样可以发现，谈判固然在“谈”，但真正决定谈判胜利与否的还在于主导权，而先听后说在这个过程中发挥着极为重要的作用。具体来说，谈判者应该遵循以下几个步骤。

1. 保持冷静

之所以要强调这点，就是不能暴露自己的心态，以至于被对方控制节奏。谈判的节奏是非常重要的，这跟体育比赛时运动员们经常强调的节奏是一样的，如果你的节奏被对方所掌握，就容易被对方控制进程。所以，不要表现出急于达成交易，多做前期的试探性接触，如用电话拜访、短时间接触后立即撤退等方式进行火力侦察，了解对方的条件，掌握对方的意图，分析对手的特点。

为此，谈判过程中，你可以做以下心理暗示：

(1)“谈判本身就有风险，即使失败了也没什么。”

(2)“不要小看我的对手，但也不能高看他，谈判是一种对等的游戏。”

(3)“他和我的情况是一样的，他此刻的心里也是不安的，不要有‘逃跑’的念头，要从容地迎接谈判。”

(4)“本着自身的目的谈判，以游戏的心态面对。”

(5)“不要试图让他接受我的价值观。”

2. 用心倾听

谈判不是谁说得多谁就掌握了主动权，恰恰要让对方多讲，自己多听，从对方的谈话过程中进一步了解对方的谈判风格，进一步搜集信息，了解对手漏洞，找到双方的共同利益点……听的好处是无穷的。而谈判场合的倾听，是“耳到、眼到、心到、脑到”四种综合效应。“听”即不仅运用耳朵去听，而且运用眼睛观察，运用自己的心去为对方的话语作设身处地的构想，并用自己的脑子去研究判断对方话语背后的动机。

3. 巧妙回应

心理学的研究表明，人们难以接受那些对自身带有攻击性的、违背社会规则的、违反伦理道德的行为或事物。如果人们感觉到别人对其说话的方式和意图是善意的、和缓的、尊重的,是比较容易接受对方的提议的。因此,即使你听出谈判对手言语间的某些不善意的因素,也不要与之对抗,而应该巧妙加以回应,在态度上形成积极的呼应,减少对抗、戒备、敌视等不良反应。

口才心理:

从心理学的角度看,谈判双方中的任何一方,谁说得多,自我暴露得也就越多,就越容易被对方掌握心理。而谈判本身就是一场心理的较量,谈判过程就是一场主导权的争夺战。因此,谈判中,并不是谁说得多,谁就说了算,任何一个谈判者都应该要认识到这一点,将主动权始终牢牢掌握在自己手中!

谈判言辞需谨慎,说话要滴水不漏

现代社会,在很多领域,人们都需要通过谈判来解决问题。但成功谈判并不是一件易事,首先就要求谈判者在谈判中做到冷静处理、言谈谨慎,因为说错一句话,都可能带来巨大的损失。

任何谈判实质上都是打心理战,谁主动暴露自己,谁就先偃旗息鼓而败退。要想克敌制胜,就必须让对方摸不清虚实。但很多时候,对方会采取一些扰乱你情绪或者试探你"底牌"的方法。此时,你一定要小心谨慎,做到泰山崩于前而面不改色。在无法了解你的真实意向的情况下,他们往往不会轻举妄动,否则,你就被对方"算计"了。

张先生是一家工厂的老板,最近,他的生意做得不错,在为自己购置了新的房产的同时,他还准备买一台新车,因此,他就必须把自己那部旧的老爷车处理掉。他在心中打定主意,在出售这部旧车的时候,卖价一定不能低于3万元。之后,有一个买主前来看车,在双方谈判交易金额时,便对这部旧车的各种问题，滔滔不绝地讲了很多缺点，但是张老板始终一言不发，任凭买家不停地发言。

最后，买主终于停止了批评，并且突然说了一句话："这部旧车我最多只能出价5万元，再多的话，我就不要了。"于是，张老板很幸运地多赚了整整2万元。

案例中，张老板为什么能幸运地多赚取整整2万元？人们常说："沉默是金"，谈判中，他保持沉默，始终一言不发，那么，无论买家怎么贬低这部旧车，也摸不着他的底细。可以说，他的冷静起到了决定性作用。

可见，在重大的谈判当中，我们一定要言谈谨慎。如果缺少了冷静，就会被凝重的气氛和压力击垮，也就不可能赢得谈判。所以，冷静是应对谈判的上策。

而为了达到这一目的，在谈判中，我们就必须做到具有健康稳定的心理，并且善于察言观色，以了解对方的心理。具体说来，谈判中，我们在说话时候需要做到以下几点。

1. 控制自己的情绪，不让情绪出卖你

很多时候，我们与谈判对手的较量，就是心理的较量，谁先缴械投降，谁就输了。任何人都是有情绪的，但你千万不能因为自己的情绪而暴露自己，让对手有机可乘。

比如，谈判中，当对方提出的某些条件让你觉得不可思议，甚至触犯了你的底线，你可能会愤怒。但此时，你要明白，在涉及利益的谈判中，愤怒只会泄露你的内心情况。为此，一定要控制好自己的情绪，让对方摸不清底细。

2. 细心观察，了解对方

与人谈判，必须具备一定的观察能力，只有这样，你才能发现对手是否在试探你。否则，如果不注意观察，结果输给了别人你还蒙在鼓里。一般来说，具备敏锐的洞察能力的人，无论是处理日常工作，还是谈判，多半会轻松简便得多！当然，谈判过程中的观察，无外乎针对对方的眼神、动作以及语言！

3. 说话保持客观公正的态度，隐藏好自己的目的和动机一般来说，我们若想谈判成功，就必须要探知对手的内心世界，从而攻破对方的心理堡垒。但无论使用什么方法，一定不要让他知道你的企图。为此，在说话时，你要保持公正客观的态度。如果对方发现你说话时带有某些情绪色彩，那么，就很容易被对方识破。因为一般来说，你探知对方的企图越明显，他越会觉得你“图谋不轨”，你要刻意影响他；相反，如果你无意中说一句话，假装不在意地提问，他反而会没有心理抗拒，他也不会认真地琢磨你说的话，因为他觉得你没有操纵他的意图。如果他的想法被你猜中，那么，他将会“中招”，将自己的真实意图脱口而出。

4. 面对难以回答的问题，找个借口

谈判过程中，如果对方逼你表态，而你无法做出抉择，你就可以大胆坦言：“我还需要仔细考虑，请给我一点时间。”这样，你不仅可以省去许多麻烦，也是提高冷静应对能力的重要手段。

而从逻辑上讲，这也是谈判的战术之一。当然，你向对方表明此刻无法做出决定，需要附之以不能决定的理由。只要言之成理，大多会得到对方的谅解。即使当时没有得到对方的谅解，也向对方表明了自己不是一个态度暧昧、优柔寡断的人。这个时候，自己在谈判中就会处于相对主动的位置。

口才心理：

谈判实际上打的就是一场心理战，任何一方都希望成功窥探出对方的心理。为此，若想谈判成功，你就必须控制自己的情绪，制造神秘感，并在说话时保持谨慎，不让对方看出你的破绽。只有这样，才能保留自己的实力，让对方探不清你的虚实，待时而发，在关键时刻一举取得胜利！

欲擒故纵，让对方自动咬钩

生活中，可能很多恋爱高手都会使用这样一招：想要抓住你，却故意装出一副不理睬的样子，这样更加吸引了你的注意。他们使用的就是心理学上的欲擒故纵术。欲擒故纵中的“擒”和“纵”，是一对矛盾。军事上，“擒”是目的，“纵”是方法。古人有“穷寇莫追”的说法。实际上，不是不追，而是看怎样去追。把敌人逼急了，他只得集中全力，拼命反扑；不如暂时放松一步，使敌人丧失警惕，斗志松懈，然后再伺机而动，歼灭敌人。这一心理操纵术不仅仅可以运用到军事上，同样可以运用到谈判中。比如在讨价还价中，当对方不同意以你希望的价格成交时，你就可以掌握时机，发挥“谈不成就走”的趋势，使对方不得不接受你的还价。接下来的谈判，对你就会更有利了。

美国一家大航空公司要在纽约城建立大的航空站，想要求爱迪生电力公司给予优惠电价。这一要求遭到电力公司的拒绝，推托说这事公共服务委员会不批准，因此谈判陷入僵局。

后来航空公司索性不谈判了，声称自己建立发电厂更划得来，不想再依靠电力公司，决定自己建发电厂。电力公司听到这一消息，立即改变了态度，请求公共服务委员会从中说情，表示给予这位用户优惠价格。

这个谈判，开始时谈判的主动权掌握在电力公司一方，因为航空公司有求于电力公司。当要求被拒绝后，航空公司便要了一个花招，给电力公司施加压力。因为若失去给这家航空公司供电，就意味着电力公司损失一大笔金钱，所以电力公司急忙改变原来的态度，表示愿意以优惠价格供电。这时，谈判的主动权又转移到航空公司一方了，迫使电力公司再降低供电价格。这样，航空公司先退一步，然后前进两步，生意反而谈成了。

想要“擒住”他，不妨先“放纵”他，这就是欲擒故纵法，表面上用与目标相反的行为，却达到目标的效应。通过顺从被擒者的意愿的方式，让其遭受挫折、碰壁，纠正其认知，从而使其自觉接受自己的意图。我们常说的“欲将取之，必先予之”也有这层意思。

谈判中，运用这一方法进行谈判的案例有很多。当你以正面的、积极的方式去劝服或者引导对方向你所希望的方向谈判时，你越是劝服甚至采取激烈的言辞说话，谈判结果越是事与愿违，对方的对抗性会更加强烈地喷发出来。你越是引导,他人就会越反抗,后果只会越严重。如果换为欲擒故纵的方式,效果会更好。

当然,采取这一语言策略,还需要你注意以下几点。

1. 洞悉对方的底牌

以商业谈判为例,如果你是销售方,那么,要想让销售结果利于自己,就必须首先洞悉客户的底牌。只有这样,才能在与客户交谈的时候更好地把握“纵”与“退让”的“度”。当然,这并非易事,需要我们做足准备工作,通过各种途径来获知更多的信息。

2. 制造假象

我们知道,欲擒故纵的根本目的在于“擒”,因此,在使用这一方法时,一定要积极地“纵”,更要注意手法的巧妙运用。一旦让对方看出我们的真实意图,那么,这一方法就毫无作用了, 甚至会弄巧成拙。为此,我们必须要注意以下两点。

首先,要注意自己的态度。你最好保持不紧不慢、不温不火的态度,只有隐藏好自己的情绪,才能真正擒住对方。例如,在与对方交涉的日程安排上就不可急切。

其次,通过非正常渠道把信息透露给对方。因为人们通常有一种心理:越是偷偷得来的信息,其真实性越不容置疑。借他人之口传达你要表达的信息,对于对方来说显得更真实。

3. 注意言谈与分寸

即讲话要掌握火候,在擒对方的时候要注意态度,不可伤害和羞辱;否则,会转移谈判焦点,使之失控甚至会引起争论。

口才心理:

欲擒故纵策略即对于志在必得的交易谈判,故意通过各种措施,让对方感到自己是满不在乎的态度,从而压制对手开价的胃口,确保己方在预想条件下成交的做法。

听出对方话里的漏洞，快速攻破关键点

我们经常看到法庭上出现这一幕：嫌疑人面对法官的提问，总是否定自己的违法犯罪事实。而他没有料到的是，法官居然能找出自己语言间的漏洞，这一关键点顷刻间推翻了他所有的谎言，让他哑口无言，只好供认不讳，和盘托出自己的罪行。同样，谈判过程中，我们同样可以采取这一心理策略来推翻对手的言论，给对手一个措手不及。

“最后的赢家才是真正的赢家，要笑就要笑到最后。”这句话一点也不假。谈判中，我们在与对手交涉的过程中，可能对方会侃侃而谈，我们只有倾听的余地，但这并不代表对方已经掌握了谈判的主动权。而如果你能用心听，并找出对方言语间的漏洞，就能在关键时刻阐明观点、出奇制胜，让对手心服口服。

在一次集体活动中，当大家风尘仆仆地赶到事先预订的旅馆时，却被告知当晚因工作失误，原来订好的套房（有单独浴室）中竟没有热水。为了此事，领队约见了旅馆经理。

领队：对不起，这么晚还把您从家里请来。但大家满身是汗，不洗洗澡怎么行呢？何况我们预订时说好供应热水的呀！这事只有请您来解决了。

经理：这事我也没有办法。锅炉工回家去了，他忘了放水，我已叫他们开了集体浴室，你们可以去洗。

领队：是的，我们大家可以到集体浴室去洗澡，不过话要讲清，套房每人 50 元一晚是有单独浴室的。现在到集体浴室洗澡，那就等于降低到通铺水平，我们只能照通铺标准，每人降到 15 元付费了。

经理：那不行，那不行的！

领队：那只有供应套房浴室热水。

经理：我没有办法。

领队:您有办法!

经理:你说有什么办法?

领队:您有两个办法:一是把失职的锅炉工召回来;二是您可以给每个房间拎两桶热水。当然我会配合您劝大家耐心等待。

这次交涉的结果是经理派人找回了锅炉工,40 分钟后每间套房的浴室都有了热水。

这里,这位领导的谈判水平是令人佩服的。这里,针对对方始终拒绝的态度,他找出了对方言语间的漏洞:要么为他们提供热水,要么让收费降低到通铺水平,显然,后者是不可能的。然后,他便乘胜追击,提出了另外一条建议。而旅馆经理权衡之下,自然会选择后者。

其实,谈判过程本身就是一个让对方接受成交条件的过程。而要做到这一点,很多时候就必须推翻对方现在的观点和借口,对此,你需要做到以下几点。

1. 摆事实

谈判中,若要否定对手已经出现的漏洞,就要让事实说话,事实充分就使你言重如山。事实胜于雄辩,运用这种说服方法根本的一点就是唯实、唯事,尊重客观事实,用事实说话。运用事实进行说服最能打动人心,最能使人信服。如果从心理学的角度来分析,人们的心理趋向是求真、求实。只有真实的东西,才是人们最信任的。

2. 亮底牌

谈判中,双方往往都有自己的底牌,但要让对手心服口服,你一定要沉得住气。有些时候你能清楚地感觉到事情正在越变越糟,你应该采取守势,退后一步,现在的情势不适合马上反击。不要在自己处于劣势的时候拼命地试图证明自己,不妨退守一步。记住,在你处在劣势的时候,不要急着马上反击,等一等,机会总会到来,那时你才能出奇制胜。

3. 反攻法

通常情况下,人们的思维是有一定局限性的。“最危险的地方也就是最安全的地方”,正是这一道理的最好证明。当对方在撒谎或者使用策略来影响你的时候，他绝不会想到你会用此计再给他“下套子”。因此，我们从对方的思维空隙着眼，往往就能攻其不备，也就能在积极探寻筑牢我们自己的心理防线的同时瓦解对方的心理防线。

口才心理：

谈判过程中，有时候，抓住对方的漏洞而小题大做或借题发挥，会给对方一个措手不及。但在使用这一心理策略时，我们一定要懂得隐藏自己，从而把握事情的大局！

交谈陷入僵局，不如换个话题

人们参加谈判，都希望谈判能在自己的掌控下进行，但这只是美好的愿望。实质上，谈判充满了变数。进行谈判时，因为谈判各方利益点的冲突或因为谈判某方语言方式让人接受不了等，谈判陷入僵局也是毫不意外的。每一位谈判者或早或晚都将面对谈判的困境。分歧的确令双方都非常难堪，但又很难避免其发生。双方要么沉默相对，要么索性终止谈判。这是双方都不愿发生的局面，也会给各自代表的利益方带来损失，对谈判个人来讲是时间上的浪费。那么如何能够化解矛盾，摆脱谈判僵局呢？

许多经验欠佳的谈判手在困境面前不知所措，认为谈判即将破裂，没有办法扭转局面，完全丧失了继续下去的信心。其实在实际谈判中真正的僵局少之又少，很多困境都是有办法解决的，但需要一定的方法。

谈判专家指出，谈判僵局一旦处理不好，就有可能把谈判推向死胡同；相反，如果能够恰当地应用策略和方法，还是可以“起死回生”的。面对谈判僵局，“只剩下一小部分，放弃了多可惜”、“已经解决了这么问题，让我们再继续努力吧”这些说话技巧并不一定能起到打破僵局的作用。

具体来说，你可以这转变话题：

1. 先在小问题上赢得对方的共识

可能你会问:"如果谈判不能在重要问题上达成共识,为什么还要浪费时间讨论那些微不足道的问题呢?"可那些谈判高手却认为,一旦双方在那些看似微不足道的小问题上达成共识,对方就会变得更加容易被说服。

"我们先把这个问题放一放,讨论其他问题,可以吗?""我知道这对你很重要,但我们不妨把这个问题先放一放,讨论一些其他问题。比如说我们可以讨论一下这项工作的细节问题,你们希望我们使用工会员工吗?关于付款,你有什么建议?"

这样,你可以首先解决谈判中的许多小问题,并在最终讨论真正的重要问题之前为谈判积聚足够的能量。

2. 兜兜圈子

谈判过程中,双方都有自己的立场,在运用兜圈子这一心理策略的时候你需要记住,使谈判绕了一个圈子,多走了一些弯路无伤大雅,但一定要成功地到达终点,达成双方都能接受的协议。也就是说,兜圈子的话题主旨也不能变,虽然不涉及正题,但必须与正题有关,不管绕多少圈子,牛鼻子始终不能放,做到"形散神不散"。

另外,话题的转移有相当的难度,谈判者须有对语言驾轻就熟的技巧。话题转移得不好,有时虽然能暂时缓和一下紧张的气氛,但对于大局并没有什么益处。转移的话题必须视具体情况和对象因地制宜,就近转移,不能不着边际,随心所欲,风马牛不相及。

口才心理:

当谈判陷入僵局时,人们的心理是紧张的,谁也"不敢越雷池一步",因为谁先表态,就可能意味着放弃谈判立场,此时,正体现了谈判者的说话水准。而如果你能巧妙转变话题,把话说到对方心里去,谈判双方的心情是可以舒缓的。

用有力的事实和数据增加自己的说服力

从某种意义上说，我们参与谈判的目的就在于让对方接受自己的观点。但出于利益的对立，大多数时候对方对你都持怀疑态度，对你心存戒备。这恐怕是所有参与谈判的人的共同心理。以商务谈判为例，要达成交易，就要让对方对你深信不疑。但有时候你使出浑身解数，向客户展示产品的众多优点，可对方似乎不吃你那一套。但如果换种推销的方式，比如，向客户展示一些真实案例或摆出数字，那么，便能消除客户怀疑的态度，自然就会加快购买的脚步。可以说，这种语言策略同样适用于任何谈判活动，只要我们加以巧妙运用。

某学校要为食堂购买一批燃油锅炉。一些销售人员得知这个消息之后，都纷纷跑来向食堂负责人介绍自己公司的产品。这让这位负责人感到非常为难，因为他之前和这些公司从来没有合作过，也不知道哪一家的产品更加可靠，所以一时半会拿不定主意。

这时候，有一位销售人员摸清了客户的心思，在产品的介绍材料里夹了一份客户联系的单子，其中有一个客户就是与这所学校紧邻的某事业单位，于是这位负责人就给隔壁单位打了个电话。

从对方得知该公司的产品质量还不错，而且销售人员也值得别人信赖，于是负责人就选择了这家公司的锅炉。

案例中，这位销售员是聪明的，一张客户联系的单子能说明很多问题：这种燃油锅炉很畅销，您的邻居们都购买了，产品质量自然信得过；这位销售员的客户名单是真实可靠的，并不是杜撰的，客户自然更深信不疑。最终，他不费吹灰之力就说服了客户。

那么，在谈判过程中，我们该如何运用这一心理策略呢？

1. 用具体的、真实的事例来说明问题

真实的事例是一种具有说服力的论据。比起那些空洞的承诺、抽象的产品质量报告,具体真实的事例显得更加形象生动。如果你告诉对方:“我们是奥运合作伙伴,这是我们的合作标志。”那么对方不仅欣然接受,也会深信不疑。再如:“某某500强企业一直在用我们的产品,到现在为止,已经和我们公司建立了5年8个月的良好合作关系。”在说明的同时,用一些图片或是资料进行辅助证明,就能发挥出最好的效果。

2. 摆出数字

谈判时,你一定要显示出自己在该领域的专业素质,才可让对方信服。以商务谈判为例,你需尽量权威、精确地介绍产品的各个方面,越是精确、越是权威的数字,越能让对方感受到你的专业,也就越能获得对方的信任。因为在客户看来,口说无凭的介绍是起不到任何作用的,也不能够刺激他们的购买欲望。现在人们对产品的要求越来越高,当然也不仅仅局限在你的空口无凭,但是当你用数据来展现给客户的时候,就很有说服力了。

用数据和事实来说服对方和很多谈判技巧一样,虽然具有很好的作用,能增强语言的可信度,但是如果使用不当,同样会造成极为不利的后果。因此,我们在用数字、事实证实的时候,可以从以下方面入手。

(1)用影响力较大的人物或事件说明。

比如:“好莱坞明星××从××年开始就一直使用我们公司的护发产品,到现在为止,她已经和我们公司建立了5年6个月的良好合作关系。”

(2)拿出权威机构的证实结果。

比如,你可以说:“本产品经过××协会的严格认证,在经过了连续9个月的调查之后,××协会认为我们公司的产品完全符合国家标准……”

另外,你给对方所举的案例一定要真实,否则就是搬起石头砸自己的脚,造成信任危机。

口才心理:

任何时候,最忌讳无事实证据的论述。更何况,对于处在利益对立面的对手，谁都会心存戒备，更别说信任了。此时，若你的言谈没有事实依据，则会加深对方的疑心，也就无法激发对方成交的欲望。而如果我们能展现现实例证或摆出数字，给对方吃一颗定心丸，自然会加快与对方成交的脚步。

提问巧妙，用反问抵御对方的攻势

我们在参加某些重大谈判时，如果遇到谈判对手对你百般刁难，肆意制造各种难题来向你施加压力，意在置你于谈判弱势地位，此时，你最好的应变办法就是“以其人之道，还治其人之身”，即所谓的“反问法”，把问题重新“踢”给对方。

的确，我们发现，那些谈判高手，不管在何种场合，遇到什么样的对手，都能唇枪舌剑，以超人的智慧应付自如，对手甭想占到便宜。这是因为他们总是能洞察对手的心机，即使对方采取恶意的攻击，也能适时采取各种语言策略加以反击，而“巧设问题发问对方”就是他们常用的手法之一。

因此，在各种谈判中，我们也可以学习这一心理策略。但要巧妙地将这一语言策略加以运用，同样考验你的语言智慧。对此，你需要做到以下几点。

1. 保持警觉，察觉出对方的攻击意味

这里，需提醒你的是，一个猎手人如果只知道带枪，而不知道如何瞄准、等待时机扣扳机，那么，他永远也捕捉不到猎物。同样，谈判过程中在反击之前，一定先要把对方的话语听明白，以便把握目标，瞄准靶子再放箭。这样才能既不滥杀无辜，也不放过小人。

这种应变对策还贵在谈判者预先发现谈判对手的攻击倾向，这就要求谈判者机变睿智，能够及时判断出谈判对手下一步所要玩弄的手段，抢先给对手设置拦路板，使他所要施展的手段失去用武之地。

一旦听懂了对方的用意，发现对方有明显的攻击意味，你就要提高警觉,及时做出判断:一是具有反击的针对性,如果对方发动的是侮辱性攻击,那么反击应该也是侮辱性的;如果对方发动的是讽刺性攻击,那么反击也是讽刺性的。二是后发制人,迅速而巧妙地把耻辱的标签贴到挑衅者的脸上,正如《圣经》上说:“把上帝的还给上帝。”三是在方法上,他们往往捡起对方扔过来的石头,扔回对方,或顺水推舟巧妙地将矛头转向对方。

2. 把问题再“踢”给对方

当然,你不可能对任何谈判对手所要玩弄的花招都防患于未然,反问的应变对策也适用于事后补救。如果谈判对手提出的要求极不合理,你也可以以极苛刻或不切实际的提法要求对方。如此一来,对方不得不收敛起他那盛气凌人的态度。

口才心理:

了解反问这一语言策略,不仅可以在谈判中适时施展以克敌制胜,还可以识破对方伎俩不至于处于被动,这便是谈判策略的意义之所在。而这一策略在实际谈判中应用较为复杂,谈判时,谈判者也要根据实际情况因人而异、因时而异,灵活变动。

怀柔攻略,柔情言语让合作可持续发展

有人说,谈判桌上永远是虚虚实实、真真假假,信息的掌握也各有不同。无论是谈判的哪一方,都会用尽各种办法让你相信他们比竞争对手更有优势。最常使用并且效果最佳的方法就是给对方施加压力。比如,他们会拿竞争对手来压你,他们会在事前对竞争者进行充分的调查,谈判时突然拿出数十张数据资料使你信以为真并让你接受谈判条件。

但事实上,无论是何种谈判,“用刑”不如“用情”,说点柔情的话,会更容易打动对方,让对方臣服于我们的真情实意,并且愿意和我们长期合作下

去。因为人都是有感情的动物，谈判中也会“感情用事”，即使谈判涉及利益问题，对方也可能会因为“情”做出“有失偏颇”的决定。

那么，我们该怎样运用柔情语言攻略以此来掌控谈判对方的心理呢？

1. 考虑对方的利益，从对方的角度说话

事实上，谈判中，双方在沟通的过程中都有一个自己的立场，若别人说话的立场和自己的不同，自然就会产生抗拒心理。聪明的谈判者应该学会和客户站到同一个立场上去，并从对方的角度出发去思考问题。

某客户准备为自己的饭店购进一些桌椅，于是，他和家具公司的代表谈判。

客户：“我觉得那套棕色木质家具看起来比较大方，而且我一直比较喜欢木质的东西……”

销售方：“请问您的饭店大厅有多少平方米？”

客户：“我的饭店有 100 平方米，买 20 套这样的桌椅应该能放得下。”

销售方：“您看一下这套家具的宽度，放在 100 平米的饭店大厅里会不会让剩余的空间太狭窄了？其实主要是我们这个展厅比较大，很多人一进来就看中了这套家具，实际上那套小巧玲珑的家具更适合现代餐厅布局的特点，而且价格也比刚才那套实惠很多。”

客户：“你说得对，我还是买这套小一点的吧。你这个推销员可真是个实在人，下次我有朋友需要买家具的话，一定会介绍给你。”

作为销售方的谈判代表，并没有利欲熏心，而是从客户的实际情况出发，及时提醒了客户：购买贵一点的那套木质家具是不适合的。这位谈判者这样说，会让客户从心里感激他，并觉得他是一个具备难得品质的人，自然毫不犹豫地达成谈判目的并愿意为其介绍新客户。

2. 多询问对方的意见和想法

一位优秀的沟通好手，绝对善于询问以及积极倾听他人的意见与感受。询问与倾听的行为，都是一种尊重和关心的体现，尤其当对方有所顾忌、不愿表明内心想法的时候，可用询问的方式引出对方真正的想法，了解对方的立场以及对方的需求、愿望、意见与感受等。另外，此时如果我们再能运用积极、有效倾听的方式来诱导对方发表意见,能让对方心生好感。

3. 适当示弱

谈判过程中,我们也可以抓住人们这一共性心理,应该调动听者的同情心,在言语上适当示弱,使对方首先从感情上与你靠近,产生共鸣,这就为你问题的解决与事情的办成打下了基础。在对方放松警惕心理时,再提出你的要求,完成谈判目的也就容易得多。

其实,在这里,我们所说的示弱并不是真的在示弱,也并不是以眼泪换取同情,而是一种说话的技巧,以达到你的谈判目的。在生活中,我们常常会听老人们这样说:"软刀子更扎人!"就是这个道理。

4. 说话要有耐心

无论多么简单的交易,我们都要充满耐心,即使是一个很小的环节。人们经常因为没有花时间系统地质疑自己的先入之见,或者考虑清楚交易的原因,而使自己身陷糟糕的交易中。心理学家把这种急切的心态称为"确认陷阱"——他们没有去寻找支持自己想法的证据,同时又忽视了那些能证明相反意见的证据。

而从谈判对方的角度看,我们在谈判中,说话越是有耐心,他们越是能看出我们的素质和修养,也自然愿意与我们合作。

口才心理:

总之,谈判中,谈判者要想让谈判结果朝着自己希望的方向发展,就需要学会用"情"说话,让对方心服口服,这比用尽心机让对方屈服的效果要好得多。此时,你就掌握了谈判中的主动权,令谈判取得水到渠成式的成功!这也是任何一个谈判者要掌握的重要的谈判策略之一!

参考文献

[1] 吴文铭.受益一生的心理学启示[M].北京:中国纺织出版社,2008.
[2] 成果.心理学的诡计[M].北京:中国纺织出版社,2010.
[3] 项星.每天学点幽默口才[M].北京:中国纺织出版社,2010.
[4] 万小遥.好口才离不开心理学[M].北京:海潮出版社,2010.